本书由“山东大学政治学与公共管理学院一流学科建设计划”资助

“在泉城全办成”改革：

平台驱动的政务服务创新

王佃利 万筠 等著

山东人民出版社 · 济南
国家一级出版社 全国百佳图书出版单位

图书在版编目（CIP）数据

“在泉城全办成”改革：平台驱动的政务服务创新／王佃利等著．——济南：山东人民出版社，2022.8
ISBN 978－7－209－14021－8

Ⅰ．①在… Ⅱ．①王… Ⅲ．①地方政府－行政管理－政治体制改革－研究－济南 Ⅳ．①D625.521

中国版本图书馆CIP数据核字(2022)第153362号

“在泉城全办成”改革：平台驱动的政务服务创新
“ZAI QUANCHENG QUAN BANCHENG ” GAIGE: PINGTAI QUDONG DE ZHENGWU FUWU CHUANGXIN

王佃利　万筠　等著

主管单位　山东出版传媒股份有限公司
出版发行　山东人民出版社
出 版 人　胡长青
社　　址　济南市市中区舜耕路517号
邮　　编　250003
电　　话　总编室（0531）82098914
　　　　　市场部（0531）82098027
网　　址　http://www.sd-book.com.cn
印　　装　济南乾丰云印刷科技有限公司
经　　销　新华书店

规　　格　16开（169mm × 239mm）
印　　张　22.5
字　　数　240千字
版　　次　2022年8月第1版
印　　次　2022年8月第1次
ISBN 978－7－209－14021－8
定　　价　78.00元

序　言

党的十八大以来，党中央、国务院提出了推进国家治理体系和治理能力现代化的总要求，对我国的改革和发展进行了总体布局。加强行政审批制度改革作为全面深化改革的“先手棋”和“当头炮”，是推进“放管服”改革、转变政府职能、建设服务型政府的重要战略部署。经过各方持续努力，行政审批制度改革成效显著，许多城市的创新实践不断涌现，为提高政府治理能力、构建现代政府治理体系进行了有益探索，书写了众多改革篇章。

在中国波澜壮阔的改革中，丰富多彩的发展实践和治理实践成效显著，是研究中国之治、讲述中国故事的丰厚基础，值得学者们去提炼和总结，这既是当下学者们的时代机遇，也是亟须担负的时代责任。有诸多学者已经完成或正在进行着这样的研究，不断向社会呈现各具特色的精彩成果，如郁建兴教授关于浙江“最多跑一次”的研究、何艳玲教授关于成都“人民城市”的研究等，研究总结了丰厚的地方经验和城市创新，用中国概念讲述中国故事，学理性分析城市治理中的关键问题和中国方案，充分体现出了新时代政治公共管理学者们的担当作为。

在行政审批和政务服务改革中，各地在积极探索中推出了许多利企便民的政务品牌，如广东省的"粤省事"、重庆市的"渝快办"、四川省成都市的"天府蓉易办"等。其中山东省济南市提出的"在泉城全办成"富有特色，是创新行政管理、优化营商环境的鲜活样本。中国行政管理学会的研究团队也多次前往济南调研，在这个过程中，与山东大学王佃利教授团队及其对济南市"放管服"改革的研究进行了深入互动。

佃利教授的新作，是从讲述"放管服"改革中济南市的创新故事开始。该书以"在泉城全办成"改革为关注点，描摹了济南市行政审批改革工作的创新历程和举措，分析了行政审批改革在济南市营商环境优化和改革效能提升中得以发挥撬动作用的原因和机理。济南市行政审批服务局通过从"物理集中"向"化学融合"的组织重构，形成了一个整体性政务服务平台。这一平台在改革中坚持党的全面领导、坚持"以人民为中心"、坚持改革引领，通过政府协同改革、流程再造改革、数据赋能改革，探索了许多行之有效的改革推进措施，取得了政务服务改革的显著成效。该书以"平台驱动创新"为分析起点，通过对集成性平台、服务性理念、极简化运行和数字化支撑等维度的提炼，深入分析了整体性平台之所以能够驱动政务服务创新的内在动力，回应了如何以政府改革提升人民幸福感获得感的时代命题。

"在泉城全办成"作为济南市政务服务改革的品牌，贯穿了济南市近年来行政审批改革的探索创新过程。该书没有拘泥于现实改革进程的写真，而是透过纷繁的改革举措，以整体性理论作为分析框架，系统地梳理了“在泉城全办成”改革的具体内容，力求从中探求济南市政务服务改革所具有的价值，呈现了以下特点：

第一，该书体现了研究者讲好中国故事的努力。“植根祖国大地，讲好中国故事”，是新时代中国政治公共管理研究者的时代使命之一。该书通过展现济南市“在泉城全办成”改革的进展和成效，呈现了一个清晰的城市改革创新样本。在整体性平台的搭建运行历程中，济南市行政审批服务局充分发挥党组织引领作用，围绕着组织平台构建、无缝隙流程再造和智慧审批服务等方面展开了多样态的、丰富的实践创新，在着力解决行政审批碎片化问题的改革探索中，推动了行政审批改革整体性治理和政务服务的全面创新。全书用丰富的内容讲述了一个生动的“济南故事”。

第二，该书呈现了“小切口·大问题”的研究旨趣。《中国行政管理》自2018年起，在一些年轻学者的推动下定期组织“小切口·大问题”工作坊，主要聚焦于当前公共治理中的重大问题，围绕中国公共治理的经验及模式，以小见大，探求实践背后的理论逻辑和理论内涵。“在泉城全办成”改革基由行政审批改革而起，通过连续性举措，不断推进行政审批改革和政务服务创新。该书以济南市“在泉城全办成”这一政务服务品牌为切入点，以此串联起改革中繁杂的政策措施、迭出的问题挑战、诸多的政府回应，力求回应城市治理场域中地方政府如何发挥作用，才能真正将制度优势转化为治理效能的问题。议一城见一国，“在泉城全办成”改革正是从济南的地方经验多角度地呈现了中国政府改革过程中的诸多成效。

第三，该书凸显了“以人民为中心”的价值导向。在国家治理体系和治理能力现代化的进程中，城市治理是我国应对现代化与城镇化最主要的政府使命，也是履行“以人民为中心”发展理念的直接体现。“在泉城全办成”改革，聚焦企业发展难题、聚焦群众关切热点，通过系统集成、升级迭代的改革，不断回应民生需求，并以此作为推进政府改革的动力。书中分析了“在泉城全办成”改革所发挥的重要作用，通过行政审批领域的直接效果，展现出更为瞩目深远的推动作用和溢出效应。正是由于“以人民为中心”的核心理念，引领了济南市的“在泉城全办成”改革，从一个部门改革的目标，变为撬动城市以及更大范围内政府改革的杠杆，推动了城市营商环境和为民服务的改革深化，激发了政府与市场、社会的治理效能。

佃利教授的新作，通过对济南市“在泉城全办成”改革的呈现和研究，展现出他们团队对于政府改革和城市治理持久和深入的探索。他们对于城市治理、跨域治理、邻避问题和古城更新等议题都有很好的学术贡献，有深入的调查研究，有敏锐的问题关注，有丰厚的现实情怀。这本新作通过“在泉城全办成”改革这一“济南样本”，对城市品质发展这一时代命题开展了研究和讨论，从中既能看到济南这座老城崭新的发展样态，也能感受到人民对城市的热爱和对美好未来的期盼。

祝愿佃利教授和他的团队继续取得更多开拓性的研究成果，祝愿“泉城故事”越来越精彩。

鲍静（中国行政管理学会副会长，研究员，博士生导师）

前 言
在光芒中大声地歌唱光芒

1924年，印度诗人泰戈尔到访济南，对满城的泉水印象深刻。离别之际，泰戈尔留给了济南一句诗："我怀念满城的泉池，它们在光芒下大声地说着光芒。"优美清澈的诗句诉说了济南的绮丽风景，亦是道出了济南深厚且明朗灿然的城市底色。

济南人是爱泉的，也乐于把奔腾不息的泉水作为自己城市的象征，喜欢这个城市就歌颂这个城市，"泉城"就蕴含了人们对泉水城市的喜爱之情。泉城之美，不仅仅在于泉水温和滋润的自然之美，也更在于它是一座融合悠久历史和现代文明的城市。

她的城市特色得天独厚：地处泰山北麓、黄河之滨，"山、泉、湖、河、城"浑然一体，"四面荷花三面柳，一城山色半城湖"风景无穷。古有赵孟頫的《鹊华秋色图》作其巍峨气派之华彩，今有老舍的《济南的冬天》作其温润风貌之注脚，这是济南故事的历史传承。另一方面，作为山东省政治、经济、文化中心，现代的济南又面临着新旧动能转换建设、自由贸易区建设、黄河流域生态保护和高质量发展三大国家战略叠加的重大机遇，在资源要素的集中优势和重大政策引领指向的基础上，正在向着国家中心城市目标稳步前进，这是“济南故事”的时代新篇章。

近年来，随着行政审批制度改革（或称行政审批改革）和“放管服”改革的持续推进，济南市的政务服务改革已经取得显著成绩，并以“在泉城全办成”作为承载改革指引和创新理念的集中展现，打造了一个兼具时代特色和城市品质的政务服务品牌。从改革探索到品牌形成、从品牌传播到进一步影响力升级，“在泉城全办成”品牌不仅集中体现了济南市行政审批深刻变革和持续创新的历程，也是优化营商环境和深化为民服务取得实质性进展和广泛影响的历程。作为身处城市之中、享受不断优化的政务服务的济南市民，也作为观察思考行政改革的公共管理研究者，我们团队对济南市行政审批改革和“在泉城全办成”品牌进行深入探究，努力去呈现一个实现中国之治的“济南故事”。

一、政务服务改革中的“在泉城全办成”

在“放管服”改革特别是“互联网+政务服务”的推进下，各级政府部门的政务服务持续推进和创新，形成了政务服务改革的浩浩潮流。济南市在改革中根据为民服务的宗旨，结合济南的城市特色，提出了“在泉城全办成”的政务服务品牌，形象地向企业群众传递改革的宗旨和举措，成功地展现了行政审批改革的“济南故事”。

（一）“在泉城全办成”改革的政策基础

党的十八大以来，党中央、国务院把“放管服”改革作为全面深化改革的“当头炮”“先手棋”，围绕着简政放权、放管结合、优化服务（以下简称“放管服”）这一改革主线持续转变政府职能、深化行政体制改革，并进行了系统的部署和持续地推进，是推进国家治理体系和治理能力现代化的重要举措。

十八届三中全会提出要进一步简政放权、深化行政审批制度改革；十九大强调要深化简政放权、创新监管方式、建设人民满意的服务型政府；十九届三中全会要求深入推进简政放权、营造良好营商环境。这些顶层设计都为持续推进行政审批制度改革、建设人民满意的服务型政府提供了行动指南。为全面贯彻党中央对“放管服”改革的有关部署，从2013年起，国务院每年都召开电视电话会议，专题部署、持续推进，形成了系统优化、整体集成的改革态势。

在我国行政审批制度改革进程中，各地踊跃开展创新实践，探索形成了诸多可复制、可推广的改革成果。面对中央的政策推动和各地如火如荼的改革浪潮，济南市以“一次办好”为宗旨，依托行政审批服务中心，开启了大刀阔斧的审批服务改革进程。2018年12月，济南市行政审批服务局挂牌成立，旨在更好地优化业务流程、回应民众办事诉求。随着行政审批服务局（以下简称“行政审批局”）这一整体性服务平台的成立，济南市提出了“在泉城全办成”的发展目标，将政府主导的行政审批改革落脚于“以人民为中心”的服务理念，推动改革问政于民、问需于民、问计于民，这是新时代背景下政府改革的奋斗目标，也是政府改革的未来之路。

（二）“在泉城全办成”的品牌内涵

正如济南的泉水发源于泰山北麓、得益于山水之行、积蓄于地下之势，“在泉城全办成”以劈波斩浪的勇气，不断聚积改革优势，进行自我完善与提升，在发展变化中孕育形成了丰富的品牌内涵。作为一个政务服务品牌，“在泉城全办成”秉持“以人民为中心”的服务理念，站在企业群众需求的角度，依托行政审批局这一整体性服务平台，在实践中持续创造新的服务方式，其内涵也在实践中不断丰富，从1.0版升级为3.0版。

“在泉城全办成”1.0版，是指2018年行政审批局成立伊始，着力于对企业群众服务的理念，开始打造“四办四不”的服务品牌。改革伊始，聚焦行政审批政务服务大厅“办还是不办”的核心问题，通过考察学习、集思广益，济南市提出了“在泉城全办成”的政务服务口号，其基本内涵就是“四办四不”，即“职责内的马上办，不拖延给清单；职责外的协调办，不推挡指路线；法规不明创新办，不否决找空间；群众需要帮代办，不打烊到前沿”。这一口号传承的服务理念，与新组建的行政审批局一起，亮相在泉城人民面前，展示了行政审批的新动力和新形象。

“在泉城全办成”2.0版，是指2019年9月，济南市委、市政府为打造优质高效便捷的办事环境，努力实现“在泉城全办成”，将其基本内涵扩展为“六办”，即：推进综合受理、集成服务，实现服务事项“一窗办”；打通数据壁垒、信息孤岛，实现服务事项“网上办”；建立街巷吹哨、部门报到机制，实现服务事项“就近办”；深化“五减”[①]改革，实现服务事项“简化办”；推行“你不用跑我来跑”服务，实现服务事项“舒心办”；健全“服务好不好群众来评判”监督考评体系，实现服务事项“督着办”。“六办”这些要求，聚焦改革中的难点和痛点，通过制度创新和流程再造，将“在泉城全办成”改革系统化明确化，扩展到济南市各级各部门，成为济南市政务服务的理念和改革的目标。

“在泉城全办成”3.0版，是指在2021年8月，济南市委、市政府为系统集成、协同高效推进政务服务创新，进一步提升政务服务效能，打造了升级版的“在泉城全办成”，其基本内涵概括为“五个集成”，即：推动办事流程集成，深化“极简审批”；推动部门改革集成，强化协同治理；推动涉企政策集成，增强政策效力；推动数字资源集成，打造智慧政务；推动服务方式集成，提升服务效能。这“五个集成”是在“在泉城全办成”影响不断增强的基础上，强化改革举措的系统性和整体性，深入创新政务服务整体治理机制，推动传统服务模式向智慧政务模式转变，将打造整体智慧治理政府作为发展新目标。

“在泉城全办成”是改革的目标，也是改革的产物，体现了政务服务改革中内容和形式的辩证关系。在持续的改革进程中，“在泉城全办成”是对人民多样化政务服务需求作出的主动回应，也是构建积极有为政府的勇气与决心的体现。“在泉城全办成”内涵不断丰富的过程，是由专项突破向系统集成升级、由传统服务向智慧治理升级的过程，彰显着“以人民为中心”的核心理念，推进政务服

①“五减”，是指减材料、减证明、减环节、减时限、减费用。

务高质量发展，撬动和引领着营商环境的不断优化。

2021年12月，《济南市优化营商环境条例》正式通过，以地方立法的形式对市场环境、政务环境、法治环境、宜居环境作出具体规定，是对“在泉城全办成”改革成效的制度固化。运用法治思维和方式提升行政审批服务法治化和规范化水平，努力营造稳定、透明、规范和可预期的营商环境，推动政府职能向提供优质政务服务，构建法治化的服务型政府转变，这也成为“在泉城全办成”改革持续奋斗的目标。

二、“在泉城全办成”改革的逻辑思考

作为行政体制改革的重要着力点，行政审批改革是根植于中国大地的、刀刃向内的自我革命。“在泉城全办成”是济南市在行政审批改革进程中塑造起来的政务服务品牌，时处“百年未有之大变局”，其产生具有一定的必要性。通过对“在泉城全办成”改革发展的溯因，可以从理论、制度、历史三重逻辑进行进一步解读，这三重逻辑不断交织递进，既是“在泉城全办成”改革的逻辑起点，也是驱动“在泉城全办成”政务服务品牌不断完善的内在动力，可以帮助我们理解在全国范围内此起彼伏的行政审批改革创新中，“济南样本”得以独树一帜的缘由。

（一）政府与市场关系调整的理论逻辑

马克思曾讲道，“理论在一个国家实现的程度，总是决定于理论满足这个国家的需要的程度”。发轫于西方的公共管理理论在不

同的发展阶段有着差异化的阐释重点和时代侧重，映射着各个时期政府改革的“世界方案”与旨趣导向，这也为理解中国行政审批改革的历程与创新提供了理论逻辑的分析支点，从中我们可以探寻济南市“在泉城全办成”改革的理论逻辑。

理顺政府和市场之间的关系，是行政审批改革在不同发展时期的重要指向和改革定位。“大政府”与“小政府”哪个更有效？这是公共管理理论变迁过程中一直被执着探讨的重要议题。西方国家在20世纪30年代的经济大危机和20世纪70年代的“滞胀”现象，先后显示了市场失灵和政府失灵的可怕后果，表明单一政府或单一市场在资源配置方面的局限性，因此不能将二者置于二元对立的抗衡位置。新公共管理理论提出政府“掌舵”的重要性，要求政府秉持理性经济人假设，通过引入市场竞争机制来再造政府流程和公共产品供给机制，对政府职能边界进行了重新界定，进一步重塑了政府和市场的关系。

公共管理理论范式的演变让我们反思三方面问题。其一，由传统科层制引发的碎片化问题。分工明确的科层制结构和专业行政活动在提高行政效率的同时，也导致了部门林立、机构臃肿等组织结构的问题，如何打破部门沟通壁垒一直是公共管理学术界与实务界热衷于破解的改革难题。其二，关于工具理性与价值理性的论争。价值和效率的讨论贯穿公共行政学发展的各个阶段，将二者关系进行简单二元对立的观点有失偏颇。但新公共管理运动在效率和绩效主义的影响下又过于关注单一效率，将具有复杂内涵的公共目标进行指标化分解，在考核的指挥棒引导下极易忽视公共服务供给的公共价值和正义追求，因此迈向新时代的公共管理研究和行政变革正在谋求二者和谐统一基础上的重新诠释和建构。其三，对政府中心主义行动逻辑的超越。科层结构运行和单一效率取向的政府改革体现出的是政府中心主义的行动逻辑，难以根除部门壁垒、信息不对称和忽视公共价值等弊端。而21世纪开始兴起并逐渐成为主流的治理理论，跳出了此前以政府作为研究唯一中心的传统窠臼，开始关注多元主体对话沟通和合作互动的行动逻辑，谋求跨组织的公共服务供给模式，受此理念指引，行政改革迈向了价值共识和多元协作的新阶段。

“理论是灰色的，生活之树长青”，理论付诸实践才能更好地实现自身价值。无论是以解决碎片化为逻辑起点的整体性政府理论、强调价值与效率伙伴关系的公共价值管理理论、还是主张多元合作互动逻辑的治理理论等都开始倡导回归公共服务本质，强调公民参与，并将服务与协同作为理论基点，这正契合了中国语境下的“以人民为中心”的治理理念。为此，以公众需求为基本出发点，如何化解政府间的壁垒，实现企业服务和民生服务的优化，就成为行政审批改革的首要目标。“人民城市人民建，人民城市为人民”的人民城市论，要求在行政审批改革过程中将人民作为改革出发点和落脚点，围绕需求导向和结果导向构建起高效协作的整体性政府，为企业和民众提供优质的政务服务。“在泉城全办成”正是基于此理论逻辑展开改革从而形成的“济南方案”，秉持“以人民为中心”的价值理念，通过政府的自我革命破解碎片化问题，打造行政审批服务共同体，从而提升政府的运行效率，实现公共目标与公共价值。

（二）国家治理现代化的制度逻辑

在新时期政府改革潮流中，行政审批改革是一场声势浩大的制度变迁工程，其中蕴含着丰富的制度逻辑。制度逻辑的概念是针对制度参与者而言的，是指制度本身以及由制度塑造的人的逻辑。制度参与者是指扮演特定角色的个体或集体参与者，他们通过在具体的实践过程中创造、体现和维系一定的制度逻辑来实现自身作用和价值。通常而言，在具体的实践过程中，制度参与行为往往依据的是可见的制度和政策。以此为依托，如何重建行政组织机构平台、探索行政许可权的相对集中构成了“在泉城全办成”改革的制度逻辑。

其一，从地方政府自主探索到改革创新扩散的政策机遇。改革开放初期，中央政府是行政审批改革的发起者和主导者，自上而下推动行政审批制度的变迁。随着市场经济的发展，各地对政府与市场的关系和行政审批制度的认知进一步清晰起来，开始因地制宜推进行政审批改革的创新和扩散，并出现从“最多跑一次”到“一次不用跑”的地方经验。随着行政审批改革的纵深推进，2015年国务院作出了“加快推进相对集中许可权改革、支持地方开展相对集中许可权试点”的指示，随之全国各地围绕“一枚印章管审批”，开始了建立专门行政审批机构的改革进程，聚焦行政审批机构的模式和运行纷纷展开了有益的探索实践。济南市主动顺应改革趋势，于2018年正式组建了行政审批局并对行政审批事项和权力进行统一划拨，标志着济南市“相对集中行政许可权”进入实质性实施阶段，为行政审批制度的渐进式改革到“在泉城全办成”的打造推广提供了政策机遇。

其二，从部门林立到整体性服务平台搭建的组织再造趋势。中国长期以来的政府改革经验表明，组织机构的设计关涉到政务服务供给的整体效能，因此成为历次行政审批改革的重要着力点。以组织平台的集成来满足改革需要，进而由点到面拉动政府改革的整体创新构成了“在泉城全办成”的改革基点。为此，在市委、市政府的统领下，济南市突破“大部制”的机构改革导向，基于相对集中的行政许可权进行了行政审批职能的统一整合，组建了行政审批局。在此过程中，各级党委、政府将行政审批局的机构组建工作作为“一把手”工程来抓，并由市委深化地方机构改革协调小组办公室负责，充分发挥党建引领机构改革的重要作用，动员、整合市域范围内的行政资源搭建整体性服务平台，为“在泉城全办成”品牌打造提供了组织基础。

其三，从权力分散到相对集中行政许可权的制度优势激活。权力和职能的分散导致服务供给碎片化的问题，涉及跨部门、跨层级的行政审批事项往往难以展开协同处理，这也是此前以“政府中心”为理念的改革成效反复的主要原因。在济南市的改革进程中，通过实行高位推动、层级治理和属性治理的有效政策执行，形成政策执行的整体性治理。为从根本上解决改革成效反复的问题，济南市依托行政审批局实现了行政许可权的相对集中运行，加挂济南市政务服务管理办公室的牌子，从而在业务整合、资源共享、审批精简环节等方面发挥制度优势，助推行政审批运行机制和运转流程更加便捷高效，最终实现有为政府、服务型政府和整体性政府的建设。

“放管服”改革是坚持和完善中国特色社会主义制度，推进国家治理体系和治理能力现代化的战略抓手。党中央和国务院高度重视，对改革进行了顶层设计和高位推动，地方党委和政府主动作为，注重改革的系统化、集成化和协同化，推动改革落地深入；“放管服”改革也得益于敢于担当、作风优良、富有使命感的干部队伍，他们勇于创新，敢于啃掉改革中的“硬骨头”，推动工作不断向前。

（三）从夯基垒台到系统集成的历史逻辑

“放管服”改革是行政审批改革的关键点，行政审批改革之路漫漫，在发展的进程中审视改革选择的挑战，可以更好地认识现实。通过对济南市行政审批改革历程的回顾，可以进一步理解“在泉城全办成”品牌形成和改革创新的历史逻辑。

一是蹒跚起步时期，在初期探索阶段打造行政审批服务中心。济南市早于2002年就创立行政审批服务中心，以“公开、便民、廉洁、高效”为宗旨，实行审批内容、审批依据、申报材料、办事程序、承诺时限、收费标准“六公开”，要求所有进驻行政审批服务中心的部门（单位）集中办理行政审批事项，实行一个窗口受理、一个窗口出件、一个窗口收费的“一站式”服务。但由于时处行政审批改革的初期探索时期，行政审批服务中心的改革内容和成效难以深化。

二是夯基垒台时期，在办事平台集中阶段建设“一站式”政务服务中心。2015年7月20日，济南市政府召开市政务服务机构组建工作会议，标志着办事平台集中的济南市政务服务中心模式正式开始。政务服务中心下设4个职能处，共进驻30个市直部门（单位）的206项审批服务事项。其内在改革逻辑为通过政务服务中心的建设启用，实现政府部门内部跨部门集合，打造区域范围内审批事项的集中办公载体。但随着改革的推进，改革的边际效益不断递减，仅靠物理集中办公空间的模式未能从深层次触及行政审批权力的配置及运行规律，对部门之间权责关系的重新理顺和内部运作碎片化问题的解决迫在眉睫。

三是立柱架梁时期，在组织再造阶段搭建行政审批局。2018年6月，中共山东省委办公厅、山东省人民政府办公厅印发《关于深化“一次办好”改革深入推进审批服务便民化实施方案》（鲁厅字〔2018〕31号）的通知，明确改革重点任务之一就是建立行政审批局，实行“一枚印章管审批”。同年12月，济南市印发《济南市推进相对集中行政许可权组建市行政审批服务局改革方案》（济厅字〔2018〕44号），将原来分散于28个政府部门的190项行政许可及81项关联事项划转至济南市行政审批服务局，标志着济南市组建行政审批局进入实施阶段。济南市各区、县几乎在同一年都组建成立了行政审批局，并为其配备一大批年轻、懂业务的工作人员，为“在泉城全办成”搭建起了整体性服务平台。

四是积厚成势时期，以“在泉城全办成”品牌推动全市改革整体改革氛围。行政审批局进一步探索优化审批流程、创新审批模式，撬动了政府政务服务的全面创新，逐步形成了独具济南特色的“在泉城全办成”政务服务品牌，并且从部门推进变成全市“大合唱”，从办事和便民角度重新定义了政务服务的渠道、效果和监督问题，瞄准政务服务的痛点、堵点、难点，为济南打造金牌营商环境提供了传播效益和口碑保障上的双重优势。

随着改革的深入推进，改革的系统性、整体性要求愈加强烈。自行政审批局成立，随着三年初见成效的改革目标如期实现，济南市相对集中行政许可权改革实现了由局部探索到系统集成、协同高效、全面深化的转变，形成了一系列制度成果和实践成果，积累了推进改革的有益经验和创新发展的比较优势，并在理论、制度与历史三重逻辑的推动下，实现了从行政审批改革向“在泉城全办成”的进阶。

三、平台驱动创新与政务服务改革的范式跃进

在济南市行政审批改革的发展历程中，从行政审批服务中心到“一站式”政务服务中心的探索，再到“一枚印章管审批”推动下行政审批局模式的正式组织再造，实现了一个整体性的政务服务平台的切实落地。在这其中，行政审批局充分发挥了组织牵头作用，通过审批职能的相对集中和统一运行，推动在职责同构背景下进一步实现权责集中，并融合“企业服务的平台”和“民生服务的平台”实现了审批服务功能的有效聚合。行政审批局模式引领并激活了“在泉城全办成”政务服务品牌的集成效应，是一种平台驱动政务服务创新的改革逻辑。

平台作为一个复合性的概念，可以是一种组织结构，也可以是一种技术载体，其本质是集聚，即资源能力化与能力资源化的集成聚合，前者使专门的资源发挥专门的能力，后者促使能力固定在平台上，以此形成满足不同需要的各种价值。我们在这里指的“平台”，不再仅仅是表面上的信息技术或数字化平台，更是一种通过数字化赋能来整合审批资源优势、重塑审批业务流程、打破部门信息壁垒，始终围绕人民需求和市场需求所进行政府职能转变的现实

平台载体，也是一种通过平台载体来蓄积改革集成效能，发挥协同高效优势、持续深化制度创新，进而撬动和推广“在泉城全办成”政务服务品牌影响力的重要驱动力。

（一）整合的平台

济南市行政审批服务局模式（或称“行政审批局模式”）是从政务服务中心转变而来，在组织架构上实现了从“物理集中”到“化学融合”的转变，通过审批服务职能的统一运行和资源优势整合，激发了市场活力和社会创造力。行政审批局模式是一种集成性的组织结构变革，是以边界的存在作为基本的前提，强调组织内部的再整合与协调，因此并不同于大部制体制改革对于权力碎片化运行的回应之道，而更寻求“化异”与“求同”中的平衡之道。行政审批局具有事项、权责集中的体制优势，在完成机构划转组建的基础上实现了“职能集中与到位”的集成整合，并同步建立完善了相关制度、组织规定和工作纲要，在此基础上，进一步通过机制创新不断助力行政审批的协同治理和集成优势，在审批业务全面梳理和精简分类之后，全面开展“一窗受理”服务，以企业生命全周期、居民生命全周期的服务需求为依据，紧密衔接关联事项，推进业务流程再造，提升了改革的系统性、整体性和协同性，也切实增强了企业群众的改革获得感和满意度。

（二）联动的平台

济南市行政审批服务局作为一个整体性的服务平台，也助推了平台之上部门间的协同联动，在一定程度上化解了政府组织之间的管理碎片化和功能裂解化。首先，体现在业务流程的联动运转上，在以审批服务统一供给为结果导向的业务流程重塑上，行政审批局明确了审批服务相关部门的彼此职责以及具体负责的业务环节，经由上级的推动与监督，通过制度化的方式将其固定下来，从而形成了一套标准化的业务流程，改变以往各自为政的部门运作方式，超越仅在表层上对组织结构所作的简单集合和“物理集中”，通过联动合作和“化学融合”提供协同式的行政审批服务。其次，体现在部门关系的联动协同上，行政审批局通过“四维协同”工作机制对传统行政生态进行了重塑，从运行机制的角度提升了层级和部门之间的协调联动程度，打破了“条块分割”“职责同构”等深层次的体制性困局，并通过审管互动机制和审管信息联动平台的建立和优化，推进审批部门和监管部门间的联动运作，进一步加强审审协同与审管互动，在部门间形成联动，从而发挥“1+1>2”的集成效果。

（三）赋能的平台

整体性服务平台的统一构建和有效运转离不开数字化技术的大力支持，以新一代信息技术为支撑，以数据为生产要素和治理工具，“在泉城全办成”改革充分运用了“互联网+政务”“区块链+审批”“云评审”等技术，推进着“极简审批”“一网通办”“跨域通办”和“不见面审批”的智慧化审批服务供给，通过数据赋能整体性服务平台的有效运转。将数字手段和信息技术手段融入行政审批的办事流程中，让数据多跑路，综合运用线上线下相结合的审批方式，简化审批程序和办理难度，让审批服务突破时间和空间的限制，提升服务效率。同时通过将信息技术融入一体化平台，加强信息公开机制的建设，促进阳光公正审批，保障了行政相对人的知情权和监督权，随时接受社会监督，促进了行政审批服务过程的科学化、智能化、透明化运作。

（四）服务的平台

“在泉城全办成”改革中的整合、联动、赋能等导向均是手段，其根本目的则是为了聚焦“服务性”的最终实现，因此需要始终秉持“以人民为中心”和“为人民服务”的根本宗旨，改革创新和实践探索都需紧密围绕人民需求侧展开，以企业生命全周期、居民生命全周期的服务需求为改革依据，紧密衔接审批关联事项、推进集成式流程再造。济南市行政审批服务局利用“好差评”、市民服务热线、市民体验官等工作方式和反馈监督制度，聚焦公众对服务供给的反馈与评价，通过对公众需求信息和反馈意见的分类、过滤、整合、架构和传播，打造了一种共属于政府、社会、公众多方的品牌化政务服务，提高公众获得感和满意度。

组织变革和技术变革是驱动政府治理创新和范式跃进的重要力量。以平台运营模式促进治理创新，以平台化的治理新模式适应技术驱动、系统集成、流程简便、服务优化的治理要求。济南市“在泉城全办成”改革正是通过平台建设和赋能，促进了政务服务改革形成新的发展范式，体现了政务服务优化及整体平台搭建的现代政府建设理念，创造性地促进了“以人民为中心”的公共服务价值实现路径。

四、本书的基本结构与主要内容

本书围绕着整体性平台如何驱动政务服务创新这一核心问题，在前言中对“在泉城全办成”改革的基本内涵和逻辑进行了分析，随后主题内容分为四篇章节进行展开。

首篇描述了“在泉城全办成”改革由雏形到逐具规模的历史发展脉络，勾勒其品牌初显的轮廓线条，并在相关政府改革理论的梳理基础上，吸纳了整体性政府理论中的相关要素，结合中国实践搭建了一个贯穿全书的分析框架，为后续剖析具体的改革举措、运行机制、流程重塑、集成优势等内容提供了一个支撑性的分析框架。

第二篇具体分析了济南市行政审批服务局在“在泉城全办成”改革推动中发挥了怎样的能动作用。在整体性平台的搭建运行过程中，行政审批局在充分发挥组织引领的作用之下，围绕着组织平台构建、无缝隙流程再造和智慧审批服务等方面展开了多样态的、丰富的实践创新，并在着力解决行政审批碎片化问题的改革探索中，进一步推动了行政审批服务的整体性治理和政务服务的全面创新。

第三篇进一步挖掘了“在泉城全办成”改革所发挥的撬动作用，“在泉城全办成”的改革成效已经逐渐从审批领域（例如极简审批、权责理顺、标准化建设、审管协同）的直接成绩，展现出更为瞩目深远的撬动作用和溢出效应，例如对政府职能转型、营商环境优化、整体性政府构建、政民友好关系打造等方面的推动，充分彰显出在这场济南市的创新方案中，如何由一个政府具体部门的小改革，进而撬动全市以及更大范围内全面发展的大作用。

结篇中，本书站在“百年未有之大变局”的重要历史节点上，结合经济“高质量发展”的新要求，借助新媒体信息时代的新特色，进一步分析了济南市在传播“在泉城全办成”品牌影响力中所作出的努力和未来的发展方向，也切实回应了最初的思考：城市治理场域和改革进程中的地方政府究竟以及应该如何发挥作用，才能真正将制度优势转化为治理效能。

五、“在泉城全办成”：济南故事的时代价值

近年来，济南市的发展划出一条昂扬的“上行线”，GDP跃升至“一万一千亿级”，在全国城市综合实力强城榜单的排名不断前移；2021年在全国文明城市创建“四连冠”，被中央文明办确定为全国文明典范城市创建首批试点城市。硬实力让城市强大，软实力让城市彰显出独到的精神品格和风范。这些变化背后蕴藏着许多精彩的故事。何艳玲在《人民城市之路》中提到，“中国之治由许多地方样本构成，对地方样本的深度解读，不仅必要，而且迫切”。“在泉城全办成”就成为我们解读济南样本的一个“小切口”。

对于我们团队来说，不仅看到了济南城市变化的奔涌态势和勃勃活力，更是在持续的调研过程和深入探索中，充分感受到了改革者的坚定决心和一线实践者的饱满热情和创造力。在调研“在泉城全办成”改革中，领导者、工作人员、研究者们的激情始终充沛而坚定，每个人都能够在各自的领域中讲述着不同视角但同样精彩的“济南故事”。“在泉城全办成”既是改革创新的产物，同时也提出

了改革创新的要求。审视作为整体性服务平台的行政审批局的创新举措，解读驱动政务服务创新的“在泉城全办成”改革过程，立足中国场景，讲述扎根于地方的实践故事，是我们寻求现实问题突破和知识增值的方向。在研究中，我们对“在泉城全办成”这个“济南故事”有了沉甸甸的收获：

一是对“以人民为中心”理念的坚持和人民城市论的生动体现。“城市是人民的城市，人民城市为人民”，人民城市论的内涵强调“以人民为中心”的城市发展观和人民在改革中的关键主体地位。行政审批服务水平作为凸显城市治理质量的重要维度，其深化进阶更应充分考虑到人民的主体地位，将政府的行政审批改革放置于人民城市的发展背景之下，以“人民满意”作为目标，重构政府与市场、社会的关系。相应地，我们的观察也突破了对政府部门集成、流程再造、技术嵌入等改革手段和工具的聚焦，而是着重关注“在泉城全办成”改革中借由流程再造以弥合社会需求、提供无缝化服务的过程，关注改革对“人民是否满意、能否解决其实际困难及整体体验感受”的政府回应性提升过程，关注一个“民之所好好之、民之所恶恶之”的有为政府构建过程，镌刻着人文关怀的特征。

二是在研究中彰显中国本土化的价值追求和对中国场景的执着。“中国之制”是理解改革成效和治理效能提升的核心密码，以政府和市场关系为核心的政府规制或行政审批并非中国所特有的政府行为，但我国独特的国家制度安排和历史传统却决定着行政审批改革中的差异化特征。行政审批局模式、“最多跑一次”、“不见面审批”、“一网通办”、地方行政许可立法等创新举措无不凸显出构建政府与市场良性互动关系的中国经验和制度逻辑。面对浩如烟海的改革实践成果，行政审批改革既表现出因地制宜、多措并举的差异化路径，也呈现着殊途同归的总体特征，这是各级地方政府深刻植根于具体治理情境的结果。我们立足于行政审批改革的中国场景，回顾起源于中国大地的制度建设、制度创新和制度变迁过程，试图发现和挖掘中国场域之下行政审批局模式驱动的政务服务创新。

三是讲述政府改革中治理效能提升的“济南故事”。在全国上下轰轰烈烈、方兴未艾的改革实践和治理效能提升的探索创新中，由济南市行政审批服务局创新肇始、进而撬动城市治理效能提升的“在泉城全办成”改革，基于“以人民为中心”的发展目标和回应企业群众实际诉求的基本理念，不断探索城市快速发展的新模式。“在泉城全办成”改革，不仅是“放管服”改革考场上一份亮眼的“济南答卷”，也是经济转型和时代发展进程中的一个典型的“济南样本”，更为彻底和根本地激活治理效能，更是通过人民群众满意度的切实提升、政务服务的持续优化等一系列真切成果向人们讲述了一个饱含政府改革决心、回应人民城市之需，充满活力、富有温度的“济南故事”。

在未来的改革规划中，“在泉城全办成”品牌更是提出了“四个发力”方向，进一步夯实改革成效，为改革绘制“上行线”：聚焦增创体制优势，在深化改革上全面发力、出新出彩；聚焦激发市场活力，在增速提效上全面发力、出新出彩；聚焦公开透明规范，在体系建设上全面发力、出新出彩；聚焦打造过硬队伍，在党建领航上全面发力、出新出彩。

泉水的晶莹来于太阳的光芒，太阳的光芒因泉水的跳跃而闪耀，正如泰戈尔所言“在光芒下大声地说着光芒”。我们在本书中并不寻求全面呈现“在泉城全办成”方方面面、事无巨细的改革全貌和创新细节，而是通过对这一地方实践在中国改革进程，乃至中国方案探索中的回应，挖掘其改革逻辑和创新内驱力，探索以政务服务平台为改革支点，驱动政务服务创新的内在逻辑和治理方法论。

因为时代之光，我们能够享受时代发展的红利；因为城市之光，我们能够感受城市繁荣的滋润。这些光芒闪耀在我们身上，我们也愿意以自己的努力变成光的使者，来诉说这个济南故事。济南故事不仅是“中国之治”的典型样本之一，也正以自身努力谱写着一曲时代赞歌！

目 录

第二篇　改革创新塑造的“在泉城全办成”

第三篇 "在泉城全办成"品牌的撬动效用

第一篇

“在泉城全办成”：时代召唤与理论认知

近年来，在全国政务服务的改革浪潮中，济南市的行政审批改革一直处于时代前列，始终坚持创新和实干的精神，在“放管服”改革和优化营商环境的进程中取得了突出的成绩，其政务服务品牌——“在泉城全办成”，也随之成为政务服务改革中的亮点。

济南的行政审批改革何以取得这样的成绩？源于时代的浪潮、源于高度的服务自觉、源于扎实肯干的改革创新。要充分认识“在泉城全办成”品牌的丰富内涵，我们首先需要回溯济南市自行政审批制度改革之初便担负起的时代使命。本篇将进入“在泉城全办成”品牌由雏形到逐具规模的历史脉络中，分析济南市行政审批服务局之所以能够成功打造并全面扩大品牌影响力的原因。通过对改革背景、动力基础、历程演进的呈现，勾勒其品牌初显的轮廓线条；通过理论内涵的挖掘、提炼，搭建起整体性服务平台得以推动政务服务有效创新的分析框架，为深度剖析创新举措、运行机理、流程重塑、集成优势提供分析框架的支撑。

第一章
“在泉城全办成”：行政审批改革的济南方案

我国自进入改革开放时期，市场化的持续推动和深入发展便成为政府不断改革的重要动力来源。从20世纪80年代的“放权让利”到十八大提出“简政放权”，再到“放管服”改革的深入和持续推动，可以说，如何调整优化政府与市场、社会的关系，一直是历届政府不断探讨和改革实践的重要议题。良好的政市关系、政社关系要求政府既不能大包大揽，更不能当默默无闻的“守夜人”，反而对政府提出了更高的要求。在新时期政府改革的潮流中，行政审批改革始终是提升政府管理效能、优化重塑营商环境、贯彻深化“放管服”改革的重要抓手。本章将通过对行政审批改革的作用定位、时代召唤和动力基础的分析，展现在中央统一部署下，各地结合自身需求和优势条件纷纷展开的改革创新，进而分析济南市在这场精彩纷呈的创新浪潮中如何一步一步地实现了行政审批局模式的整体性服务平台搭建，并进一步呈现“在泉城全办成”品牌的核心理念和实践探索。

一、行政审批改革：转变政府职能 深化“放管服”的重要抓手

（一）从管制走向服务：行政审批制度的缘起和改革定位

行政审批是国家干预和调控经济的一种重要手段，作为一种对市场失灵的有效补救措施和宏观调控工具，盛行于当今世界的各个市场经济国家中。它既是政府与市场、社会发生直接关系的首要环节，也是政府与市场、社会沟通的重要桥梁和关键纽带。在政府开展行政管理过程的诸多环节中，行政审批作为政府行政执法活动的首要环节，决定着作为行政相对人的企业主体能否以及如何进入市场、公民个体在办事程序中能否完成事项以及过程体验如何，可以说，它是政府干预市场经济和管理社会的一项基本制度和重要手段。

现代政府有着调节市场和管理社会的重要责任。在计划经济以及市场经济发展的早期，市场资源尚没有得到充分的自由流动，政府的行政审批活动以颁布行政命令和行政指导作为主要形式，直接或间接地参与社会经济活动，通过管制来集中社会力量发展主要事业，并在计划经济时期取得了显著成效。随着改革开放和市场经济的深入发展，传统的行政审批方式已日益成桎梏之势，限制了市场主体的自由活力，无法与快速发展的市场运行机制相匹配。因在执行过程中自带科层部门壁垒、信息不对称和政府中心主义等弊端，

传统行政审批方式逐渐暴露出诸如权力寻租、部门协调困难、审管职责混淆等诸多问题，日益成为制约我国经济发展和市场活力的体制性障碍。

随着从计划经济向市场经济转轨的改革开放深入发展，我国政府通过建立行政审批制度开始转变对市场和社会的管理方式，行政审批制度得到进一步确立，并将全部经济活动和一切基本的、普遍的社会活动都纳入其作用范围内。也正是由于它出现的历史背景正处于计划经济和市场经济此消彼长的阶段，因此，我国行政审批制度本质上带有用计划理念来尝试和逐步满足市场经济发展所需要的渐进、权宜式的改变，也即行政审批制度是在行政命令和行政指导手段逐渐被压缩时，作为政府实施社会管制的权宜性措施建立和发展起来的。①

从行政审批制度发展的历史背景来看，其改革的必要性是毋庸置疑的。计划经济时期的政府管制手段可以以政府为中心进行资源配置和利益分配，但对市场资源配置和自由活力有着较为明显的压制作用。但是，这是否意味着完全自由的市场竞争和利益驱动机制就可以实现资源的最优配置和公共利益的平衡发展？显然，“市场失灵”屡屡出现的教训也充分展示出政府管理机制介入的必要性。当然，行政审批制度的设立也并非一劳永逸之事，由于其脱胎于计划理念，因此在运行发展中极易出现为了便于行政管理而增加行政环节收费和群众办事难度等异化现象，不仅压抑了营商环境活力、侵犯了公众正当权益，也日益与公共价值和社会利益相悖离。

---

① 张康之.行政审批制度改革:政府从管制走向服务［J］.理论与改革,2003(06):42-45.

行政审批制度亟待改革。那么，接下来的问题是如何改革？以何为中心？回顾政府体制的改革历程，摆在改革者面前的可选择路径有两条：如果改革以政府本位为中心，选择以管制市场和社会作为政策方向和改革目标，则在制度安排、政策工具、措施手段的选择上便会以方便行政管理和实现政府利益作为出发点，改革本身难免陷入循环怪圈。回顾前三十年的改革历程，改革非但没有实现政府职能优化的预期目标，反而致使部门调整及人员编制陷入“精简—膨胀—再精简—再膨胀”的循环中，职能转型也落入“膨胀失调—紧缩调整—再膨胀失调—再紧缩调整”的怪圈[①]。由此，以人民本位和服务社会为中心的第二条路得以证实，这也是一条从“管制型政府”向“服务型政府”的转型之路。第二条改革路径从市场和社会需要出发，以行政相对人的实际需求和真实感受为中心，将优化营商环境、激发社会活力作为政策目标，把行政审批制度改革与创建服务型政府联系起来，凡合乎社会需要的，就积极主动地通过行政审批介入，并寻求流程重塑和机制优化；凡不合乎社会需要的，就加以冻结甚至废止。改革的实际成绩证明，政府从管制定位向服务定位转变的关键，也是行政审批改革和政府职能转型得以成功进行的突破口。

（二）理解政府职能转变和“放管服”改革的重要窗口

行政审批活动作为调整政府与市场、社会关系的重要环节和关键枢纽，其改革指向同样也是理解政府职能转变和“放管服”改革

① 包国宪，张蕊. 基于整体政府的中国行政审批制度改革研究［J］. 中国行政管理，2018(05):28-32.

的重要观察窗口。十八大提出将推进“放管服”改革作为转变政府职能、全面深化改革的重要抓手，其实质上是对政府与市场、社会关系进行重新厘清的关键，也是对政府职能转型优化的全面探索。

回顾改革历程，从2001年开始，国务院正式启动了行政审批制度改革，旨在调整政府行政方式以及政府的行政范围以适应市场经济发展的现实需求。2013年，针对十八届三中全会“全面深化改革”的要求，李克强总理指出“必须从改革行政审批制度入手来转变政府职能”，更是进一步强调了行政审批改革对政府职能转变的重要撬动作用。行政审批制度改革通过减少政府对微观经济的直接干预，来厘清政府与市场、社会之间关系，从而将政府行政行为限定在法治轨道上，实现经济发展的市场回归和权力归位。自此十余年来，在政府历次改革中均给予行政审批改革以高度重视，并将其作为政府职能转变的一个重要的突破口。那么，如何理解其中关系？

简单来说，政府行政体制改革的总目标和价值取向是对政府职能的优化转变，而这个目标的实现则需要通过行政审批改革等一系列具体实践层面的改革来进一步实现，即行政审批改革作为手段，能够助力政府职能转变和服务优化这一总目标的实现。在这种意义上，行政审批制度改革与政府职能转变是同一范畴中的命题，行政审批改革是明确和调整政府部门在面对行政相对人时，应该以一种怎样的行为模式和价值排序开展行政活动，是以管制行为和方便部门开展工作为首选，还是以服务活动和考虑对象需求为优先。这两条截然相反的路径背后反映的正是政府对自身的定位认知和职能边界的界定。

围绕政府职能转变开展的“放管服”改革工作一直是本届政

府的工作重点。2013年起，党中央、国务院提出把简政放权、放管结合作为政府改革的"当头炮"和"先手棋"，随之正式全面拉开改革大幕，自此国务院每年都要召开一次相关的电视电话会议；2014年，在总结各地经验形成了"权力下放、监管跟上、服务提升"的理念基础上，进一步将"强化放管结合"作为深化改革的着力点；2015年，又将优化服务纳入其中，明确了简政放权、放管结合、优化服务的协同推进，形成了"放管服"三管齐下、全面推进的格局，并强调"'放管服'改革是涉及理念、体制机制、工作方式的深刻变革，需要来一场全新的学习"[①]，其中简政放权是政府职能转变和行政体制改革的前提基础，放管结合是政府改革的手段措施，优化服务是在前两者实施良好的基础上对服务型政府的进一步回应和完善。

同样地，行政审批改革能够全面推动"放管服"改革深入全面发展。究其原因，一方面是因为简政放权是行政审批改革的核心任务，承担着"放管服"改革得以全面开展的重要前提和基础功能，正如十八届三中全会所指出的"要简政放权，转变政府职能，就必须以行政审批制度改革作为起点"；另一方面也是由行政审批在政府职能序列中所处的关键地位所致，行政审批职能直接决定着各类主体能否合法进入市场或享受怎样的政务服务体验，甚至影响其后续的发展活力及活动范围，因此承担着简政放权这一主要任务的行政审批改革成为深化"放管服"改革、加快政府职能

① 新华社.李克强：在全国深化"放管服"改革转变政府职能电视电话会议上的讲话［EB/OL］.(2018-07-13)［2022-07-06］. http://www.gov.cn/guowuyuan/2018-07/12/content_5305966.htm.

转变、推动治理现代化早日实现的关键之举，甚或直接影响着行政体制改革的成败。

二、行政审批改革创新的时代召唤和动力基础

任何改革的背后都存在着多样化的驱动因素，这些因素通过不同传导渠道作用于不同主体并形成某种合力（见图1-1），当这种合力超过一定阈值之后，改革就发生了。[①]行政审批改革作为一场“刀刃向内”的政府自我革命，不仅要拿出壮士断腕的决心和破釜沉舟的勇气，也需要充分理解改革创新的动力基础，明白环境的压力、创新的挑战、内部的阻力，在此基础上才足以应对改革在未来发展可能面临的各种障碍。

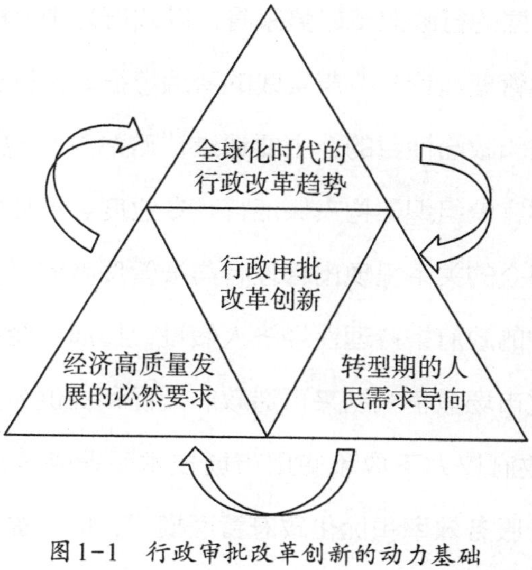

图1-1　行政审批改革创新的动力基础

① 周志忍.论行政改革动力机制的创新［J］.行政论坛,2010,17(02):1-6.

（一）全球化时代的行政改革趋势

全球化对公共行政活动的一个重要影响体现在不同国家行政改革的总体趋势呈现出趋同性，即尽管各国间的政治体制和发展情况各不相同，但其整体目标、发展理念、技术手段却可以互相借鉴和参考学习。[①]全球化使得每一个现代国家的政府都面临着类似的宏观时代背景、技术发展挑战、激烈竞争考验，因此主动了解他国的行政改革实践和理论发展对每一个国家的行政改革都颇有借鉴意义。与此同时，随着信息技术、媒体传播的进一步发展，全球一体化和信息化时代下的各国公众也会对他国政府所作的改革和实践了解更深，他们不希望本国政府固守窠臼、无动于衷，由此而形成的外部压力也会促使本国政府主动开启改革进程。

从当代各国的行政改革趋势来看，以政府为中心的改革取向一度是全球行政管理理论与改革实践的普遍特征。传统公共行政理论追求的是规制和政治性目的，主要通过"政治一行政"二分和以科层制为基础的官僚组织架构来保证行政专业度、管理效率和政治目的，政府与公众的关系呈现出管理者与被管理者的对立地位；新公共管理改革中的政府秉持理性经济人假设，扮演着企业家政府的角色，主张通过市场竞争机制来再造政府流程和提供公共服务，通过不同程度的政府权力下放和使用市场技术手段来改进公共产品供给机制、提升服务效率和优化政府管理模式，以期提高管理效率和管理经济性。直至进入21世纪、新公共服务理论兴起，"服务型政

① 秦浩.中国行政审批模式变革研究［D］.长春：吉林大学,2011.

府”逐步成为行政发展的现实吁求，这是一种“在公民本位、社会本位理念指导下，在整个社会民主秩序的框架下，通过法定程序，按照公民意志组建起来，以为公民服务为宗旨，实现着服务职能并承担着服务责任的政府”[①]。然而，尽管该理念始终引领着各国政府治理模式的变革和创新，但却始终没有形成行之有效的现实方案和到达路径。

因此，新时代的行政审批改革要在“服务型政府”的方向指引下，超越政府中心主义范畴，始终“以人民为中心”作为改革的核心宗旨，围绕着不断推动政府部门简政放权与服务优化的改革目标，探索行之有效的“整体性”运行机制、运转流程和实现路径。在行政审批制度改革中，要把人民是否满意、能否解决其实际困难及整体的体验感受作为评价改革成效的关键指标，切实从办事公众需求的视角出发，来进一步梳理简化审批事项、优化业务流程、并切实纳入人民的需求识别和反馈机制。

（二）经济高质量发展的必然要求

经济发展与政府职能发挥之间有着密切的关系。从改革开放发展至今，40余年来国内以及全球经济形势经历了数次变迁浪潮，我国政府从放松计划管制到加入WTO世界贸易体系，从“新常态”兴起到经济的“高质量”发展，要想始终把握经济发展的时代脉搏，政府必须根据经济发展趋势及时进行职能优化和转型。新时代的政府如何更好地进行职能转型？事实上，行政审批改革作为一场重塑

① 刘熙瑞，段龙飞．服务型政府：本质及其理论基础［J］．国家行政学院学报，2004(05):25-29.

政府与市场关系的深刻变革，是推动经济实现稳中向好发展的重大举措，[①]也是一个从政府包揽一切公共事务，逐步转变为向市场和社会放权，重新构建政府主导下的政府、市场、社会合作治理结构的过程[②]。进入21世纪之后，经济高速增长下的发展不平衡问题逐渐凸显，使得发展质量日益受到重视。十九大对我国社会主要矛盾的转化作出了重要论断："我国社会主要矛盾已经转化为人民日益增长的美好生活需要和不平衡不充分的发展之间的矛盾。"习近平总书记在中国共产党第十九次全国代表大会上的报告《决胜全面建成小康社会 夺取新时代中国特色社会主义伟大胜利》中指出："我国经济已由高速增长阶段转向高质量发展阶段，正处在转变发展方式、优化经济结构、转换增长动力的攻关期，建设现代化经济体系是跨越关口的迫切要求和我国发展的战略目标。"[③]自此，行政审批改革与高质量发展在现实中被联结起来。

在传统的高速增长阶段，经济发展更多表现为"规模扩张"和"要素驱动"，而高质量发展阶段的主要目标是"高效""公平"和"可持续"，高质量发展要求转变发展方式、优化经济结构、转换增长动力，且更加注重发展高质量、生活高品质与治理高效能的内在统一。[④]高质量发展目标对当下的行政审批改革提出了新任务和新要求，如何从高速增长阶段追求"规模扩张"和"要素驱动"的发展

---

① 沈荣华.推进"放管服"改革:内涵、作用和走向［J］.中国行政管理,2019(07):15-18.

② 何显明,张鸣.重塑政府改革的逻辑:以"最多跑一次"改革为中心的讨论［J］.治理研究,2018(01):92-99.

③ 金碚.关于"高质量发展"的经济学研究［J］.中国工业经济,2018(04):5-18.

④ 何立峰.大力推动高质量发展积极建设现代化经济体系［J］.宏观经济管理,2018(07):4-6.

模式转向高质量发展阶段的“高效”“公平”和“可持续”发展，将是未来一段时间内政府改革的重点目标。

从高速增长转向高质量发展，既是经济增长方式的转变，更是一个体制改革和机制转换的过程。因此，要在行政审批职能的运行领域中更好发挥政府作用，如何激发市场活力、深化要素改革、调适政市关系、强化有效监管将是重要的改革创新地带。高质量发展要求政府在现阶段和未来的改革中必须配以相应的制度安排、政策集合和良性机制。我国的行政审批改革在探索中不断前进，服务于当下最为关键的经济、社会发展问题，而高质量发展阶段的到来正是一个全新环境下的时代召唤，改革本身也会处于持续的变革和调整之中，亦服务于高质量发展目标。

（三）转型期的人民需求导向

进入21世纪以后，随着经济社会的发展，出现了一些新情况和新问题，突出表现为“全社会公共需求的快速增长与公共物品和公共服务短缺之间的矛盾日益凸显”，行政改革过程中的一些深层次问题也逐步显现出来。2013年之后，新一届中央政府围绕以行政审批制度改革为重点的行政改革，持续推进“放管服”改革。从中不难看出，我国行政审批制度改革是一个持续的、不间断的过程，每个阶段都有与之相契合的改革任务，遵循渐进调适的改革路径，并将向市场放权和为社会公众提供更加优质的服务作为总体改革方向。

政府改革的根本目的是为了解放和发展生产力，更好地满足人民日益增长的发展需要。人民是推动改革的最大原动力。因此，改革发展也要依靠人民。行政审批制度改革在政府职能的转变过程中尤为突出“以人民为中心”的价值宗旨，政府不再以行政管理效率作为机构改革和流程再造的唯一目标，而是从人民的实际需求出发，通过创新管理方式、削减审批项目、优化审批流程等方面的实践创新，促进政府更加高效、便捷地服务于广大人民群众，降低人民办事成本，节约人民办事时间，在切实提高人民的获得感和满意度的同时，全面助推服务型政府的建设。

在行政审批改革的创新实践中，应始终围绕为人民群众提供优质高效政务服务的价值理念，不断在减环节、优流程、转作风、提效能上下功夫。同时，政府也要构建实质性的参与机制，让人民群众能够进入公共利益及价值的识别认定、互动协调和评价反馈的过程中。为此，政府应始终把行政审批制度改革的目标定位在“以人民为中心”上，把人民是否满意、能否解决其实际困难及整体体验感受作为评价改革成效的核心指标：一方面，坚定以人民群众利益为中心，从人民的获得感出发，通过制度建设、机制优化、技术创新等方式实现便民目标；另一方面，充分发挥专家与企业群众的参与力量来优化审批事项顺序及流程再造，让人民作为深化改革的参与者、见证者和体验者，对行政审批和政务服务工作进行体验和评价。

三、“在泉城全办成”品牌的塑造：整体性服务平台的搭建历程

济南市作为省会城市，在发展过程中面临着省内与省外的双重压力与挑战。于省内而言，青岛市长期位居山东省GDP首位，济南

市则成为我国少数几个经济首位度偏低的省会城市，因首位度不高而无法享受到集聚效应带来的红利，导致山东省内高科技产业不够集中。省内其他城市（如青岛、烟台等）对人力资源、发展要素等的吸引力强劲，造成了济南市人口吸引力降低、部分高校毕业生流失等现状。于省外而言，山东省地处京津冀、长三角两大世界级城市群之间，在发展过程中受到的上述两大城市群的虹吸效应要远大于扩散效应，对其发展也有一定的阻碍作用。

2018年1月，国务院批复《山东新旧动能转换综合试验区建设总体方案》（国函〔2018〕1号）；同年2月，山东省人民政府下发《关于印发山东省新旧动能转换重大工程实施规划的通知》（发改地区〔2018〕67号）。济南市作为三核引领的山东新旧动能转换主引擎之一，定位为“集聚集约创新要素资源，发展高端高效新兴产业，打造开放合作新平台，创新城市管理模式，综合提升基础设施和公共服务水平，建设现代绿色智慧新城”。在新旧动能转换先行区建设的契机下，济南市人民政府适时推出了“在泉城全办成”政务服务品牌，以新旧动能转换、产业结构调整为抓手，加强了一流营商环境的优化建设。

溯源回顾，“在泉城全办成”品牌正是行政审批制度改革至今的阶段性成果，始终以深化“放管服”改革成效为目标、以“人民中心”为改革宗旨、以构建金牌营商环境为工作重心，通过“四维协同”创新机制和“四项赋能”助力打造了多层次全方位的“审批服务共同体”，实现了“一枚印章管审批”模式的科学高效运行，切实推动了行政审批的改革力度和纵深发展。回顾“在泉城全办成”改革中行政审批局的平台搭建历程，可以明显发现作为整体性服务平台的行政审批局在打造更加透明、负责、便捷的政务服务，营造更加高效、友好、融洽的政民关系，塑造更加规范、有序、充满活力的营商环境等方面都取得了非常显著的成绩。

（一）初期创立：行政审批服务中心的探索时期

2000年，十五届五中全会在“十五”计划《纲要》中首次提出“要加快政府审批制度改革”。2001年9月24日，国务院办公厅下发《关于成立国务院行政审批制度改革工作领导小组的通知》（国办发〔2001〕71号），成立了国务院行政审批制度改革工作领导小组，并在原监察部设立了办公室；同年10月24日，国务院召开了全国行政审批制度改革电视电话会议，标志着行政审批制度改革工作的正式全面启动。党中央、国务院开始积极研究和探索行政审批制度改革的新思路、新举措；2002年4月，国务院行政审批制度改革工作领导小组办公室下发了《关于对建立与社会主义市场经济体制相适应的审批制度进行课题研究的实施方案》（国审改发〔2002〕1号），确定了在15个大中城市率先开展行政审批制度改革课题研究，随后又组织了国务院各部门继续深入开展这项工作。

2002年10月、2003年2月和2004年5月，国务院先后分三批取消和调整了审批项目共达1795项，占国务院部门原有审批项目数量的近一半，从总体上实现了中央提出的大幅度减少行政审批事项的目标。行政审批制度改革是一项长期的任务。在改革初期，国务院就确定了改革的五项原则——合法、合理、效能、责任、监督，随着改革的深入又相继出台了一些新的政策规定，直到2004年《中华人民共和国行政许可法》的正式实施，行政审批制度改革和实践探索才有了严格明确的法律依据，此后党中央、国务院开始把工作重点转移到对省级和地方政府行政审批制度改革的指导和协调上。随后，国务院行政审批制度改革工作领导小组依据《行政许可法》，组织对国务院部门的行政审批项目进行多轮次的集中审核论证，审批事项的清理范围进一步扩大，逐步拓展到涉及审批交叉的领域。

为响应中央号召，在行政审批改革的探索阶段，济南市于2002年成立了行政审批服务中心，以“公开、便民、廉洁、高效”为宗旨，实行审批内容、审批依据、申报材料、办事程序、承诺时限、收费标准“六公开”，要求所有进入行政审批服务中心的部门（单位）集中办理行政审批事项，实行一个窗口受理、一个窗口出件、一个窗口收费的“一站式”服务。此时期的行政审批服务中心主要是通过审批项目清理、工作规范梳理来进行审批体制机制的创新，工作重点主要是审批服务标准体系的初步建设。

作为山东省服务标准化试点工作的69家单位之一，济南市行政审批服务中心于2007年开启了审批服务标准体系的建设试点工作，将市安监局、市公用局、市卫生局、市环保局、市药监局、市消防、市建委等八个窗口作为试点窗口，要求各职能部门对自身审批项目（包括市级行政许可和非行政许可项目）进行梳理清理、对自身审批和组织流程重新设计，相应扩大派出窗口的授权、规范行政审批服务的程序、完善工作规范和工作流程、建立审批承诺和标准，在此基础上进一步对中心管理层、各职能部门窗口、服务内容、工作流程、法律法规、管理制度、人财物配置和服务对象需求等方面进行标准规范，精简审批程序、规范行政审批服务行为，以此助推行政审批服务的质量和效率。

（二）相对集中：政务服务中心“一站式”的建设时期

为进一步转变政府职能、释放地方经济发展活力，更好地回应民众办事诉求、探索行政审批流程的优化再造，2015年3月，中央编办和国务院法制办联合发布《关于印发〈相对集中行政许可权试点工作方案〉的通知》（中央编办发〔2015〕16号），明确在天津、河北、山西、江苏、浙江、广东、四川、贵州等八省、市开展改革试点，组织试点市、县（市、区）或开发区就相对集中行政许可权的实现形式进行探索，其探索方向是将政府各部门的行政许可权集中到同一地点进行对外审批，以此解决由于多部门分头管理导致行政审批“门难进、脸难看、事难办”现象。

山东省虽未在首批八个试点省份中，但也十分重视这项工作，并不断尝试推动改革实践创新。根据《中共济南市委 济南市人民政府关于济南市人民政府职能转变和机构改革的实施意见》（济发〔2014〕19号）要求，济南市政务服务中心管理办公室（以下简称“政管办”），同时挂任市政府市民服务热线办公室的牌子，是市政府派出机构之一。其主要职能表现在三方面：其一，承担相对集中行政改革中相关部门进驻政务服务中心的协调工作和监督职责；其二，协调衔接政务服务中心与进驻部门，以及进驻部门之间的工作关系；其三，按照济南市行政审批制度改革的整体工作部署，推动做好审批事项相对集中的实施工作。

2015年7月20日，济南市政府召开市政务服务机构组建工作会议，标志着济南市政务服务中心阶段的相对集中模式正式开始。政务服务中心以“公开、便民、廉洁、高效”为工作宗旨，实行审批内容、审批依据、申报材料、办事程序、承诺时限、收费标准“六公开”原则，所有进驻部门所集中办理的审批业务，统一实行“一个窗口受理、一个窗口出件、一个窗口收费”的“一站式”服务。与此同时，政务服务中心共进驻30个市直部门（单位）的206项审批服务事项，其中审批事项141项（后市政府公布继续拓展至223项），服务事项65项，窗口工作人员178人。自启用以来，年均办理事项达到10万件左右，日均办理400余件，日均接待服务对象1000余人次。

此阶段的行政审批制度改革以行政权力清单公开、办事指南工作优化作为自我限权和流程优化的改革逻辑，通过政务服务中心的建设启用，实现了政府部门内部跨部门集合，这种“一门式”改革打破了原来办一件事需要向多个单位提交申请、奔波于多个地方的办事模式，形成了区域范围内审批事项的集中办公载体，且有三个主要特征：一是窗口即时办结的规定压缩了行政审批事项办理时限，对于国家规定的已经由行政许可转为备案或年度报告的事项均要求在办事窗口现场办结；第二，严谨规范进驻大厅行政审批单位的工作制度（包括主动公开办事指南、审批依据、收费情况等），大大缩短了审批事项内部流转时间，例如固定资产投资项目报批涉及部门众多，凡已进驻政务服务中心的相关单位，要求其减少内部办理时限，需在45个工作日之内作出审批决定，同时要求不得拖延办理职责权限清晰、审批要素齐全的办理事项，并对部门间推诿扯皮的现象予以问责；第三，设置“窗口首席代表”，以单位“授权书”的形式明确首席代表职责，并给予首席代表当场裁量权。

此时期的实践探索主要表现为行政服务中心和行政办事大厅办公模式，办公空间上的物理集中是此种模式下最突出的特点，在实际运行和架构中仅仅作为行政审批权力“物理集中”和“空间聚合”的服务机构。相关单位派驻人员进驻大厅集中进行审批，在一定程度上提高了审批的效率和质量，并取得了以下成效：其一是降低了办事人员的交通成本，统一的办公地点解决了办事公众难以找到相关职能部门的“门难进”问题，政务服务效率得到提高的同时也降低了公众的办事成本；其二是解决了办事人员的态度差和效率低的问题，通过机关作风建设和严格的考核程序，针对“脸难看”现象提出了相应的解决办法；其三是遏制了行政审批程序不规范、乱收费等“事难办”问题，通过公开透明的办事程序遏制了行政审批环节中的乱收费等不规范现象。

但随着改革的推进，改革的边际效益不断下降，仅靠办公空间的物理集中模式未能从深层次触及行政审批权力的配置及运行规律，越来越暴露出政务服务大厅进驻部门与行政审批职能部门之间内部权责关系的理顺难题，进一步显示出制度“天花板”的制约作用，也并不能真正改变政府内部的部门壁垒和碎片化审批倾向。例如，市、县两级政务服务中心出台的办事指南内容不统一，审批依据、审批流程、办事材料公布不严谨、不透明，审批事项分支化、颗粒度不够等；由于没有统一的行政审批裁量标准，也可能导致行政审批权力成为原职权单位的体外循环，不利于行政审批权力的监督。另外，行政审批资源和信息数据的隔离分散，进一步局限了数据联网的赋能空间，种种问题都进一步推动着改革的纵深探索。

（三）组织再造：行政审批服务局的集成平台搭建时期

2018年5月，中共中央办公厅、国务院办公厅印发的《关于深入推进审批服务便民化的指导意见》（厅字〔2018〕22号）指出，要大力推行审批服务集中办理，深化和扩大相对集中行政许可权改革试点，整合优化审批服务机构和职责，有条件的市县和开发区可设立行政审批局，实行“一枚印章管审批”。2018年6月，中共山东省委办公厅、省政府办公厅印发《关于深化“一次办好”改革深入推进审批服务便民化实施方案》的通知（鲁厅字〔2018〕31号），明确改革重点的任务之一就是推行“一次办好”集中审批，结合机构改革，在市县和市属省级以上开发区依托政务服务管理机构，建立行政审批局，实行“一枚印章管审批”。

2018年8月，山东省编办和山东省法制办联合印发《关于推进相对集中行政许可权改革组建市县行政审批服务局的意见》（鲁编办〔2018〕164号），指出为创新和完善行政审批体制机制，提高政务服务和便民服务水平，要求各市从建设政务服务中心向设立行政审批局方向发展。同年12月，济南市印发《济南市推进相对集中行政许可权组建市行政审批服务局改革方案》（济厅字〔2018〕44号），将原来分散于28个政府部门的190项行政许可及81项关联事项划转至济南市行政审批服务局，标志着济南市组建行政审批局进入实施阶段。12月26日，济南市行政审批服务局正式挂牌成立，统一使用行政审批服务专用章。各进驻部门原有的行政审批机构撤销，其审批用章由市政府统一废止并封存。同时不再保留市政务服务中心管理办公室。随后，济南市内各区县几乎在同一年都组建成立了行政审批局，南部山区、济南市新旧动能转换先行区、莱芜区、高新区等功能区也相继成立审批服务机构（见图1-2）。

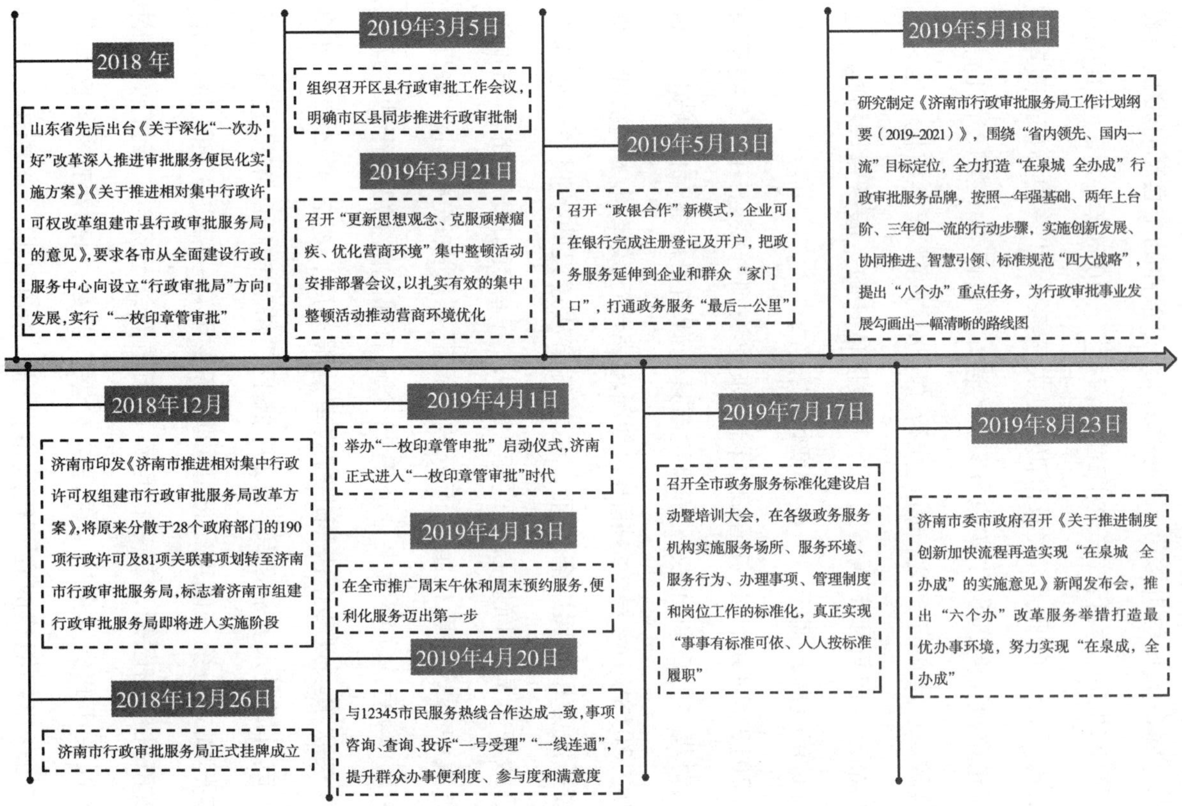

图1-2　济南市行政审批服务局的创建历程

至此，行政审批局作为一个整体性服务平台正式成立运行，并取代了原有政务服务中心管理办公室的职能。作为一项彻底的机构组织更迭模式，行政审批局的成立为接下来的审批权限集中、业务流程再造、政务服务效能优化奠定了平台基础和集成优势。

济南市行政审批服务局自挂牌运行以来，在规范管理、优化流程、提高效率、便民利民等方面都做出了诸多创新尝试。2019年8月，行政审批局研究制定了《济南市行政审批服务局工作计划纲要（2019—2021年）》（济行审发〔2019〕26号），提出要围绕“省内领先、国内一流”这一目标定位，全力打造“在泉城全办成”行政审批服务品牌，制定“1234+N”三年工作计划，即“一年基础规范、两年创新提升、三年品牌突破”的行动步骤，围绕省内领先、国内一流目标，聚焦审批、服务两大主题，实施创新发展、协同推进、智慧引领、标准规范“四大战略”，为济南市行政审批事业发展勾勒出一幅清晰的发展路线。

新成立的济南市行政审批服务局分为市、县两级，分别承接了市级和区县一级原先分散于各个部门的涉及市场准入、投资建设、卫生健康等各个领域的行政许可事项、关联事项以及收费事项，直接由市、区县两级的行政审批局负责范围内的许可事项办理工作。为深化“一次办成”改革，整合审批资源、健全审批制度，行政审批局在五个方面进行了改革创新：

1.在办事材料缩减上，开展了以“五减”为主要内容的“减证便民”活动，分两批累计取消171个审批事项的183个证明材料，仅市行政审批服务大厅年少提交材料就达3.6万余份，总体减材料60%以上。

2. 在标准化制度建设上，按照“三级十同”要求，推动审批事项精细化梳理和办理事项拆分工作进度，形成了操作手册、办事指南，促进办事要件、流程、结果标准化，并实现了在线运行；在集成事项办理上，围绕企业群众办成“一件事”，梳理出多项主题套餐服务，实现行政审批服务事项集成办理。

3. 在一体化运行打造上，会同省政务服务管理办公室制定《山东省、济南市政务服务中心一体化运行实施方案》，有序推进大厅改造、窗口调整、事项梳理、人员培训、设备购置、系统调试等工作，实现了省市大厅一体化运行，在国内首创省市政务服务中心一体化运行模式。

4. 在审批流程及模式创新上，与市住房和城乡建设局共同牵头，推进工程建设项目审批改革，进一步创新“拿地即开工、建成即使用”审批模式，改革后一般工程建设项目全过程审批时间控制在85个工作日以内，申请表单、申报材料大幅减少，流程明显优化。

5. 在便民利企服务水平提升上，创新“政银合作”模式，一站式办理营业执照、公章刻制、银行开户等业务，推行企业名称自主申报、企业设立环节“多证合一”模式，全程电子化办理，实现全市范围内企业开办一日内办结。其中外商投资企业“不见面”备案，个体工商户、自然人独资有限公司、个人独资企业设立实现“秒批秒办”，同时通过“我来跑”帮办代办服务办法，为重点领域、重点项目提供个性化、定制化的帮代办服务，变“企业跑”为“我来跑”。

（四）品牌打造：提升营商环境和品牌影响力的推广时期

行政审批局的优势在于其行政审批权力是从原职能部门统一划拨而来，相比政务服务中心模式而言，将文件科室的空间集中转变为职能运行的权力集中，通过内设机构的重塑理顺了审批链条，通过审批事项和人员编制划转打通了部门壁垒，通过从“并联”向“串联”的流程重塑推动了整体运行，实现了从“物理整合”到“化学融合”的转变。在此基础上，成立后的行政审批局进一步探索优化审批流程、创新审批模式，将重点工作聚焦于营商环境的优化提升，并作为牵头单位负责全市营商环境的提升行动，依托济南市深化“一次办成”改革领导小组，成立全市营商环境提升行动指挥部，制定《营商环境提升行动实施方案》，并组织各一级指标牵头部门分别制定了实施方案。同时，为强化协调度和监督考核，又牵头组织综合专班七家成员单位组成了四个督导组，督促营商环境各项工作任务落到实处，在全省以及国家营商环境评价中均名列前茅，推动了营商环境的整体优化。

同时，为提高行政效率、便利服务公众，进一步探索审批权力下放与落地措施，济南市将市级行政审批局的部分审批权限下放划拨至区县，很大程度上拓展了办事公民的选择便利权，也为更高层级行政审批局的职能整合优化提供了空间，进而形成纵向上下贯通的权限对应监管，促进了层级联动和规模集成效益的发挥，也进一步呼应了“市县同权”改革的进程。

2020年，《济南市人民政府关于推进“市县同权”改革将部分市级行政许可及关联行政权力事项调整由区县实施的通知》（济政字〔2020〕44号）发布，要求市政府有关部门（单位）和各区县政府要及时制定具体衔接方案，认真做好调整事项的衔接落实工作。落实了《中共山东省委办公厅 山东省人民政府办公厅关于印发〈打造精简高效政务生态实施方案〉等12个方案的通知》（鲁办发〔2020〕5号）中"扎实推进'市县同权'"有关要求，按照"应放尽放、减无可减、放无可放"的原则，将除涉及国家安全等重大敏感事项外的省级权力事项，全部下放给各设区的市实施；同时，在扎实推进"市县同权"改革进程上，综合运用直接下放、服务窗口前移和下放实质性审核权力等方式，将市级行政许可事项调整由县级实施，提升县域发展要素聚集能力。通过市、区县两级联动配合，"市县同权"工作推进顺畅、衔接有序，济南市行政审批服务局调整了由区县实施的51项行政许可及关联行政权力事项，实现了在市、区县两级多点办、就近办，提升了企业群众办事便利度。这在一定程度上缓和了市级行政审批局的工作压力，能够将更多的精力投入监管等后端运行环节。区县级行政审批局承接的下放行政审批权限也完善了自身层级的权力运转，使得办事公众可以自由选择更便捷的站点"一站式"办理所需业务，增强了企业活力和自发生长潜力。

济南市行政审批服务局通过对改革实践的不断探索和提炼，逐步形成了独具济南特色的政务服务品牌——"在泉城全办成"，从办事和便民角度重新定义了政务服务的渠道、效果和监督问题，瞄准政务服务的痛点、堵点、难点，为济南打造金牌营商环境提供了传播效益和口碑保障上的双重优势。2019年11月，济南官方政务服务App"泉城办"正式上线，全面引入市级政务服务事项，强化

“秒批秒办”“掌上办”“全链条办理”等实用功能，形成了集办事服务、便民查询、互动交流、生活缴费于一体的移动端政务服务总门户，并将继续拓展接入公积金、出入境、社保、医保等领域的高频事项，推动更多服务事项在移动端“秒批秒办”，进一步丰富不动产登记全链条办理场景，对用户提供在线服务24小时“不打烊”。

近年来，济南市行政审批服务局不断将多个实践创新统一经由“在泉城全办成”政务服务品牌进行推广宣传，有效地打造了积极正面的服务型政府形象。例如，为保证“在泉城全办成”整体目标实现，分设了多个针对性的辅助品牌——“独任审批师”“佳佳帮您办”“项目管家”等。进一步通过融通线上线下平台、整合传统媒体与新媒体多重优势，积极传播推广改革实践、服务理念、业务流程、未来规划等，人民网、大众网、新华社多次在报道行政审批局优秀经验的时评文章中，反复突出“在泉城全办成”的品牌口碑。同时，除了官方统一平台之外，行政审批局也在微博、微信、抖音等多个自媒体平台开设官方账号，分类进行信息的精准投放，并根据不同平台类型开展不同活动。例如，在抖音平台通过线上直播进行“在泉城全办成”品牌的宣广答疑等活动，获得社会各界一致好评。

— 专栏

“独任审批师”制度

为进一步解决行政审批链条过长、环节过多、权责交叉、职责不清等问题，济南市行政审批服务局于2020年4月13日印发《关于推进“独任审批师”工作的通知》，正式建立“独任审批师”制度，各区县同步推行，变简单事项“一审一核”为“独任审核”，推动审批决策扁平化管理。2020年上半年，市行政审批服务局公布首批共177项独任审批事项清单，聘任47名独任审批师，各区县聘任产生127名“独任审批师”。截至2022年3月，独任审批事项办件量已累计40699件，平均审批时限压减67%，获得企业群众的好评。

一、“独任审批师”工作的原则和适用范围

推进“独任审批师”工作，是指在法律关系明确、材料简单、事实清楚的行政审批事项中，将行政审批的审查与核准职责合并，即“审核合一”，由行政审批部门具有资格的一名审批人员独立对行政审批申请事项依法进行审查、核准并作出审批决定，并对审批结果终身负责。

“独任审批师”工作的原则为“谁审批、谁负责”，适用范围为法律关系明确、材料简单、事实清楚的行政审批事项，不涉及技术审查（包括现场查验、现场考评、鉴定评审等）、利害关系人提出异议、需要举行听证、重大执法决定法制审核等特殊情形的事项。

二、独任审批事项清单

对政务服务事项进行梳理，形成独任审批事项清单，在网站公示。针对独任审批事项清单，逐项制定审批流程、标准、规范。

三、“独任审批师”的资格条件和职责

“独任审批师”应当具备以下条件：

（一）属于行政审批部门正式在编在职人员；

（二）具有行政执法资格；

（三）从事行政审批工作一年以上；

（四）熟悉相关行政审批事项法律法规政策、具备计算机应用技能。

“独任审批师”对审批决定实行终身负责制。“独任审批师”必须在公开承诺时限内核准办结，符合当场办结条件的，要当场办结；严禁越权审批，严禁随意提高或降低法定条件。

四、“独任审批师”的授权

“独任审批师”资格实行授权制，经其所在处室审查合格，报经局长办公会同意后，由局长授权，授权期限为两年。

资料来源：济南市行政审批服务局文件《关于推进“独任审批师”工作的通知》（济行审字〔2020〕2号）

四、“以人民为中心”：“在泉城全办成”品牌的核心理念与实践探索

在改革进程中，济南市行政审批服务局在深化“放管服”改革、优化营商环境等方面都形成了诸多创新举措，并通过对改革实践的不断提炼形成了独具济南特色的整体性服务平台。可以说，“在泉城全办成”已成为具有济南特色、全国优秀的政务服务品牌。

（一）核心理念：从“政府中心”向“人民中心”的超越

2019年，习近平总书记在兰州、上海等多个城市考察时指出，“城市是人民的，城市建设要贯彻‘以人民为中心’的发展思想”，“城市是人民的城市，人民城市为人民”。2020年，习总书记在考察浙江审批改革成效时指出，“努力成为新时代全面展示中

国特色社会主义制度优越性的重要窗口”[①]，通过对“人民城市”的肯定再一次强调了“以人民为中心”的城市发展观和人民在改革中的关键主体地位。

济南市行政审批服务局的“在泉城全办成”改革重塑了各级政府及其职能部门的管理和服务理念，把行政审批改革的核心理念始终定位在“以人民为中心”上，实现了从“政府中心”向“人民中心”的超越。这意味着政府与公众关系得以重新梳理与建构，体现在两个方面：一方面，在审批流程的优化重塑上，以“人民中心”作为出发点，即以市民、个体工商户、企业办事人员的实际需求为审批服务的出发点，确立了“回应”“服务”“责任”等公共价值在政务服务和行政审批中的重要地位，以此优化调整改革的内容、流程、事项、优先次序和评估方式，助推改革取得人民真实满意的效果；另一方面，在改革效果的评估反馈上，以“人民中心”作为参照指标，人民不再只是被动的服务接受者，而是更加主动地参与到服务供给的整体过程中，采取了一系列机制创新来识别和回应公众需求，使人民群众通过参与机制进入公共利益及价值的识别认定、互动协调和评价反馈过程中来，充分发挥了办事公众在梳理简化审批流程、缩减统合行政审批事项、考核评估改革绩效等环节的实质参与作用。具体有以下三方面的创新表现。

其一，通过社会多元主体协同作用，充分发挥专家、办事公众与企业群众的参与力量，来帮助优化审批事项顺序及流程再造。成立了政务服务专家咨询委员会，聘请国内公共管理领域知名专家学

---

① 龚雪辉，郁振一.从五个关键词读懂习近平浙江之行［EB/OL］.(2020-04-02)［2022-07-07］. http://news.cyol.com/app/2020-04/02/content_18549476.htm.

者，并通过人大代表建议和政协委员提案、政务服务社会监督员和体验官、座谈会、监督电话、“找茬窗口”、政协“商量”工作室等形式，强化社会各界参与，提升服务的敏锐性、精准性与回应性。同时，行政审批局办事大厅基于排队叫号系统和办件数量定期了解不同类型事项的办理数量，及时调整窗口设置，并进一步推动后台的政务事项优化及流程改革。

其二，从人民的获得感出发，通过机动灵活的办事机制实现便民目标，量身打造全链条帮办服务，并积极探索无人工干预审批。例如全面梳理和公开公共服务事项目录和办事指南，为各种类型的企业群众提供全链条的便捷优质服务。在服务范围上，围绕企业全生命周期延伸扩展服务内容，为企业提供全链条帮办服务；在重点项目上，不断提升省市重点工程项目、产业链项目审批效率；在服务效率上，中午“不断档”、周末“不打烊”，并在大厅增设流动帮代办人员，提供“无柜台面对面”的量身服务，不断深化预约服务、远程服务、审批事项临期提醒等具体举措；在服务质量上，针对老年人、残疾人等群体开展智能应用指导、全程帮代办等多种形式的特殊服务，最大限度方便企业群众办事，并与银行系统对接，办事公众在业务办结后可以直接进入银行预开户系统，为办事公众提供延伸服务，打通群众办事“最后一公里”。

其三，通过办事主体的反馈机制运行，帮助行政审批局评估工作成效和查漏补缺，使改革获得感持续增强。例如政务服务的“好差评”工作机制，政务服务绩效由企业群众进行评判，依托一体化在线政务服务平台，建设了功能完善的政务服务“好差评”系统，将“一次一评”“一事一评”等统一集成到系统平台；依托

12345“一线连通”和市民服务热线，提供政务服务事项咨询、查询评价服务，落实企业诉求“接诉接办”，努力推进“差评”整改反馈落到实处；同时在全市各级政务服务大厅设置了评价机、窗口评价器、二维码、“找茬窗口”和政协“商量”工作室，基本实现了现场服务“一次一评”；在一体化在线政务服务平台、“泉城办”App、微信公众号等线上端口开通评价功能，提供统一评价界面和提示引导功能，基本实现了线上服务“一事一评”。并进一步推行“市民体验官”制度，聘请社会监督员和政务服务市民体验官，让市民作为深化“放管服”改革的参与者、见证者和体验者，站在“用户视角”对政务服务工作进行体验和评价。

（二）改革重点：从审批权力的相对集中到审批服务共同体建设

长期以来，专业化、等级制的科层制组织是政府的主要组织形式，运行时间越久，机构膨胀和职责分工碎片化问题就愈发突出，导致政府机构之间形成合作困境，难以高效处理跨部门、跨层级、跨领域的复杂问题。在“条块分割”结构明显的大型科层制组织中实现跨部门、跨层级协调并非易事，由于权力和职能的分散极易导致治理碎片化的问题，更无法有效识别、回应和连接高度分散的市民、个体工商业主、企业办事人员等多种类型的办事民众，这也是之前以“政府中心”为理念的改革成效反复的主要原因。

当行政审批改革进入办公空间集中的政务服务中心阶段时，虽然表面上减少了办事民众在各政府部门的奔波距离、办事时间和审批手续，但审批流程和职能分部仍然遵循管理效率优先的“政府中心”取向，更有可能导致建立在分部制基础和管理效率优先取向上的行政流程发生互为前置的矛盾，经常会导致民众反复提交性质相似的材料和证明，或被困在多个部门之间举步维艰。为了从根本上解决改革问题反复、巩固“放管服”改革前期成效以及深化改革纵深发展，济南市行政审批服务局在改革中强调政府应该作为一个整体组织来回应民众在审批方面的政务服务诉求，以实现“人民中心”的核心理念，一方面以办事民众少跑腿甚至零跑腿为基本目标，另一方面加强政府作为一个整体组织的责任意识，以政府内部的流程再造和部门协调来代替办事群众在职能部门之间的疲于奔波，以整体性思维打造多层次全方位协同配合的“审批服务共同体”，切实助推了整体性政府的全面建设。

其一，通过业务整合、资源共享、精简环节等创新实践，助推审批权力的相对集中运行。相对于传统物理集中的服务中心模式，行政审批局具有事项、权责集中的体制优势，在机构设置上通过整体性服务平台的搭建，为审批权力的相对集中运行奠定了基础。抽象层面上的审批权力的相对集中运行表现为具象层面上审批流程的极简优化，这意味着公众无须奔波于多个单位、事项无须在多个职能部门间无效流转，这就要求从办事公众的实际需求而不是政府的部门运行效率出发，意味着应对碎片化的业务进行单元整合，将单一时序、互为前置的流程再造为并联协同、无缝衔接的流程，将分散的服务内容、服务渠道、服务资源加以集成，为办事公众提供“一站式”的极简审批服务，实现从“物理集中”向“化学融合”的转变。行政审批局通过业务整合、资源共享、集成服务等实践方式，不断进行着极简流程的创新探索，在业务整合上，行政审批局将审批职能范畴内的市场相关业务划分为市场准入、工程建设、城市管理、食药卫健、交通管理、社会事务等类别，全面开展"一窗受理"服务，实行"前台综合受理，后台分类审批，省市协同办公，综合窗口出件"；在资源共享上，行政审批局各业务处室联动共享审批信息，分批次共计取消171个事项的183项证明材料，企业群众每年可少提交证明材料3.6万余份；在审批环节精简上，对符合申请条件、核心要件齐全且符合法定形式的申请类政务服务事项，实行容缺受理制、告知承诺制（其中，小餐饮和部分食品经营许可实行告知承诺，重点建设项目实现容缺受理常态化）。同时对于简易审批事项的合并审查与核准工作独创了"独任审批师"制度，由1名具有独任审批资格的工作人员独立完成审查、核准并作出审批决定，行政审批局共遴选出47名独任审批师，分两批公布233项独任审批事项清单，共计压减审批环节523个。

— 专栏

"容缺受理"工作机制

为有效解决申请人因申请材料不全"多次跑"的问题、最大限度方便企业群众办事，济南市行政审批服务局总结提炼以往容缺受理工作经验做法，研究制定了《济南市行政审批容缺受理制度》（以下简称"容缺受理制度"），申请人在办理全市权责清单内的所有行政许可事项（即办类审批事项除外）时，主要申请材料齐全且符合法定形式，次要申请材料有欠缺或存在瑕疵但不影响实质性审核的，经申请人作出相应书面承诺后，窗口可先行受理，进入正常审批程序；受理人员当场一次性告知需要补齐或补正的材料、形式、时限和超期处理办法，待申请人补齐、补正全部材料后，颁发相关批文、证照。容缺受理制度不仅明确了容缺受理的适用范围、含义、操作流程等，更保证了容缺受理工作有章可依、有据可循。此外，该制度变“申请材料齐全且符合法定形式后再受理”的传统审批模式为“边受理边完善材料”的容缺受理模式，提高了审批效率，有效减少了企业群众跑腿。

一是清单管理。在容缺受理工作中推行清单式管理，对于适用容缺办理的事项及适用容缺的材料实行清单标示并动态调整，让群众办事一目了然。市行政审批服务局牵头组织开展事项精细化梳理，逐个事项明确主要申请材料及次要申请材料，统一规范容缺事项名称、办理流程以及容缺资料补齐补正时限、方式等，严格规范行政裁量权，对外形成详细的容缺受理事项清单，对内形成明确的容缺受理操作手册。

二是规范运行。凡是符合“容缺受理”条件的事项，申请人按照自愿原则选择容缺受理方式，书面作出承诺后，窗口先行予以受理，并当场出具《容缺受理补正材料通知书》，一次性告知需要补齐或补正的材料、形式、时限和超期处理办法，待申请人补齐或补正全部材料后，在承诺时限内颁发相关批文、证照。“容缺”是允许“暂时缺项”，为确保审批事项“容缺办理”不会沦为“违规办理”，对于申请人在承诺时限内不能补正全部材料或所补正的材料不符合要求的，容缺受理行政审批事项终止办理，审批部门在终止办理后2个工作日内出具书面意见，连同申请材料经窗口退回申请人。且六个月之内对申请人的同一申请事项不再适用容缺受理。容缺受理方式可对审批事项先予受理并进入审查程序，极大地节省了申请人办事时间；同时对有申报期限的业务，相当于延长申报期。

三是“补缺”服务。对已实现共享的电子证照和加盖电子印章的电子材料，不再提交纸质材料；必须提交纸质材料的，申请人可以自主选择再次送交、邮寄补齐、现场勘验时提供等多种方式补交；批文或证照可以采取免费寄递的方式送达。

“容缺受理”改变了原来“材料不齐不能办”的审批困境，免去申请人“带着材料来回跑”的麻烦，解决了行政审批中办事难、效率低、反复跑等问题，推动了行政审批“跑一次”为上限、“不用跑”为常态。

资料来源：齐鲁晚报.济南行政审批“容缺受理”，有电子证照电子材料的不再提交纸质的. https://baijiahao.baidu.com/s?id=1672882771743602187&wfr=spider&for=pc

---

其二，通过流程标准、审管互动、智慧审批等机制创新，打造审批服务共同体。行政审批流程再造离不开多部门配合、专业性较强的审批离不开相关部门支持、审管分离的风险需要审批服务共同体的共同面对。整体性政府的打造离不开多部门间的协同配合，意味着需要针对不同业务类型构建审审协同、审管协同的审批服务共同体，通过标准样板流程、审管互动、智慧审批等机制运行防范新体制新碎片化风险。在流程标准打造上，商事登记方面，会同市税务局、市公安局等部门联合优化企业开办流程，将涉及的7个部门8个环节合并办理，全市范围内实现半日办结；工程建设项目方面，与市住房和城乡建设局等22个部门（单位）协同配合，分类再造审

批流程，优化提升“拿地即开工、建成即使用”审批模式。山东省内首创设计方案联合审查“多证合一”，将水、热、气、电、通信等市政设施报装审批改为主动服务。在审管互动协同深化上，按照“谁审批谁负责，谁主管谁监管”的原则，严格落实业务协同、审管互动等制度，与业务主管部门及时互通审批信息和监管信息。与济南市住房和城乡建设局联合行文，针对未取得施工许可证先行开工建设的项目，函告市住房和城乡建设局，待其依法查处并将结果推送至行政审批局后，再按程序核发施工许可证。在智慧审批协同推进上，深入推进“一网通办”应用，与相关部门协同推进全市自建系统整合，推动进厅事项全部纳入一体化平台办理。除特殊情形外，依申请事项100%实现“不见面审批”。加快电子证照、电子印章建设应用，同步生成电子证照，实现同步亮证、同步应用，并可跨部门共享应用。加快推行无人工干预审批，自然人投资或控股的有限责任公司等4类市场主体登记，交通管理、城市管理等领域11项事项实现“秒批秒办”。

（三）实践探索：制度保障、标准建设和数据赋能的多重路径

由于行政审批改革内嵌于“放管服”改革的整体进程中，作为“放管服”改革的“先手棋”“当头炮”和“重要抓手”，在目标上要始终坚定于巩固深化“放管服”改革的成效、建设活力有序的政市及政社关系、保持改革的可持续性发展。为更好在实践中贯彻改革理念、落实改革目标，济南市行政审批服务局在实践中通过制度保障、标准化建设、数据赋能等措施不断探索更优质的实现路径。

第一，推进审批服务制度建设，为改革创新提供制度保障和政

策优势。在制度框架体系上，通过对联席会议、业务协同、审管互动等37项制度的健全完善，构建相对集中的审批改革制度体系。例如，首创国内领先的“独任审批师”制度，变简易事项“一审一核”为“独任审核”，规范独任审批师遴选、业务评查及退出全流程管理，“独任审批师”制度获得国务委员、国务院秘书长肖捷的批示肯定；进一步推行容缺受理制度，梳理公布了755项容缺受理事项清单，可容缺受理材料1496件，涉企事项100%容缺受理，重点建设项目容缺受理常态化；通过“好差评”制度来优化监督评价工作，监督评价内容包括各级行政权力事项的全覆盖，办事群众可以通过现场评价、政务服务网站、手机短信、微信公众号等多种渠道进行评价反馈。同时，通过“市场主体库”“惠企政策库”“政府资源库”等政策资源库的建设，充分发挥资源配置精准化、高效化的政策优势。

第二，强化审批标准的一体化建设，助推高效透明的审批服务效能。审批标准的一体化建设需要将琐碎分散的审批事项、审批流程的部门内壁垒、审批区域的空间隔阂进行有效整合和标准化建设。（1）在审批事项的标准化建设上，济南市行政审批服务局针对重点领域和高频事项，将不同部门、不同层级的事项关联整合，根据办事企业的生命周期变“一事一流程”为“多事一流程”，并推动多个事项实现线上线下“一链办理”，同时为实现“一套标准管审批”，行政审批局进一步制定了1296项工作标准，其中创新性标准34项，高分通过政务服务标准化国家级试点验收；（2）在审批流程的标准化建设上，行政审批局通过打造标准样板流程，优化企业开办流程、合并整合办理部门和工作环节，实现了企业开办全市范围内的“半日办结”；（3）在审批区域的标准化建设上，行政审批局在省内率先实现了“全城通办”和省会经济圈“全域通办”，为进一步释放区域经济活力，行政审批局又牵头沿黄7省会城市成立了“审批服务联盟”，发出黄河流域首张营业执照，进一步助推“跨省通办”的目标达成。

第三，运用现代信息技术手段，通过数据赋能智慧审批成效。行政审批局在依托山东省一体化在线平台基础上，推进了全市16个部门32个自建业务的系统整合，承接事项实现了在一体化平台的全部布设，可网办率100%，可全程网办率99.54%。为推行无人工干预“秒批秒办”，行政审批局开发自助端无人工干预“秒批秒办”系统，7类市场主体登记实现“秒批秒办”，国内首创PAD端同步运行，累计为6500余家市场主体办理登记手续。推动自助服务终端由“硬件终端集成”向“系统功能集成”转变，将多部门42项功能由多台自助服务终端集成到一台智慧审批服务终端，并指导区县建成17个24小时自助服务区。

第二章

从碎片化到整体性：行政审批改革的平台驱动和系统集成

自2001年全面展开行政审批制度改革以来，至今已20余年。回顾改革整体进程，前期围绕着简政放权、培育自由市场的核心，实施了审批事项的精简调整、审批种类和业务的整合归并、审批流程的压缩简化等措施；中期围绕着审批权力规范和制度化建设的核心，借助政务服务中心、行政审批局等不同模式探索审批改革的纵深发展，通过规范审批流程、公开政务信息，并在加强监督的前提下尝试改变审批制度和审批权力离散割据的状态；改革至今，进一步借助信息技术发展，利用大数据和信息流转优势为改革赋予全新能量，聚焦无缝隙一体化服务和政务品质提升。虽然改革各个阶段的推动重点有所差异、各有侧重，但其关注的核心痛点却始终围绕着政府权力运行和审批治理中的碎片化问题，因此聚焦解决碎片化问题的整体性政府理论，不仅是理解行政审批改革变迁逻辑的重要理论基础，也为未来行政审批改革的纵深发展指明了方向。在理论分析的基础上，本章着眼于构建一个整体性分析框架，用以揭示行政审批局模式何以构建形成了整体性服务平台，又如何进一步驱动着行政审批改革成效和政务服务的创新提升。

一、碎片化问题：行政审批改革的痛点聚焦

在政府管理领域中，“碎片化”指的是政府部门各类业务间分割、一级政府各部门间分割以及各地方政府间分割的状况。[①]事实上，碎片化问题并非当下时兴产物，而是一直伴随着现代政府科层制运行的漫长历史。自工业革命以来，以专业分工、功能分割、层级节制为特征的科层制组织就一直是政府的主要组织形式，并通过专业理性的分工、等级森严的权力架构、正式规程秩序安排等运行逻辑来保证政府管理的效率目标达成，并在一个多世纪以来一直占据着政府管理和公共行政的正统地位，但也产生了诸如部门之间缺乏协调、本位主义盛行、机构臃肿低效等问题。彼时，碎片化问题已经显现，但由于社会事务和管理活动相对单一，这些问题尚处于能够渐进式解决的可控时期。

直到20世纪70年代全球大范围经济危机和公共财政困境的到来，推动着西方国家纷纷开展重塑政府或政府再造运动，这就是波及全球范围的政府第一次改革运动——“新公共管理运动”。在此次改革中，政府部门通过借鉴工商企业的管理方法对公共组织进行

① 谭海波，蔡立辉．论“碎片化”政府管理模式及其改革路径——“整体型政府”的分析视角［J］．社会科学，2010(08):12-18.

着成本效益最大化的改造，取得了显著成效，但改革所采取的分散化、独立化、分权化等措施主要着眼于提高部门办事效率和单一政策效益，却也在某种程度上进一步加剧了政府管理的“碎片化”问题。具体针对行政审批活动而言，由于前期的权力设置是通过职能分部制结构来承载运行，加之受到新公共管理运动中期，改革过于聚焦单一部门效率提升的影响，“政府失灵”“部门本位”和协调困难等治理碎片化的问题一直存在，更是难以有效识别、整合和回应高度分散的市民、个体工商业主、企业办事人员等多种类型的行政相对人，严重制约着审批运行的整体效能和政府职能的转型。其具体表现主要体现在以下三方面。

（一）业务流程碎片化：职能分工过细、事项繁多冗余

碎片化源自官僚制的设计运行逻辑。韦伯在研究官僚制运行的时候将理性化和专业分工作为官僚制得以成功运行的两个基本出发点，认为“官僚制是建立在高度分工和专业化基础之上的，为了有效处理纷繁复杂的事务和解决各种各样的问题”[①]，各部门会根据职能和权力范围来设定稳定的、专业化的、制度化的章程规范，以及匹配的专业人员队伍，以适应职能分工后的专业工作需要。分部制是职能分工后的横向组织架构，科学适当的分工能够提高行政效率，但如果分工过细则反而会导致政府业务流程的破碎和组织运行的僵化。由于权力运行和组织发展的天然扩张特性，越来越庞大冗余的组织机构在面对日新月异的社会复杂新兴事务时，其官僚制运

① 丁煌.西方行政学说史［M］.武汉:武汉大学出版社,2004:77.

行的本能逻辑会促使其进行更加细致的分工，然而正如之前论证，分工过细并不一定带来行政效率的提升，同时也意味着对原有业务流程和工作环节的细化拆分，使得一项简单的业务流程纳入了更多的职能部门、分解成更多的工作环节，不仅使整个业务流程的运作时间长、协调成本高，也进一步加重部门间的横向壁垒和多头指挥现象，反而造成运行效率和服务质量的降低。

传统的行政审批流程越来越难以满足公众多样化的政务服务诉求，同时也为政府各部门间的协作带来了难题，加深了部门间的业务运作与沟通壁垒，主要体现在两个方面：一是行政审批流程方面的协作壁垒。此前行政审批权分散在不同的职能部门中，但在很多情况下，一项审批事项的处理需要多个部门联合推进。因此，行政相对人为完成一项行政审批事项需要依次跑到各个部门盖章办理，对于办理流程的先后顺序和提交材料标准的规定极为严苛，政府部门“串联审批”的模式不仅加重了民众的办事负担，而且阻碍了部门间的协作，致使各审批部门间难以开展协同化的政务服务提供。二是行政审批改革和流程优化的起点是对审批事项的梳理简化。对审批事项的认知、删减和调整，不仅是简政放权改革下地方政府和职能部门自主性提升的表象，更意味着通过对业务流程的梳理重塑来进一步探索审批权力的整体化最优运行轨道。经历了多年对审批事项的取消、下放、转移和调整的探索后，对审批职能的认知和核心流程的重塑才得以继续推动，这才有了进一步流程优化、体制建设和职能转变的可能。

（二）审批权力碎片化：部门林立割裂、整体效率低下

在“条块分割”结构明显的大型科层制组织中实现跨部门、跨层

级协调并非易事。按照分部制的职能分工原则，政府由诸多不同的部门组成，每个部门拥有自己相对独立的职能区域、政策空间和决定权，也即各自的"地盘（Turf）"[①]。各个部门在自己的"地盘"上制定政策议程、设定政策目标、配置使用资源、选择执行方式，也因此发展出自己的组织个性或意识形态。一旦在政府整体目标的实现过程中出现了利益争夺和矛盾冲突时，缺乏充分沟通的各部门会为了保护各自"地盘"的利益选择推诿责任、甚至互相侵犯，使得部门或个人利益凌驾于整个组织的目标之上，这就是"地盘战（Turf Wars）"[②]。此外，基于职能为中心、功能分割部门的体系设置基础，也许通过新公共管理改革能够提高部门的局部效率，但由于职权的分割和部门本位主义的存在，各部门在日常执行任务中也往往从本部门的实际利益出发，产生精心设计自身行为、保存实力或互相拆台、部门间子目标冲突或重复、"有利争着管、无利都不管"等问题，对于组织整体目标的实现和整体效率的提升是一种巨大的掣肘。

行政审批权力的运行同样依托专业化分工和条块分割的分部制结构，因此在执行过程中也自带部门壁垒和信息不对称等弊端，极易导致权力寻租、部门协调困难、审管失衡等问题，极大地束缚了市场经济的发展和活力。政府部门提供的行政审批服务在多数情况下涉及多个部门间的协调运作，但在实践过程中，涉及跨部门协同供给的行政审批服务往往效率低下，与我国建设服务型政府的整体目标相背离，主要原因有三：

---

① King D C. Turf Wars: How Congressional Committees Claim Jurisdiction［M］. Chicago: University of Chicago Press, 1997:10.

② Simmons A. Turf Wars at Work［J］. Strategic Finance, 2002,84(2):51–55.

一是因为当前政府部门间的协作缝隙是由官僚制架构所决定的，是科层制的固有弊端。高度专业化的科层运行造成了部门林立和组织僵化的状态，部门与部门之间存在着行政隔阂，信息资源流通存在壁垒，大量数据存储于信息孤岛之中，制约着政务服务协同机制的构建及政务服务供给效率的提升。

二是政府各部门之间基于各自职能的差异在工作过程中产生了不同的运行惯性和管理习惯，一旦政府管理活动需要涉及多部门共同参与时，极易导致跨部门运作的协调成本高昂或部门的故步自封式自保。

三是部门利益藩篱。政府众多部门手中掌握着不同的资源与行政审批权力，这一现状也造成了行政审批权力分散的局面，各个行政主管部门拥有一定的自由裁量权，使得各部门在行使审批权的过程中往往从部门的自身利益出发，在客观上不利于相互间的协调与配合。

（三）信息数据碎片化：信息孤岛恒立、沟通成本增加

20世纪70年代以来，随着信息系统和网络技术的快速发展，新一代技术革命改变了政府治理和社会经济发展的整体背景，信息和数据作为一种新的生产要素和治理工具发挥着越来越不容小觑的作用，但也同样带来了新的碎片化问题。[①]在政府的既有管理模式下，一方面，政府信息资源的产生、加工、存储、利用与传播均由不同部门实施，相同的信息往往在不同的部门都要重新进行一遍存储、

① 谭海波，蔡立辉.论“碎片化”政府管理模式及其改革路径——“整体型政府”的分析视角［J］.社会科学，2010(08):12-18.

加工和管理，造成了重复性浪费和数据冗余；另一方面，在政府信息化和数据平台的建设进程中，不同部门使用的数据信息系统往往并非统一、整合的数据交换平台和信息共享系统，同时部门间也存在很多围绕单项业务而引进的孤立应用程序，这使得各部门比较注重自己“系统”内部的信息化建设，加之数据的敏感性和部门隐私保护的要求，进一步加剧了数据壁垒、信息孤岛、条块分割严重、业务系统缺乏协调等问题。

政府各个部门是掌握各类数据库的主体，由于信息数据流通带来新的碎片化问题，部门间的数据开放和共享面临众多困难，部门间的数据割裂、信息孤岛现象依然存在，业务的联通和融合度低，影响部门间的协作水平，制约着政府行政审批的效率和政务服务效能的提升。目前行政审批改革中正在通过两方面的措施进行创新：其一，政府信息资源整合致力于打破政府信息资源开发的“孤岛状态”，以社会和公众的需求为导向，采用科学的管理方法，实现政府信息资源的全方位共享和开发效率的最优化，从而使整个政府信息服务过程系统化、规范化；其二，以数字信息技术为支撑的智慧审批被视为弥合政府部门间协作缝隙、构建整体政府的必要手段。智慧审批的重要目标之一是推动政府部门间的协同运行，在推进部门协作的过程中，畅通的信息渠道是保证部门间展开协作的基础。在数字化时代背景下，不仅要求以大数据和互联网信息技术为手段助推智慧审批模式构建，也要求在智慧审批过程中打通部门间的信息壁垒，以此提高政府部门的协同性水平，进而推动整体政府建设。

二、整体性政府理论：以行政审批局模式为服务平台的理论指引

面对公共管理对象的复杂化和信息技术的迅速发展，整体性政府（Holistic Government）理论提供了破除政府服务碎片化供给困境、推动政府一体化效能实现的整合性视角。20世纪中后期，在继新公共管理后的第二次政府改革运动中，西方各国纷纷引入“整体性政府”的理念，着眼于政府内部机构和部门间的整体性运作，强调在原有官僚制组织结构的基础上以整合与协调为核心开展组织创新，用以提高政府服务的供给质量和效率。

（一）化解碎片化问题的理论思考

整体性政府理论的代表人物希克斯（Perri 6）立足于英国的政府改革实践，在1997年出版的《整体性政府》一书中从理论层面构建起关于“整体性政府”产生过程、发展目标、内容要素等基本问题的系统认知。他提出，建构跨部门协调和合作的“整体性政府”是一种全新的政府组织变革方向，预示着不同政府部门之间通过充分的协调合作可以保持政府整体目标的连续性①，是一种理想的未来政府组织形态。整体性政府不仅着眼于政府各层级以及内部部门间的整体性运作，主张管理应“从分散走向集中，从部分走向整体，从破碎走向整合”②，也着眼于政府与其他公共事务主体之

① Perri 6. Holistic Government [M]. London: Demos Press,1997:11-12.
② 竺乾威.从新公共管理到整体性治理[J].中国行政管理,2008(10):52-58.

间的协调与合作，在借助社会力量最大限度降低政府运行成本的同时，强调对其他公共事务主体需求的有效回应，从而提升政府整体的治理效能。

1999年，希克斯在第二部著作《圆桌中的治理——整体性政府的策略》中提出，从政府管理的现实需求来看，“整体性政府”是对公民的联合性需求与政府职能分工导致的碎片化管理二者矛盾的有效回应。“整合”是破除多方冲突和碎片化的最好方式，并具体提出了包含整合途径与方法、可能的障碍、可选用的执行资源以及发动的策略在内的“整体性政府”的实践策略。[①]

2002年，希克斯在第三本著作《迈向整体性治理》中结合“整体性政府”的理念推动，吸纳结合治理理论中的公共行政语义，进一步提出了“整体性治理”理论，并从理论和实践两个层面作出了全面的分析和探讨。所谓“整体性治理”，是“政府机构在互相之间充分沟通协作的前提下，实现资源与权力的有效整合，达成统一政策目标，相互配合政策的落地执行，以便促成协作治理、相互强化的治理效果”。[②]在理论层面，希克斯指出迈向整体性治理需要经历三个阶段：一是政府各部门之间政策目标与手段不断调试的活动形成阶段；二是政府各部门之间通过频繁的信息沟通逐渐消除认知差异的协调阶段；三是在调试和协调基础之上吸纳政策执行与程序设计的整合阶段，协同与整合是关键所在。[③]在实践层面，希克斯

---

① 曾凡军.基于整体性治理的政府组织协调机制研究［D］.武汉大学,2010.

② Perri 6, Diana Leat, Kimberly Seltzer, et al. Towards Holistic Governance: The New Reform Agenda［M］. London: Palgrave Press, 2002:36.

③ Perri 6, Diana Leat, Kimberly Seltzer, et al. Towards Holistic Governance: The New Reform Agenda［M］. London: Palgrave Press, 2002:9.

认为总体路径是全方位、多层次的合作，具体则依托信任关系的建立、信息技术的嵌入、整体性的预算以及权责一致的执行等手段。

“整体性政府”的另一代表人物帕特里克·邓利维（Patrick Dunleavy）则对官僚制给予了更多重视，他从对官僚制中的合理因素分析出发，指出整体性政府试图在原有官僚制的基础上“创造一个范围更广、更具包容性的行政团体，这一团体将流程再造过程的各种终端相互连接在一起，剥离出不必要的行政步骤、控制成本以及各类烦琐的票据和表格，从而构建一个更具便捷性、更能迅速灵活地应对社会环境变化的政府”①。邓利维着重强调了信息技术对整体性政府的支撑保障：对外而言，信息技术有益于实现以需求为基础的整体主义，电子化手段为整体性政府提供了需求重组、终端互联、服务便捷等多要素统一的可能。整体性政府将信息技术作为达成服务目标的重要手段，彰显其对过去封闭、孤立服务供给模式的自我变革，既能够有效解决公共事务供给碎片化和低效性，也是对公民、企业和其他组织各种需求的主动回应，同样凸显整体性政府所追求的目标与手段的一致性；对内而言，信息技术推动了信息和知识的流动和共享，政府部门网络化的趋势推动政府内部各类信息系统和数据库的建立，为数据、信息和知识的有效整合和流动共享带来了可能，从而推动信息、资源、业务和服务的互联治理。

克利斯托弗·波利特（C. Pollitt）进一步解构了“整体性政

① Dunleavy P. New Public Management Is Dead-Long Live Digital-Era Governance [J]. Journal of Public Administration Research and Theory, 2006,16(3):467–494.

府”四方面的内涵：其一，消除不同政策之间相互损害的情境；其二，更好地利用稀缺的资源；其三，将某一特定政策领域或者网络的不同关键利益相关者聚集在一起，以产生协同效应；其四，为公民提供无缝的、而非零散的一系列服务。①蒂芙尼·莫里森（T. Morrison）则认为“整体性政府”是指政府部门或者其他公共机构为了回应政策的不连贯性和不确定性而采取的两种途径：或是通过跨部门的合作，或是为了处理某一特殊问题而组成联合机构。②澳大利亚政府管理咨询委员会从对西方各国有关整体性政府建设实践的经验总结出发，提出了一种“最佳实践的整体性政府模式”，并指出应包括四种要素：一是新的文化和哲学，其核心在于营造一种鼓励多元化价值观念和创造力的氛围，并帮助员工发展自身技能以更好地投入跨越组织边界的交往行为中；二是新的工作方式，弱化领导的职责边界，以一种协作互动的方式，推动从注重组织结构和上下关系向更加注重灵活性团队运作转变；三是新的治理、预算和责任框架，相关激励和问责制度设计建立在满足特定整体政府目标的基础之上，在横向协作和纵向问责之间形成一定的张力；四是新的政策制定、方案设计和服务提供的方式，注重与非政府部门建立新型合作关系，有效引导公民和公民代表提供政策咨询、协助项目设计，建立服务联盟以满足公众的集成化、差异化需求。③

---

① Pollitt C. Joined-up Government: a Survey [J]. Political Studies Review, 2003, 1(1): 34-49.

② Morrison T, Lane M. What ‘Whole-of-Government’ Means for Environmental Policy and Management: An Analysis of the Connecting Government Initiative [J]. Australasian Journal of Environmental Management, 2005, 12(1): 47-54.

③ The Australian Management Advisory Committee. Connecting Government: Whole of Government Responses to Australian’s Priority Challenge [M].2004:33.

宏观视之，整体性政府发轫于新公共管理运动的政府组织分部化、管理碎片化和公共服务裂解性困境，主张在吸收官僚制组织体系合理因素的基础之上，以政府服务的有效供给和公众整体性需求的有效回应为价值导向，以信息技术的嵌入为基本手段，以组织机构再造、业务职能重塑、人事预算重建、服务模式重组的过程为依托，强调服务的重新整合，以整体的、协同的决策方式以及电子行政广泛的数字化运作[①]，从而塑造一种基于协同、合作与整合的整体性治理框架和政府运行新图式。[②]

（二）整体性的实现机制和功能要素

2004年，希克斯在原有的“活动形成阶段、差异协调阶段和设计程序整合阶段”的三阶段基础上，又提出了“逐渐紧密及相互涉入”这一阶段，在经过长期的协调和整合过程之后，“整体性政府”的治理优势将在这一阶段正式凸显，政府内部不同部门之间开始尝试考虑更为密切、更为深入的长期合作，虽然各自仍然是独立的个体，拥有相对的自主性，但彼此之间的边界感逐渐弱化，走向同盟或合并的新结构，这是一种超越整合程度的高度紧密式合作方式，这一阶段的实现依赖于政府内部在前三阶段的实现程度。

如何在基于协调和整合基础上达成政府机构的整体性运作呢？在希克斯看来，首先要明确整体性运作的中心目标，即更有效地处理公众最关心的问题、精准地回应公众需求。他将这一目标再细分

① Dunleavy P, Margetts H, Tinkler J, et al. Digital Era Governance: IT Corporations, the State, and E-Government [M]. Oxford University Press, 2006:233.
② 曾凡军.从竞争治理迈向整体治理[J].学术论坛,2009,32(09):82-86.

为政策、公众群体、组织和机构四个层面的子目标，政策层面的目标涉及对特定领域进行公共干预和引导；公众层面的目标关注公众的需要或帮助形成公众的偏好；组织层面的目标是有效地管理各种组织关系；机构目标是激活相关机构的活力。[①]在此基础上，希克斯描述了在政府不同层级和部门机构的协调整合过程中目标实现的运行机制，形成了一个统一的整体性政府运行框架，确保了整体性理论在实践应用过程中的有效性（见图2-1）。

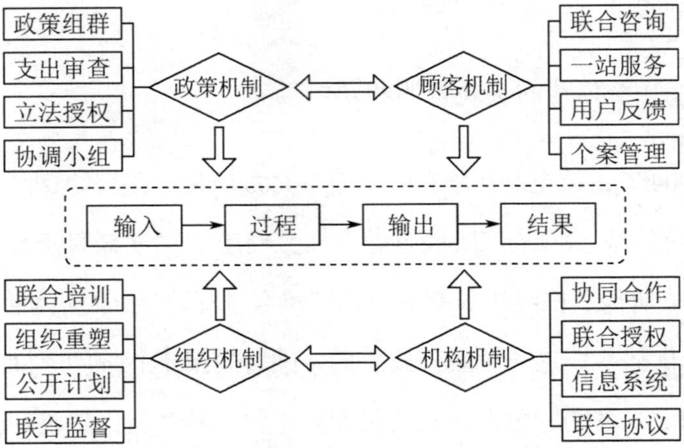

图2-1　整体性政府运行中心目标的实现机制

整体性政府目标的实现还有赖于信任、信息系统和责任感等功能性要素。

1.信任是政府组织得以运行的基石，也是整体主义和整体性政府的关键要素。[②]信任本质上是一种代理关系，产生于委托人将事务交由代理人的过程之中。这一产生过程源自历史经验、特定的声誉

① 曾保根.西方"后新公共管理"改革的"三位一体"解读［J］.广西师范大学学报(哲学社会科学版),2011,47(04):70-76.

② Perri 6, et al. Towards Holistic Governance: The New Reform Agenda［M］. London: Palgrave Press,2002:118.

或是共同的特征身份以及制度的力量。希克斯指出，在整体性政府中，管理者要给予组织成员高度的信任，相信他们所蕴藏的潜能，以推动组织形成一种相互理解和信任扩散的良好状态。建立人际承诺直接影响着复杂组织结构的整合实现，要求对政府组织的共同使命有着明确和共同的了解、高层管理者的行为可视化以及人事政策设计对个体的承诺。①

2.高度发展的电子化政府是整体性政府为公众提供整合性服务的基石。②信息技术的迅速发展为整体性政府所追求的整合目标提供了大量的电子治理工具，也为一站式无缝隙服务的供给带来了契机。这种一站式服务供给模式有赖于基础数据的整合和互动信息的搜寻共享，同时也向后台的业务流程再造提出了很高的要求，因为其不仅是一种技术层面的直接应用，更是技术对组织结构的重塑以及技术与制度的有机融合。

3.责任感包含诚实、效率和有效性三个方面，并且尤为注重有效性的实现。从责任产生的组织层次来看，整体责任感的实现一是要考虑预算、审计、绩效和监督等管理层次；二是要重点关注司法审查过程，以及在特别行政法庭、准司法管制者等法律争端中责任感缺失的行为；三是需要从宪法层次出发，通过立法机构的责任以及非正式的宪法规范来寻求责任感。③

在整体性政府的理论语境中，“整合”既是整体性治理的最终目

---

① Perri 6, et al. Towards Holistic Governance: The New Reform Agenda [M]. London: Palgrave Press,2002:137.

② 彭锦鹏.全观型治理理论与制度化策略[J].政治科学论丛,2005(23).

③ Perri 6, et al. Towards Holistic Governance: The New Reform Agenda [M]. London: Palgrave Press,2002:241.

标，同样也是到达目标的实现路径——"通过为公众提供满足其需要的、无缝隙的公共服务，达到一种最高水平的整体性治理"[①]，而整合的关键在于如何实现组织架构与形态上"治理层级的整合、治理功能的整合和公私伙伴关系的整合"[②]：三者共同构成了"一个三维立体的整体性政府整合模型"[③]。治理层级的整合，是指纵向不同层级之间的整合，以网络技术的连接和数据保护共享为支撑，推动组织管理结构的扁平化趋势；治理功能的整合，是指对同一层级职能相互关联的不同部门或者同一部门中不同功能机构之间的整合，对相似或相近职能进行整合和综合设置，实行逆部门化和大部门式的治理；公私伙伴关系的整合，是指政府部门与其他公共事务主体如私营部门、非营利性机构之间的合作，以建立在联合和多赢目标上的整合性服务取代过去各自为政的裂解性服务，积极寻求公共服务供给的共同体或联盟，以实现对公民多元需求的有效回应。同时，需要突出包括政策、规章、服务与监督在内四个层面的治理行为[④]，以达成治理层级、治理功能和公私伙伴关系三方面的整合。具体而言，政策层面包括从政策制定、政策内容到政策评估等全生命周期过程，规章层面涉及个体、公共部门以及其他非政府部门规章的内容、组织架构；服务层面是关于服务的内容、安排与影响；监

① Perri 6, et al. Towards Holistic Governance: The New Reform Agenda [M]. London: Palgrave Press,2002:34.

② Perri 6, et al. Towards Holistic Governance: The New Reform Agenda [M]. London: Palgrave Press,2002:29.

③ 胡象明,唐波勇.整体性治理:公共管理的新范式[J].华中师范大学学报(人文社会科学版),2010,49(01):11-15.

④ Perri 6, et al. Towards Holistic Governance: The New Reform Agenda [M]. London: Palgrave Press,2002:28-29.

督层面则包括对以上三者的评估与解释。①

对整体性政府实现机制和功能要素的分析为我们提供了“整体性政府”的到达路径：整体性政府注重治理问题的预防导向、公民需求导向和服务结果导向，以满足公民需要的协调性、整合性流程运作为核心，并坚持以政策、规章、服务和监督四项关键活动为基础，以推动形成“治理层级”“治理功能”“公私伙伴关系”的整合，依托并借助信任、信息系统和责任感等功能性要素和治理手段，最终达到政策目标的一致性、组织间的紧密团结、机构间的协同运作以及公众服务无缝隙供给。②③

三、平台驱动创新：理解行政审批局模式的整体性治理框架

“整体性”是对传统官僚体制的一种诘责和对新公共管理运动负面后果的一种反思。基于高度专业化和职能分工的传统官僚制以及新公共管理改革中对单一部门效率的追求，都进一步将政府组织推向碎片化和裂解化的边缘④，严重降低了政务服务供给的质量、整体效率和政府形象，也难以满足公众需求和服务感受。为解决这种“碎片化”难题，整体性治理提出要立足于公众，关注公众对政府

① 曾凡军，韦彬.后公共治理理论：作为一种新趋向的整体性治理［J］.天津行政学院学报，2010，12(02)：59-64.

② 曾凡军，韦彬.整体性治理：服务型政府的治理逻辑［J］.广东行政学院学报，2010，22(01)：22-25.

③ 谢微.整体性治理的核心思想与应用机制研究［D］.吉林大学，2018.

④ 王佃利，吕俊平.整体性政府与大部门体制：行政改革的理念辨析［J］.中国行政管理，2010(01)：105-109.

运行流程的效能感知以及公众需求的切实满足，追求以能否以及如何解决人民问题作为治理出发点和根本宗旨，而非以解决政府运行问题作为核心。为实现这个目标，要求政府在治理运行和提供服务时始终以公民需求为导向，以整合、协同和责任为机制，运用信息技术对碎片化的治理层级、治理功能、公私部门关系及信息系统等进行共享整合，为公民提供无缝隙而非分散化的整体服务。[①]

在政府行政审批和职能转型的改革过程中，"整体性"不仅为改革推动中的事项梳理、流程优化、部门协同等探索工作提供了方向性指导，同样地，借助整体性治理的关键要素和运行机制也能更好地理解为何行政审批局模式得以构建形成一个整体性服务平台，进而驱动政务服务创新和优势集成的实现。在行政审批改革的发展历程中，从政务服务中心到行政审批局模式的转变是撬动政务服务创新和发挥平台整体优势的一个关键转型。行政审批局模式作为一个整体性服务平台，一方面聚焦于"整体性"，推动组织架构实现了从"物理集中"到"化学融合"的转变，充分发挥着组织牵头作用，整合资源优势、重塑业务流程、打破信息壁垒，提升了改革的系统性、整体性和协同性，激发了市场活力和社会创造力；另一方面聚焦于"服务性"，始终秉持"人民中心"和"为人民服务"的改革宗旨，创新措施围绕人民需求侧展开，以企业生命全周期、居民生命全周期的服务需求为改革依据，紧密衔接审批关联事项、推进集成式流程再造，切实提升了人民的获得感和满意度。总的来说，要充分理解行政审批局模式的平台驱动创新机制，可以进一步

① 曾凡军.论整体性治理的深层内核与碎片化问题的解决之道［J］.学术论坛,2010,33(10):32-36.

从集成性平台、服务性理念、极简化运行和数字化支撑四方面来进一步解读（见图2-2）。

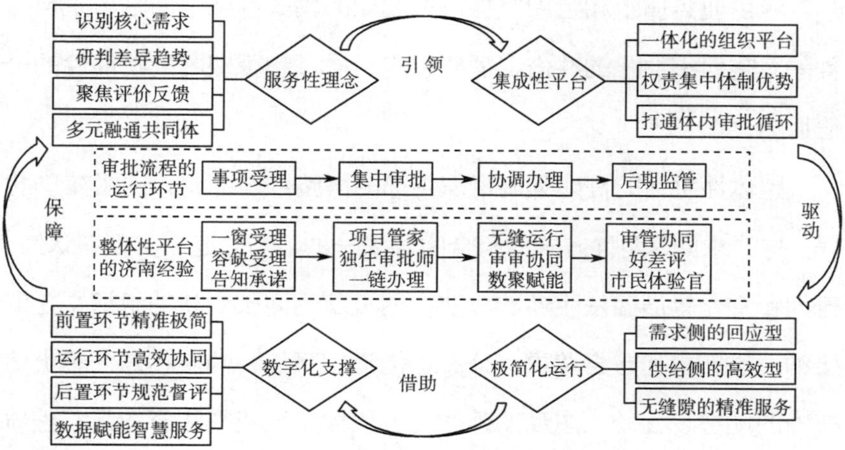

图2-2　平台驱动创新：行政审批局模式的整体性治理框架

（一）集成性平台：打造以整合为核心的组织架构

整体性政府追求的是建立在传统官僚制基础上的平台搭建、业务整合和职能优化，是对传统官僚制和分部制过度分工化的批判与优化，而非推翻传统官僚制的组织结构形式。等级式是整体性政府模式组织架构设计与改革可供选择的形式之一。[①]等级式的组织设计既可以是通过中央权力的集中与强化来实现对政府各个职能部门以及地方政府的整合与协调，也可以在整合现有组织基础上设立新的机构。[②]通过组织平台再造，将分散在不同部门的交叉或相近的职能重新整合到新的集成性部门之中，明确新部门的发展目标、角

① Tom Christensen, Per Lgreid, 张丽娜，等.后新公共管理改革——作为一种新趋势的整体政府［J］.中国行政管理，2006(09):83-90.

② 王佃利，吕俊平.整体性政府与大部门体制：行政改革的理念辨析［J］.中国行政管理，2010(01):105-109.

色定位和权责职能，在决策过程中重新设计信息、资源、人力和系统等要素的整体联动，有助于提升政府服务供给的整体效能。此外，经由业务重组和组织重构形成的新的集成性部门面临着来自各种差异化组织文化的冲击，需要重视、协调和重塑内部功能性的价值目标。

整体性平台的搭建强调组织内部的再整合与协调，试图在"化异"与"求同"两种方式的组合中寻求一种平衡之道，实现在认知、行为和文化等层面发生新的改变，达成部门内部对新的组织文化的接纳，重新构建包含尊重、公开、沟通、责任、响应和信任等价值在内的动态、互动、主动的整体性价值体系。值得注意的是，整体性政府倡导的集成性组织结构变革，是以边界的存在作为基础和前提，虽然主张组织结构的集成性变革，但更为注重"通过建立正式或者非正式的协调机制来实现部门之间的整合"。这与大部门体制相异，后者"企图尽可能地消除原来部门间的边界，在更大的范围内构建清晰的边界"，更进一步地说，大部制的实质是强调"大职能、大服务"，在这一要求下，大部制改革带来的政府部门的减少只是缘于部门的合并而非政府职能的缩减。[①]

一直以来，处于官僚制和分部制结构下的行政审批权存在着明显的横向分割和碎片化问题，导致了多头领导和职能交叉、协作阻滞与管制矛盾、标准冲突与程序繁复，以及市场准入壁垒和制度成本较高等现实制约，并进一步造成了审批运行的高成本、低效率。[②]

---

① 王佃利，吕俊平．整体性政府与大部门体制：行政改革的理念辨析［J］．中国行政管理，2010(01):105-109.

② 顾平安．加快推进行政审批制度改革的二次设计［J］．中国行政管理，2015(06):21-24.

为了解决分部制所导致的审批运行和企业准入过程的碎片化，整体性政府指导下的集成性平台建设迫在眉睫。行政审批局模式正是对集成性平台的全新探索。

首先，行政审批局有着一体化的组织基础，相对于传统“物理集中”式的政务服务中心模式，行政审批局具有事项、权责集中的体制优势，在完成机构划转组建的基础上实现了“职能集中与到位”的集成，并同步建立完善了相关制度、组织规定和工作纲要。

其次，行政审批局发挥组织牵头和引领作用，通过机制创新不断助力行政审批的协同治理和集成优势，在审批业务全面梳理和精简分类的基础上，全面开展“一窗受理”服务，以企业生命全周期、居民生命全周期的服务需求为依据，紧密衔接关联事项，推进业务流程再造，通过数据融合、业务协同，提升了改革的系统性、整体性和协同性，有力激发了市场活力和社会创造力，切实提升了企业群众的改革获得感和满意度。

（二）服务性理念：秉持“以人民为中心”的价值导向

劳佛恩（Peter J. Laugharne）指出，整体性政府努力促使复杂且分散化的各层次政府和职能机构形成共同的目标共识，即为越来越有鉴赏能力的公众提供高质量的服务。[①]这一价值理念不同于以提升政府运行便捷性和部门效率为核心的目标导向，“政府工作人员在改革过程中应该思考的基本问题是，所采取的改革方案以及政策过程的结果能否使公众受益，而不是能否革除那些旧有的体制”，政

① Peter J. Laugharne. Towards Holistic Governance (Book Review)［J］. Democratization,2004(03):164-165.

府组织结构和制度变革不能仅停留在有益于政府系统提供服务的自身便利化这一层面上。①

因此，整体性政府倡导的服务理念是将政府自身效率的提升作为一种手段，借助这一手段实现公众需求最大化满足的目标，更加关心公众如何看待政府以及公众对于政府的绩效感知。从这一价值基础出发，整体性政府的重点在于积极发展出一种行动策略，整合所有的部门、人员和资源，以单一窗口的"一站式"形式为公众提供优质高效的信息和政务服务。同时，要在系统内部展开合作，即"以公众需求为核心，每个运行环节相互协调、步调一致，形成一个整体性的运转流程——不是各个环节的简单排序，而是围绕最终目标、体现整体效益的运行流程"②。服务性理念要求审批改革始终秉持"以人民为中心"的价值导向。在行政审批改革中的整体性服务内容包括了三个递进层次：

1.在最初的阶段，面向具有相对一致性和共同性的核心公众的办事需求，如便捷的操作环节、简化的办事流程、优质的办事体验等，通过政府部门内部相似功能的重组和业务流程的重塑，以及对其他组织拥有的资源和智力的吸纳，向公众提供高效的整合化服务。例如充分发挥专家、办事公众与企业群众的参与力量来帮助审批事项的顺序优化及流程再造；成立政务服务专家咨询委员会，强化社会各界参与，提升服务的敏锐性、精准性与回应性。

2.进入下一阶段，面向具有相对变化性、分散化和多样化的特

① B.盖伊·彼得斯.政府未来的治理模式［M］.吴爱明，夏宏图译.北京：中国人民大学出版社，2014:19.

② 胡佳.整体性治理：地方公共服务改革的新趋向［J］.国家行政学院学报，2009(03):106-109.

定公众需求，基于信息技术的发展和治理工具的创新，依托现代信息收集和调查分析技术，追踪和识别公民需求变化趋势，从而实现前瞻性和针对性的差异化服务供给。例如，根据不同办事主体的办事类型及个体差异，可以量身打造全链条的帮办服务，针对老年人、残疾人等群体开展智能应用指导、全程帮代办等多种形式的特殊服务，最大限度方便企业群众办事。

3.在更进一步的阶段，聚焦公众对服务供给的反馈与评价，尊重和鼓励公众表达自身诉求，通过对公众需求信息和反馈意见的分类、过滤、整合、架构和传播，引导公众在充分表达切身感受的基础上塑造政府提供公共服务和实现公共利益的方式方法，打造一种共属于政府、社会、公众多方的品牌化服务。例如，通过办事主体的反馈机制建设，帮助行政审批评估工作成效和查漏补缺；依托“好差评”工作机制、市民服务热线，实现政务服务绩效由企业群众来评判；推行市民体验、社会监督制度，让公众对政务服务工作进行全面体验和针对性评价。

（三）极简化运行：重塑无缝隙的部门关系和业务流程

希克斯认为，协调与整合是整体性政府最突出的两个阶段，二者彼此依托相互增进，其中“协调”是使政府由“碎片化走向团结（From Fragmentation To Solidarity）”的先前之路，侧重于将政策议题、政策沟通、政策规划纳入政策制定阶段；而“整合”则着重与理顺执行（Execution）、完成（Implementation）及采取实际行动（Practical Action）之间的关系，旨在将政策制定阶段的目标通过执行各环节之间的相互协调、有序衔接得以缓和冲突、实现目标，并建构“无缝隙规划（Fully Seamless Programmes）”[①]。基于此，要建立无缝隙运行的整体性平台，则要尤为关注政府部门间关系的协同沟通和业务流程的协同运行。

在部门间的关系维度上，经由集成性的部门平台建设环节，形成了在一定程度上能够化解政府组织之间的管理碎片化和功能裂解化。但交叉性职能不可避免地存在于整个系统之中，这也进一步涉及如何将不同的部门整合到一个共同议程之中，实现对资源的有效利用和问题的协同处理。在整体性政府的理论观点中，组织间关系的协同需要采取新的沟通方式和工作方式，以实现全局最优为目标，突破部门之间的物理边界，来设计和优化流程中的各项行动。这种新的沟通方式和工作方式侧重于跨部门协同的程序性协同机制，即实现协同的程序性安排和技术手段[②]，既体现在诸如合作对话交流制度、利益分享补偿机制、信息资源的共享制度等具体的运作机制，又需要在协同者之间营造安全感和确定感，激发相互之间信任要素的产生，培育政府部门之间的社会资本。[③]

在业务流程的运转维度上，经由整体性政府所倡导的集成性服务平台能够推动部门内部的业务协同。相比于组织部门间关系的协同，组织内部不同业务之间的整合更强调在合作之上的分工，其重点是以某一具体事务的有效供给作为共同目标，依托部门内部各业

---

① Perri 6, et al. Towards Holistic Governance: The New Reform Agenda［M］. London: Palgrave Press,2002:34.

② 周志忍,蒋敏娟.中国政府跨部门协同机制探析—— 一个叙事与诊断框架［J］. 公共行政评论,2013,6(01):91-117.

③ 高建华.区域公共管理视域下的整体性治理:跨界治理的一个分析框架［J］. 中国行政管理,2010(11):77-81.

务机构共同上级的推动与监督，明确在该事务的运转流程中彼此之间的职责以及具体负责的环节，通过制度化的方式将其固定下来，从而形成一套标准化的业务流程。业务流程的优化再造，需要紧密衔接审批服务的供给侧和需求侧，从供给侧的角度优化政府行政审批服务的质量，从需求侧的角度提升行政审批服务与公众需求间的适配性和精准性，从而推进行政审批流程的整体优化，进一步弥合企业和公众需求与政务服务供给之间的缝隙。

首先，在以结果为导向的供给侧高效型服务打造上，需要关注政务运转流程再造和政务服务供给的绩效与结果，要求改革不仅关注政府所提供政务服务的质量和水平，同时也应注重政务服务活动的投入产出比，力图以相对较低的成本为公众提供更大程度的公共产品和服务。为此，要求在行政审批过程中改变以往各自为政的部门运作方式，超越仅在表层上对组织结构所作的简单集合和“物理集中”，更需要通过整体性平台的统一运行和“化学融合”提供协同式的行政审批服务。

其次，在以服务为导向的需求侧回应型服务打造上，需要在关注审批服务和供给效率之外，明确审批服务的根本目的并非营利，要始终坚持“以人民为中心”的政府—公民关系再造，即从人民诉求出发实现自下而上的问题驱动式的运作流程重构。不仅要将公众需求和满意度作为服务出发点，同时也要注重公众对政务服务的反馈，形成行政审批流程再造的反馈闭环，从而推动服务品质的升级。

（四）数字化支撑：完善协作互通的一体化运转

整体性政府高度注重交互的、协作的和一体化的管理方式与技术工具在审批运行和服务供给中的嵌入与支撑。邓利维提出了“实现以需求为基础的整体主义、推动数字化的变革、推动信息的流动和共享”三方面的支撑作用，因此整体性的服务平台打造同样需要数字化技术的大力支持，通过数据赋能实现智慧化审批服务。具体而言，可以从审批流程的三个环节分析其数字化支撑能力：

一是在前置环节中借助数字技术优势，通过让数据多跑路，简化审批程序和办理难度。将数字手段和信息技术手段融入行政审批的申请环节中，突破办事群众和行政审批部门的直接接触限制，提高前置申请环节的便捷程度和人民的满意度，让行政审批突破时间和空间的限制，提升行政审批服务效率。发挥数字跑路优势，综合运用线上线下相结合的审批方式，以最快速度帮助企业和办事群众完成各项材料准备，通过线上方式进行预审，对符合要求的企业和办事群众尽快发出相关许可证书或通过适当方式予以通知，以满足特殊情况、特定情境下的办事需求，可以充分为“不见面审批”模式的常态化运行提供技术支持。

二是在运行环节中利用智慧化手段，打破科层内部的纵向层级隔阂和横向部门壁垒，通过搭建政务网络系统和数据信息共享，实现整体性平台的协同运作和审批服务供给。一方面要求政务服务平台的全面对接，建成公共性、一体化的信息应用系统，根据事项办理和集成服务需要，形成数据共享需求清单，积极推动数据资源的跨级共享应用，实现事项办理过程中的数据共享、业务协同，支撑政务服务流程和功能优化；另一方面，通过大数据应用实现部门间的数据对接和共享，建立统一的审批服务数据管理平台，推动开放端口和权限的标准化对接，进一步促进各类政务信息的查询互认和联通共用通道，实现不同业务部门之间的集成整合、互联互通和资源共享。

三是在后置环节中通过信息技术的融入，规范监督考评科学化运行和实际效能。由于信息技术在一体化平台上的嵌入与运用，使其具有开放性、不可篡改性等特点，通过信息公开机制的建设，可以实现审批监控实时化、智能化、透明化，随时接受社会监督，促进阳光公正审批，保障了行政相对人的知情权和监督权，也保证了行政审批工作人员的廉洁度，促进行政审批服务过程的科学化运作。另外，依托一体化在线政务服务平台，可以将公众反馈信息嵌入行政审批的完整流程中，既可以将行政相对人的意见建议作为关键指标纳入考评体系中，也打通了“审批服务优化—评价反馈—审批服务再优化”的闭环流程，促进封闭性的治理结构进一步向开放化、透明化、智能化方向转变。

以新一代信息技术为支撑，以数据为生产要素和治理工具，为数据驱动政府职能转型及部门协同运行提供了可能。行政审批改革中充分运用了“互联网+政务”方式推进着“极简审批”和“一网通办”，并在此基础上进一步优化了业务流程、信息公开共享和标准化建设。

1.依托一体化在线服务平台，重塑和优化审批流程。通过线上线下政务服务数据信息的实时汇聚、展示、应用，为政务服务科学决策提供数据依据和支撑；运用“区块链+审批”技术，实现网上申报、信息推送、数据共享、并联审批等全流程网上办理；利用线上“云办理”、专家“云评审”机制助力“不见面审批”成效。

2.政务数据的公开共享和数据库的建设是“让数据多跑路，让群众少跑路”和“跨域通办”的基本前提，也进一步为公开透明的政府服务和公众监督提供了保证，有效提升了审批服务效率、改善了企业群众的体验感和获得感。

3.“一链办理”“跨域通办”等目标对审批业务的云网平台建设提出了更高的标准化要求。公众通过一个云网平台可以办理所有审批相关事项，而不同区域的审批要求存在明显的差异化，这就要求对政务流程的相关要素进行明确统一规定，助推了政务服务的标准化建设，需要进一步建立完善市、区县、街镇、村居纵向层级政务服务事项库和动态调整机制。同时也要将不同部门、不同层级的事项进行整合，打通线上办理链条，变“一事一流程”为“多事一流程”，实现“一个窗口、一张表单、一组流程、一套材料、一次办好”，利用新一代信息技术实现政府部门的标准化变革是推动数字政府建设的重要支撑，也是解决政府部门之间信息孤岛、数据烟囱的有效手段。

四、行政审批改革与“在泉城全办成”品牌的时代价值

纵观改革历程，行之有效的改革需要具备前瞻性的理念、战略性的目标、有机配合的政策工具和稳步推进的执行方式，行政审批局改革模式发展至今，对于政府自身而言，不仅稳步推动着“放管服”改革进一步落地和政府职能的优化转型；对于政市关系而言，也在助推竞争有序、充满活力的金牌营商环境构建；更重要的是，“以人民为中心”的价值理念和“整体性政府”的改革指导，也真切提升了人民的幸福感和满意度，进一步借助政务品牌

的打造和传播，拉近了政府与人民距离，在便捷度和效能性的政务服务供给过程中，让人民感受到一个有温度、更主动和年轻态的整体政府形象。

（一）构建竞争有序、充满活力的金牌营商环境

随着行政审批改革的逐步深入，中国特色社会主义市场经济体制逐步完善并进一步凸显巨大生命力。为矫正市场失灵及其衍生问题，要求行政审批改革持续探索和优化现代监管制度。金牌营商环境的打造，一方面要求政府不断降低市场主体的准入门槛、释放市场活力；另一方面要求对审批事项的监管更加规范、透明，不断创新监管方式方法，建立有序的竞争秩序。2019年10月，国务院发布的《营商环境优化条例》中明确提出：国家加快建立统一开放、竞争有序的现代市场体系，依法促进各类生产要素自由流动，保障各类市场主体公平参与市场竞争。由此凸显公平竞争、活力有序的营商环境是行政审批改革的重要内容。

以济南市的行政审批改革而言，济南市委、市政府针对营商环境的优化问题采取了多项措施，其中行政审批局是创建良好营商环境的重要发力点与整体性服务平台。2018年6月，济南市政府印发了《深化“一次办成”改革进一步优化营商环境的若干措施》（济发〔2018〕23号），其中包括“推进商事登记便利化、提高建设项目审批效率、加强企业经营要素保障、减轻企业税费负担”，旨在为企业提供更加快捷的市场准入速度，进一步释放市场自主运转的活力。同年，《济南市人民政府办公厅关于公布市级政务服务“零跑腿”、“只跑一次”、“你不用跑我来跑”事项清单的通知》（济政办

发〔2018〕17号）中提及，“市级‘最多跑一次事项清单’共纳入依申请办理的政务服务事项（包括行政权力和公共服务事项）1165项（含子项207项）。其中，‘零跑腿’事项168项（含子项25项），‘只跑一次’事项948项（含子项177项），‘你不用跑我来跑’事项49项（含子项5项）”。诸多行政审批制度改革举措的落实，为济南市市场主体提供了大量便捷的审批服务，企业开办、行业准入、纳税社保等业务办理已经非常便利，切实提升了企业群众的营商环境“获得感”。

同时，济南市行政审批服务局在改革过程中也在不断优化监管能力，按照“权责对等、权责一致”和“谁审批谁负责、谁主管谁监管”原则，厘清审批与监管的权责边界，提升智慧监控、协同监管能力。全面推进事中事后监管工作，将“信用等级”与“双随机抽查”相结合，创新监管的体制机制，加快事中事后监管服务平台与国家企业信用信息公示系统（山东）协同监管平台的对接，充分发挥平台功能。另外积极运用大数据、云计算、物联网等信息化手段，探索实行“互联网+”监管模式，加强部门之间、区域之间信息资源的开放共享、互联互通，通过运用新兴信息技术手段，突破部门数据壁垒、府际分隔等束缚，重构政府管理模式和公共服务供给流程，以适应新时代下经济社会的发展需求。

（二）提升人民群众的获得感和满意度

政府改革的根本目的是为了解放和发展生产力，也是为了更好地满足人民日益增长的美好生活需要，同时改革也要依靠人民，人民才是推动改革的最大原动力。行政审批改革在政府职能的转变过程中尤为突出“以人民为中心”的价值导向，政府不再以行政管理效率作为机构改革和流程再造的唯一目标，而是从人民的实际需求出发，通过创新管理方式、削减审批项目、优化审批流程等方面的实践改革，促进政府更加高效、便捷地服务于广大人民群众，降低人民办事成本，节约人民办事时间，让人民感受到更大获得感的同时全面助推服务型政府的建设。

在济南市行政审批改革中，始终围绕在为办事群众提供优质高效的政务服务基础上，不断在简环节、优流程、转作风、提效能上下功夫。同时，人民群众也能够通过参与机制参与公共利益及价值的识别认定、互动协调和评价反馈过程中来。自济南市行政审批服务局开展工作以来，把行政审批改革的目标始终定位在“以人民为中心”上，人民是否满意、能否解决其实际困难及整体体验感受成为评价改革成效的核心指标，充分发挥了办事民众在梳理简化审批流程、缩减统合行政审批事项、考核评估改革绩效等环节的参与作用。

一方面始终以人民群众利益为中心，从人民的获得感出发，通过体制变革、机制优化、技术创新等方式实现便民目标，例如全面梳理和公开公共服务事项目录和办事指南，列明办理依据、受理单位、基本流程、申请材料、示范文本、常见错误、收费依据、办理时限、咨询方式等内容，坚决取消无谓的证明和烦琐的手续，大力推进办事流程简化和服务方式创新，积极推行一站式办理、上门办理、预约办理、自助办理、同城办理、委托办理等服务，打通群众办事“最后一公里”，运用新兴信息技术手段，突破部门数据壁垒、府际分隔等束缚，重构政府管理模式和公共服务供给流程，提升政府政务服务的供给效率和效能，提高公众获得感和满意度。

另一方面，充分发挥专家、办事主体的参与力来帮助优化审批事项顺序及流程再造。成立政务服务专家咨询委员会，并通过人大代表建议和政协委员提案、政务服务社会监督员和体验官、座谈会、监督电话、“找茬窗口”、政协“商量”工作室等形式，强化社会各界参与，提升服务的敏锐性、精准性与回应性。通过办事主体的反馈机制运行，帮助行政审批局评估工作成效和查漏补缺，使改革获得感持续增强。例如政务服务的“好差评”工作机制，政务服务绩效由企业群众进行评判，依托12345“一线连通”和市民服务热线，提供政务服务事项咨询、查询评价服务，落实企业诉求“接诉接办”，努力推进“差评”整改反馈落到实处，推行“市民体验官”制度，聘请社会监督员和政务服务市民体验官，让市民站在“用户视角”，体验和评价政务服务工作。

（三）打造有温度的服务品牌和政府形象

秉持着“整体性”改革理念的行政审批局改革，不仅找到了审批权力一体化运行、业务流程极简化重塑、部门协调无缝隙运转的价值理念和实现路径，更是通过政务服务品牌的打造和传播，拉近了政府与公众的距离，让公众看到和感受到一个有温度、更主动、年轻态的整体政府形象。对于公众而言，由于信息差异的存在和专业知识的壁垒，很多时候难以明确区分政府部门及部门之间的职能分工和具体差异。尤其在不同的政务事项办理过程中，怎么找政府、找哪个部门、甚至工作人员态度如何，不仅一直是个巨大的困扰，更可能通过一个细节直接影响到公众如何看待整体的政府形象。

在公众眼中，政府形象是一体化的，很难将自身感受和评价赋予孤立的政府部门。因此，“整体性”不仅体现在政务业务流程重塑后的便捷和效率的提升，也为政务品牌的打造和传播提供了指导意义和时代价值。在行政审批局的改革模式探索中，山东省济南市通过打造“在泉城全办成”的政务服务品牌，走出了一条具有代表性的行政改革创新之路。

目前，“在泉城全办成”已经成为极具济南特色的政务服务品牌，同时具备了口碑保障和传播效益上的双重优势。在口碑保障上，济南市行政审批服务局通过对政务服务流程的重塑、政民关系的优化和监督反馈的闭环，真正解决了政务服务的核心痛点、堵点、难点；在传播效益上，借助大数据和互联网信息技术优势，进一步推动在线智慧审批的全面建设。例如，在2019年11月，官方政务服务App“泉城办”正式上线，同步引入了市级政务服务事项，更是在持续不断的移动端政务服务总门户的建设完善中，逐步实现了对用户提供“24小时在线服务不打烊”的承诺，未来将持续推动更多服务事项实现移动端的“秒批秒办”和“全链条办理”。

同时，通过“在泉城全办成”政务服务品牌的口碑宣传和升级优化，行政审批局改革也在公共资源交易、政府形象打造方面显示出独特优势，制定了符合济南特色的《济南市公共资源交易项目交易绩效评估实施办法》(济公管办〔2019〕2号)，在全国率先开展公共资源交易项目交易绩效评估，其中公共资源交易绿色通道做法被国家发改委推广。另外，济南市行政审批服务局也将一系列实践创新举措集中聚合于“在泉城全办成”的品牌建设中，不仅使得企业和办事群众在一个服务平台上即可了解“独任审批师”“佳佳帮您办”“项目管家”等创新做法和操作流程，也在政务服务的提供过程中主动塑造了一个积极正面、易被传颂的服务型政府形象。2020年以来，中国政府网、新华社、人民网等多家省级以上的主流媒体对济南市行政审批服务局的创新工作和“在泉城全办成”的改革亮点报道过六百余次，多次擦亮了“在泉城全办成”政务服务品牌。而在“在泉城全办成”品牌的传播渠道和传播方式的选择上，济南市行政审批服务局更是进一步借助数字化信息技术、传统媒体与新媒体差异化覆盖等优势，频出好招、亮招、奇招。例如，济南市行政审批服务局拥有自己的社交媒体平台和自媒体账号，通过不同平台受众特点进行信息的精准分类和投放，并根据不同平台类型开展相应的答疑和宣广活动，获得社会各界一致好评。

— 专栏

“佳佳帮您办”商事登记服务专班

为进一步优化全市营商环境，提升企业登记、经营和注销“全生命周期”的便利度，针对办件量较大的商事登记业务，结合疫情防控工作实际，济南市行政审批服务局于2020年2月11日组建“佳佳帮您办”商事登记服务专班，为企业提供“一站式”服务，努力打造“在泉城全办成”服务品牌。

“佳佳帮您办”服务专班以济南市行政审批服务局经贸商事处工作人员姚佳的名字命名，由3名工作人员组成，服务电话67888080。工作专班通过电话咨询、短信提示、微信指导、公众号推送、上门服务等渠道，为全市企业群众提供企业登记、档案查询、广告发布、计量、商务等商事登记业务的政策咨询、业务指导和“一企一策”的帮代办服务，有针对性地解决企业在办理审批和生产经营中的问题和困难，提升服务的精准化和个性化，让企业群众享受更加高效便捷的审批服务。

业务指导+信息服务

“佳佳帮您办”服务专班通过对企业群众电话业务咨询进行答复，帮助企业解决在业务办理过程中的困难和问题，积极引导企业通过网络、邮寄等“不见面”形式进行申报。对企业来电咨询涉及企业登记注册流程、材料规范、区县局联系方式等有关问题，及时向咨询人发送问题答复短信。除此以外，服务专班还为全市企业提供经贸商事政策指导和信息引导，重点帮助企业解决“准入不准营”的问题，提供企业“复工”政策咨询。

一企一策+帮办代办

对于全市重大招商项目、外商投资、大型连锁企业等，服务专班将实行帮代办服务，量身定制“一企一策”帮办方案，通过上门服务、全面跟踪等形式，帮助企业协调解决审批中遇到的困难。

电话回访+政策支持

针对企业政策不熟的情况，专班每天电话回访全市所有新开办企业，询问企业在办理审批中的意见建议，并提供后续政策指导；通过“佳佳帮您办”公众号及时推送企业需要的服务信息，免去企业多头咨询之苦；同时与民营局、大数据局等部门联系，精选提取了2526条企业群众需要的济南市最新优惠政策信息，以“大礼包”的形式向企业发放；积极联系全市六大平台和城建、城发等重点项目，建立大型企业和商业联盟对接平台，促进招商引资项目和大型企业落地生根；与市司法局和律师协会协调，开通“律师信息查询绿色通道”，免费为律师提供企业登记信息查询和邮寄服务。专班还建立了连锁企业帮办群、重点项目服务群、银行机构联络群等，为全市各行各业商事主体提供24小时“不打烊”的帮办服务，“一对一”帮助企业解决实际困难。同时，了解企业后续经营需要解决的困难和问题，提供政策支持，协助办理相关行政审批许可事项。

专班成立以来，共为企业群众解答咨询17000余起，发送温馨提示短信近9000条，电话回访企业800余家，帮助律师查询企业信息205件，提供帮代办服务166起，下沉企业25家，成为济南市行政审批服务战线上一道靓丽的风景线。

资料来源：齐鲁晚报.疫情之下，济南推出“佳佳帮您办”一站式商事登记服务平台 . https://www.qlwb.com.cn/detail/11360165

第二篇

改革创新塑造的“在泉城全办成”

行政审批局的建立是相对集中行政许可权改革的必然成果，顺应了时代的发展潮流和审批服务的实际需求，解决了行政审批过程中的一系列碎片化问题，是打造整体性政府、为人民提供整体性服务的必要路径。济南市在从行政审批局的构建到“在泉城全办成”品牌的打造过程中，围绕组织平台构建、无缝隙流程再造和智慧审批服务等方面展开了丰富的实践探索。为此，第二篇将观察视角放置于济南市行政审批服务局的具体改革进程和实践创新中，将具体分析济南市行政审批服务局的“在泉城全办成”品牌如何通过集成平台的建成驱动，实现了行政审批服务的整体性治理和政务服务的全面创新。

第三章
集成平台：职能整合与组织搭建

随着我国经济社会高速发展和“放管服”改革的深入推进，简政放权、放管结合、优化服务工作要求不断寻求新的改革抓手和创新突破口，以持续改善政府与市场、社会的关系，其中行政审批制度改革作为政府职能优化规范的重要着力点受到了广泛关注。各级政府在审改过程中不断进行模式的探索以求提升行政审批效率和政务服务的便利性，逐渐形成了以政务服务中心为代表的业务集中模式和以权力整合为代表的行政审批局的进阶模式。本章主要聚焦集成平台如何逐渐形成的改革脉络，立足济南市行政审批改革中由政务服务中心至行政审批局的组织演变历程，探讨行政许可权力的整合与权责的重新划拨，进而明确行政审批局组织平台重塑优化的主体地位和其权力集中划拨行使的实质优势。

一、政务服务中心阶段：运行态势与改革空间

行政审批制度改革一直被视为我国赞誉度最高的行政管理体制改革。中央政府推动行政审批制度改革的突破口便是下放行政审批事项权限，即简政放权。2011年，中央政府强调在推进行政审批制度改革的过程中要充分发挥政务服务中心的作用，各地要因地制宜规范和发展各级各类服务中心，为政务服务中心模式的发展提供了政策依据。地方政府则在此背景下为了规范运用此类审批权力，创造性地对其进行集中统一对外行使，成立了一站式的服务审批平台，一般可称为政务（行政）服务中心、便民服务大厅或政务管理办公室等。政务服务中心作为审批职能部门和行政审批事项空间集聚的服务平台和各级政府直接面向行政相对人提供服务的窗口，被视为贯彻落实审改工作的前沿阵地，提高了审批事项的流转速度和办结效率，是行政审批改革进程中的阶段性成果。

（一）运行模式与成效发挥

为响应中央政策要求，进一步提升行政审批的便民服务水平，根据《中共济南市委 济南市人民政府关于济南市人民政府职能转变和机构改革的实施意见》（济发〔2014〕19号）精神，济南市于2015年正式成立了政务服务中心管理办公室。《济南市人民政府办公厅关于印发济南市政务服务中心管理办公室主要职责、内设机构和人员编制规定的通知》（济政办发〔2014〕27号）明确规定了市政务服务中心管理办公室为市政府派出机构，挂市政府市民服

务热线办公室的牌子。其主要职责为：承担政府各部门行政审批事项集中进驻市政务服务中心的协调工作，监督进驻部门行政审批行为；制定政务服务中心各项管理制度并进行监督检查、日常管理和考核工作；协调衔接市政务服务中心与进驻部门以及进驻部门之间的工作关系；按照市行政审批制度改革的工作部署，做好进驻部门行政审批事项实施的协调、指导和监督工作，并指导县（市、区）政府政务服务体系建设。

济南市政务服务中心属于市政务服务中心管理办公室所属的正局级事业单位，其主要职责为：组织实施政务服务中心的各项管理制度；负责对行政审批和进场交易单位、交易活动进行统一受理、统一服务、统一收费、统一管理；负责市政府12345市民服务热线的日常管理。即市政府办公厅不再承担“负责市政府行政审批事务的管理工作”“负责市长公开电话和12345市民服务热线的管理与协调工作”职责。[①]在机构设置方面，政务服务中心下设了四个职能处，分别为综合处、业务指导处、组织人事处、监督考核处，以“公开、便民、廉洁、高效”为宗旨，实行审批内容、审批依据、申报材料、办事程序、承诺时限、收费标准“六公开”，所有进入行政审批服务中心的部门（单位）办理的行政审批事项，实行一个窗口受理，一个窗口出件，一个窗口收费的“一站式”服务，其审批流程可见图3-1。

① 济南市政务服务工作机构正式组建正局级建制［EB/OL］.（2015-07-23）［2022-07-07］. http://www.sd.taiwan.cn/news/201507/t20150723_10309274.htm.

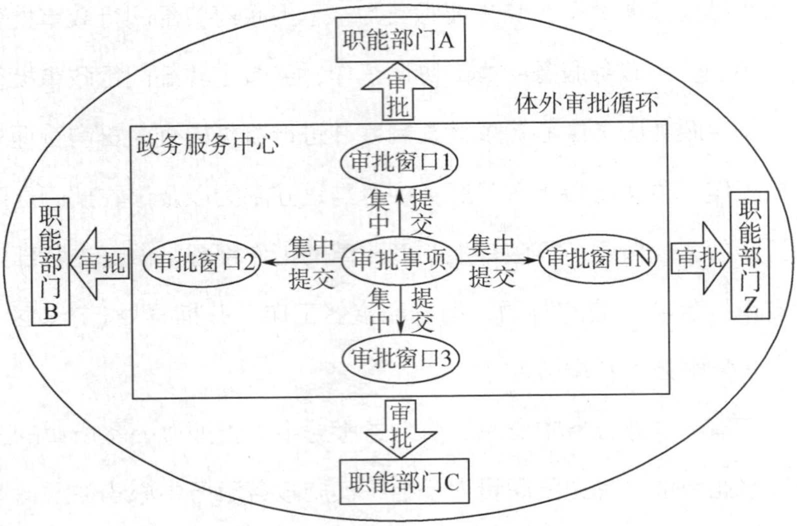

图 3-1　济南市政务服务中心审批流程图

（二）潜在弊端与改革趋势

政务服务中心阶段的主要目标在于，将各职能部门集中到统一的物理空间内，通过在服务大厅设置服务窗口，集中受理行政审批事项和公共服务事项，从而达到减少企业群众跑腿次数的效果。但政务服务中心在实际运行和架构中仅仅作为行政审批权力“物理集中”和“平台聚合”的服务机构，并未从深层次触及行政审批权力的配置和运作方式，其本质上仍是物理整合的产物，以办事平台的集中提高事项办结效率，但未能真正打破政府内在职能壁垒，改变碎片化审批倾向。

首先，政务服务中心的审批权限仍属于原职能部门，其窗口则只是将行政相对人所提交的资料进行集中式的接收，具体的审批流程仍在原职能部门开展，使得行政审批改革仍浮于表面。其次，在政务服务中心的内部组织架构和人员编制上也形成一种“双重管理体制”，入驻单位派遣的工作人员在编制上仍属于原审批单位，但由于其在工作中同时受制于服务中心和原派遣单位的双重管理，因此势必影响服务中心人员的管理实效和工作积极性。最后，政务服务中心模式仍未能打通“审管合一”的体制瓶颈，行政审批职能部门既是运动员又是裁判员，权力的过于集中可能会滋生寻租现象和权力的越位错位。

因此，随着改革的纵深发展，政务服务中心模式的局限性日益凸显，为寻求突破和改革创新，以集中划转审批实权为特色的行政审批局模式开始受到多方重视和试点推行，各地政府纷纷开始了自主创新试验和政府职能转型的实践探索。基于济南市政务服务中心运行多年的经验，济南市行政审批服务局则是在组织独立机构单独划分之后进行的行政审批权力的相对集中，以权力集中伴随审批事项的流转划拨，实现了相对集中行政许可权改革与平台驱动创新的有机结合，切实推动了行政审批改革纵深发展的实践成效。

二、行政审批局阶段：组织重塑与权力集中的进阶优化

在政务服务中心阶段，行业主管部门集审批权和监管权于一身，既是“裁判员”又是“运动员”，行政审批模式呈现“重事前审批，轻事后监管”的运作特征，因此可能造成市场内部运行秩序混乱、侵权行为多发等社会恶劣事件。为稳定市场运行秩序、激发企业主体活力、推动“放管服”改革的切实落地，重建行政组织结构平台、探索行政许可权的相对集中成为政府进一步深化行政体制改革的普遍性做法。2015年12月，中共中央、国务院印发的《法

治政府建设实施纲要（2015—2020年）》（中发〔2015〕36号）指出，加快推进相对集中许可权工作，支持地方开展相对集中许可权试点。2015年3月，中央编办、国务院法制办《关于印发〈相对集中行政许可权试点工作方案〉的通知》（中央编办发〔2015〕16号），明确了“将政府各部门的行政许可权交由一个部门行使，或者将一个部门的行政许可权交由另一个部门行使”。随着行政审批制度改革的逐步深入，全国各地对设立专门行政审批机构，围绕“一枚印章管审批”开展了有益的探索和实践。

相对集中行政审批权的统一划拨是行政审批局阶段的核心特点，实行审批权的划转，势必需要相对应的组织变革来实现并承接相应职能。为拉近政府与公众间的服务距离，营造公众满意的服务氛围，济南市秉持以公众需求为导向的服务理念，创新行政组织形式，将政府内部的职责、资源等要素打破重组，通过建立行政审批局来有效集中审批权限，并承接统一领导和编制调动，

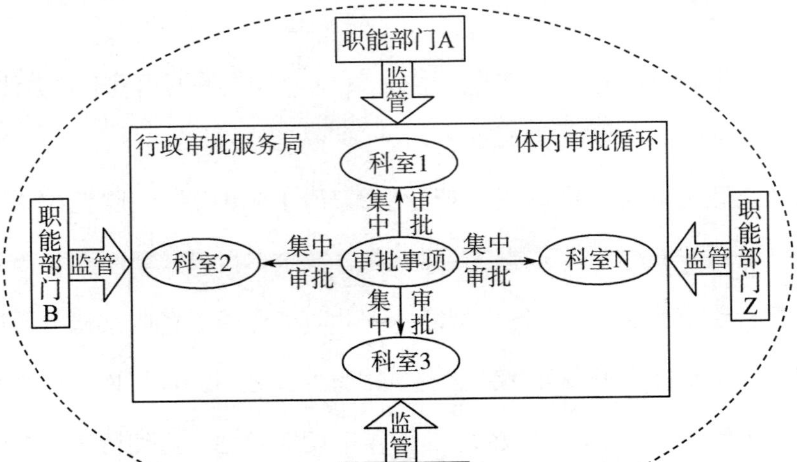

图3-2　济南市行政审批服务局审批流程图

这是对政务服务中心审批实权缺失的进阶性改革，有效转变了“前店后厂”“收发室”等单一物理集中的困境，其建设和转改历程也体现着地方政府如何在中央政策的指导下因地制宜地开展创新探索和具体实践，集中反映出地方政府的服务理念转变和职能优化方向（见图3-2）。

（一）基于相对集中行政许可权的职能整合与机构组建

2018年8月，山东省作出统一部署，要求各市、县（市、区）将政务服务管理机构的职责、相关部门的行政审批及有关政务服务等职责整合，组建行政审批局，作为市县政府工作部门。济南市主动顺应改革大势，中共济南市委办公厅、济南市人民政府办公厅印发《济南市推进相对集中行政许可权组建市行政审批服务局改革方案》（济厅字〔2018〕44号），要求贯彻落实习近平总书记“两个走在前列，一个全面开创”指示精神，加大转变政府职能和简政放权力度，坚持方便群众办事创业导向，深入推进相对集中行政许可权改革，创新行政审批服务方式，提高行政审批服务效率，实行“一枚印章管审批”，着力构建简约、高效、便民的行政审批服务体制机制，不断优化干事创业和营商环境，激发市场和社会活力，增强人民群众的获得感、幸福感、安全感，为新旧动能转换和加快打造“四个中心”、建设“大强美富通”现代化国际大都市提供体制和机制保障。

至此，行政审批局模式改革正式拉开序幕。行政审批局的顺利组建离不开组织领导的强力推动。组建市行政审批局是机构改革的重要组成部分，各级党委、政府主要领导同志把此专项改革作为

“一把手”工程来抓。在市委、市政府领导下，行政审批局的机构组建工作由市委深化地方机构改革协调小组办公室负责。各相关部门高度重视并精心组织，制定了相应的具体工作方案和配套措施，积极稳妥推进并不断深化行政审批制度改革。行政审批局组织平台搭建后将以独立身份与政府其他部门机构展开协同合作，因此部门间的协调配合机制将成为平台搭建后的重点工作之一。

为此，各相关部门在明确各自职责的基础上，与行政审批局进行充分沟通，积极配合审批局的工作，并进一步制定细化方案，推动改革有序开展。例如，市纪委监委负责对组建过程中出现的违纪违规行为进行监督执纪问责；市委组织部则负责研究班子配备、党组织建设，协调人员划转，牵头解决组建中的重要问题；市委办公厅、市政府办公厅负责文件发送、公章使用、组建落实情况的跟踪督办、组建过程中保密工作的监督检查等事宜；市编办负责拟订组建方案，按程序提请研究，做好与机构改革工作的衔接；市委组织部、市人力资源社会保障局负责办理相关人员划转手续；市财政局负责经费、资金保障等相关工作；市审计局负责组建工作中涉及财务和资产的审计工作；市法制办负责相关合法性审查工作；市档案局负责做好档案交接监督指导相关工作，防止档案散失；市机关事务局负责研究解决办公场所等，保障工作正常开展；市行政审批局负责组建、挂牌等具体事宜，协调相关部门做好事项划转工作，协调配合相关部门做好人员转隶、集中办公以及档案资料、资金资产、设备设施划转移交等相关工作。其中涉及事项和人员编制划转的部门，则需要按要求做好划转移交工作。济南市行政审批服务局前期的机构顺利搭建过程得益于政府机构间的协同高效协作和密切配合，各部门各司其职、有条不紊地进行职能转接和保驾护航，为接下来行政审批局的具体工作开展奠定了良好的协作基础。

依据中共山东省委、山东省人民政府批准的《济南市机构改革方案》和《中共济南市委、济南市人民政府关于济南市市级机构改革的实施意见》《济南市推进相对集中行政许可权组建市行政审批服务局改革方案》，并根据《改革方案》和《实施意见》的要求，将市政务服务中心管理办公室的职责、相关部门的行政审批及相关政务服务等职责整合，组建市行政审批局（挂市政务服务管理办公室牌子），作为市政府工作部门，正局级规格。2018年12月26日，启动相对集中行政许可权改革，济南市行政审批服务局成立，作为市政府工作部门，正局级规格，领导职数核定局长（主任）1名、副局长（副主任）4名。以行政审批局为改革主线和平台驱动的创新历程不断铺开，2018年底前各县（市、区）行政审批局也陆续完成组建，稳扎稳打地推动行政审批的相对集中以及权限的有效对接划拨，改革势能逐渐积蓄迸发。

济南市行政审批服务局的挂牌成立，标志着济南市行政审批制度改革的机构组建和集成平台正式完成。市行政审批局主要负责职责范围内的行政许可事项办理，对进驻政务服务大厅的各部门审批服务工作及人员进行指导、监督和管理，提供相关政务服务和便民服务等。行政审批局组建后，统一使用行政审批服务专用章，实施“一枚印章管审批”，各相关部门原内设的行政审批机构撤销，相关审批用章由市政府统一废止并封存，同时不再保留市政务服务中心管理办公室。济南市行政审批服务局的建立是在整合原有各部门职能的基础上成立的全新机构，体现了大部门制的机构改革导向，取代了原有市政务服务中心管理办公室的职能模式，是一项比较彻底的组织机构组织更迭，为接下来的审批权限集中和流程再造提供了坚实的平台基础。

（二）行政审批服务局内部的事项划转与人员划编

1.有序推进划转事项

首先，济南市行政审批服务局组建后的工作流程开展和权限划拨需要进行精准对接，其中既要考虑原有工作事项的平稳承接过渡，又要兼顾权限划转的清单范围规定，最大程度实现组建过程的高效与协调。2018年12月12日，中共济南市委办公厅、济南市人民政府办公厅印发《济南市推进相对集中行政许可权组建市行政审批服务局改革方案》（济厅字〔2018〕44号）（以下简称《方案》），《方案》坚持以划转为原则、不划转为例外，着眼于为企业群众提供规范、便捷、优质、高效的审批服务，按照“应划尽划”的要求，将原分散于多部门的涉及市场准入、投资建设、城市管理、环境保护、安全生产、交通运输、民生保障等领域的行政许可及关联事项、收费事项划转到市行政审批局集中实施。以市政府最新公布保留的行政许可事项为基数，将其中190项行政许可事项及81项关联事项划转到市行政审批局；90项行政许可事项暂不划转但应进驻大厅集中办理；其他10项行政许可事项不划转也不要求进驻大厅。

其次，按照《山东省人民政府办公厅关于深化相对集中行政许可权改革规范市县行政审批服务工作的意见》（鲁政办字〔2020〕85号），济南市行政审批服务局采取“成熟一项划转一项”的运行模式，稳妥推进行政许可事项相对集中。一是应划尽划，将大多数事项划入市行政审批局，由其负责直接实施。二是突出重点，投资建设类、市场准入类等与优化营商环境密切相关的事项必须划转。三是统筹推进，同步划转有关部门关联事项，确保行政审批服务全链条实施。四是循序渐进，自然资源和规划、应急等部门的全部事项，由于审批程序复杂、专业要求较高，带有制约和限制性，关涉公共利益平衡和重大公共安全，涉及上层决策或处于审批链条前端，暂不划转，随工作开展进一步论证后另行研究。五是因事制宜，市教育局、市卫健委等部门面向个人或特定群体的执业资格认定类，市民族宗教局等涉密涉敏类许可事项，与部门日常管理密切相关，由部门实施更为方便有效，不予划转。六是集中审批，不划转事项的部门单位及垂管单位在政务大厅设立窗口，相对集中、现场审批，最大限度方便企业、群众。七是上下衔接，市里划转的事项，区县相应划转，确保市县无缝衔接。济南市行政审批服务局便是在此规范下将应尽的相对集中审批权限收归机构，同时也与相关职能部门做了全链条式的事项划转，保障审批许可权限的独立应用。另外部分专业技术性较强的审批事项也在因地制宜原则下由原部门相对保留，这体现了济南市行政审批服务局运转的灵活高效，最大程度实现了审批的便利化和机构改革的规范化。

2.统一划转人员编制

在济南市行政审批服务局的机构搭建过程中，对人员的编制安排遵循“编随事走、人随编走”的原则，这从根本上解决了人员双重管理的潜在弊端，将人员人事调配权和考核监督权随编制直接划拨至行政审批局，赋予机构独立高效的人事权力，有利于为后续工作开展积蓄人员储备力量。根据三定方案，济南市行政审批服务局为市政府正局级工作部门，加挂市政务服务管理办公室牌子，下设12个职能处室，具体是：办公室、组织人事处、政策法规处、监督考核处（挂运行监控室牌子）、工程建设项目审批服务一处、工程建设项目审批服务二处、城市管理项目审批服务处、经贸商事项目审批服务处、社会事务项目审批服务处、食药卫计项目审批服务处、交通环保项目审批服务处、勘察服务处。此外，不再保留市政务服务中心管理办公室内设的综合处、业务指导处、组织人事处、监督考核处，市发改委、市城乡建设委、市商务局、市食品药品监管局等4个部门单独设立的行政审批办公室，市工商局企业注册局及内设的综合指导处、注册一处、注册二处、企业信用监管处。

济南市行政审批服务局核定行政编制112名，暂保留事业编制6名。其中，按照“编随事走、人随编走”的原则，划转市政务服务中心管理办公室的全部行政编制21名，原行政审批主管部门划转行政许可及关联事项时相应划转行政编制91名、事业编制6名。所需人员本着“优先满足工作需要”的原则，由市行政审批局从有关部门熟悉行政审批工作的人员中，提出初步人选名单，报市委组织部、市人力资源社会保障局审查审核同意后，办理划转手续，不足部分从市直部门择优选调，或从符合条件的机关工作人员中遴选，任何单位和个人不得以任何方式干预人员划转。人员编制的统一为济南市行政审批服务局后续具体工作开展和事项承接提供了坚实的组织力量，有助力于打破政府横向机构间的多头领导问题，是以行政审批局的相对独立对政务服务中心人员编制双重领导的重要进阶和弥补方式。

（三）跨部门合作的审管互动机制建构

行政审批局独立运行后，原审批部门亟待转变监管理念，更新监管思路，积极与行政审批局构筑审管互动机制以确保运行成效和方便后续指导。根据中共中央办公厅、国务院办公厅印发的《关于深入推进审批服务便民化的指导意见》（厅字〔2018〕22号），“改变重审批轻监管的行政管理方式，把更多行政资源从事前审批转到加强事中事后监管上来”的要求，按照“谁审批谁负责，谁主管谁监管”的原则，充分依托济南市事中事后监管服务系统，落实“双随机，一公开”制度及各部门事中事后监管制度，将工作重心转变到加强事中事后监管上来，解决了长期存在的“审管不分”“重审批、轻监管、弱服务”的问题。

同时，行政审批局也需要充分依托政务服务云平台，构建行政审批与监管信息联动平台，实现审批与监管信息的互通共享。例如，要及时将行政审批信息推送到行政主管部门和执法机构，供行政主管部门认领，以便加强事中事后监管；行政主管部门和执法机构要及时将监管信息、处罚结果及行政审批所依据的法律法规、政策调整情况推送到行政审批局，建立信息推送与接受跟踪落实制度，确保审批和监管无缝对接。济南市行政审批组织平台的重塑不仅仅是工作的独立划拨机构，更大程度上是通过业务的精简分类推动行政职能的分离优化与协同互动，通过审批与监管的职能互补以及行政审批局与主管部门的后续协作，规范整体性行政权力行使的边界和互动方式。

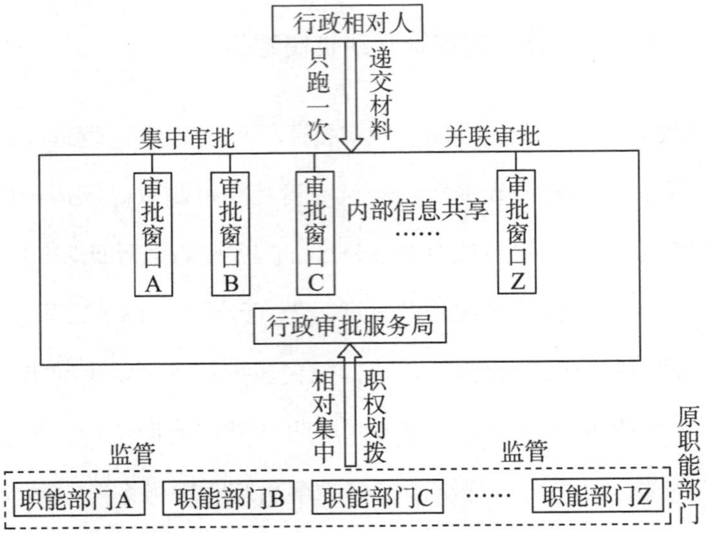

图3-3　济南市行政审批服务局的运作方式与机构间关系

三、整体性服务平台的运行效果与进阶优势

政府的行政权力作为国家权力的一种，最直接、最广泛深入国家生活的诸多领域和方方面面，同时因其具备准立法性和准司法性的权力特点和职能职责，天生就具有极强的扩张性，行政权力若不受制度规范和秩序约束很容易形成过度集中，进而危害公众利益。为推动改革逐步落实且避免权力在规划重塑中失序，行政审批局模式通过将行政许可权有选择性地进行相对集中来对行政权力进行重构，构成了行政审批体制改革和运行的制度框架。十九大报告对进一步推进法治政府建设提出了若干要求，其中一项是关于“形成科学合理的管理体制”，习近平总书记指出“赋予省级以下政府更多自主权，在省市县对职能相近的党政机关探索合并设立或合署办公”[①]。这种做法不仅

① 中国共产党第十九次全国代表大会文件汇编［M］.北京:人民出版社,2017:105.

有利于节约行政资源、提高行政效率，还能减少行政机构的职能重复、避免冲突，有利于加强党对政府的领导。[①]行政审批局模式这一改革正是顺应了十九大关于法治政府建设的要求，顺应了时代背景下政府职能转变的契机。作为行政审批改革的创新性探索，济南市行政审批服务局的组织构建具有一定的实践意义，与政务服务中心阶段相比也有着明显的进阶优势，从中可以进一步提炼出改革经验。

（一）整体性服务平台的成效发挥

1.助推政府职能的有效转变，建设有为政府

传统的行政管理体制是专业化的职能分工和条块分割的管理结构相结合，这种体制自带科层部门壁垒和信息不对称等弊端，放置于行政审批框架中则具体表现为权力寻租、部门协调困难、审管合一等。目前行政审批制度改革正面临着边际效益递减、公民获得感不强、改革成效反复等困境，而行政审批局模式的出现便是一种转变思维的创新举措。行政审批权力（或称之为“行政许可权力”）作为行政审批改革中最核心的权力起点，通过行政审批局模式可以将其进行权力的相对集中、重塑优化和审管分离，以此在很大程度上杜绝寻租空间，进而实现审管分离，强化事中事后监管成效；权力的相对集中也助推了运行机制和运转流程的便捷高效，优化了以审批和监管有效配合的市场营商环境，激发了市场和社会的自主活力，促进了政府职能的切实转变。

① 姜明安.法治政府建设的四个关键点［J］.人民论坛,2018(13):102-104.

一方面，行政审批局在改革过程中不断增强审批监控能力，按照“权责对等、权责一致”和“谁审批谁负责、谁主管谁监管”的原则，厘清审批与监管的权责边界，提升智慧监控、协同监管能力。同时，开展了实时监控，公开监控标准，定期进行审批，大数据监控分析，及时发现违规行为。另一方面，行政审批局还不断创新正向激励和违规惩戒机制，严格实施、增强自我约束。强化信息公开机制建设，公开审批办理、信用评价和奖惩结果等信息，接受社会监督，促进阳光公正审批。总之，相对集中行政许可权改革使得政府自身在规模、职能、权力和行为方式上受到法律和社会的严格限制和有效制约，有利于划清政府边界，建设有所为、有所不为的有限有效政府。

2.精简压缩审批行政成本，建设服务型政府

组织结构的调整使得传统的审批服务供给结构转变，行政审批权力的集中能够更好地将权力约束转化为服务供给优势。服务型政府主要是相较于管制型政府提出的一种现代化的政府管理方式，以“公民本位”“社会本位”的思想为指导，在民主制度框架内，将“服务”这一价值基准贯穿于政府职能结构与社会治理始末的一种政府模式或政府形态[①]。济南市相对集中行政许可权改革与行政审批局的构建，在很大程度上缩短了审批时限、简化了审批环节、提高了公民办理效率和服务效能、增强了办理人的满意度和获得感，是对服务型政府的有力尝试和积极实践。

---

① 施雪华．“服务型政府”的基本涵义、理论基础和建构条件［J］.社会科学.2010(02):3-11.

一方面，从业务运作方面来看，行政审批局模式可以从根本上实现审批流程再造，通过权力的统一划拨精简了原职能部门之间的协作成本，并借助信息化、数据化手段来优化流程，既便民利民又精简了人力物力。另一方面，行政审批局在集中行政许可权的基础上，大胆创新运行机制，进行流程再造实现并联审批，优化服务方式，精简审批要件，减少许可环节，压缩办件时限。以信息多跑路、公民少跑路实现审批事项的后端流转运营，最大程度实现便民利民，将政府改革红利惠及人民。

3.审批服务和效能的提质优化，建设整体性政府

一直以来，我国政府就存在行政碎片化、各部门之间职能交叉等问题，导致多头领导、交叉审批、重复审批等现象，进而造成各部门间的相互扯皮和壁垒、“一长四多”的问题。行政审批局模式正是对审批制度改革过程中组织平台的整合、审批权限的整合、信息资源的整合等相结合的整体性政府的探索，对于弥合职能碎片化并改善信息不对称等都有重要意义。

行政审批改革作为政府行政体制改革的切口，直击行政弊端的痛点难点，迫使职能部门在集中权限之后重新寻找职能定位，激活自身行政效率，从而在根本上变政府管制理念为服务理念，进而推动政府治理能力和治理体系的现代化。济南市行政审批服务局力求将审批服务从方便政府管理向方便企业、群众办事转变，从部门分散管理向合作治理转变，变资源集中优势为服务集成优势。行政许可权的相对集中与行政审批局组织结构的构建，使得行政审批权力进一步得以整合，弥合了因审批权力分散化而导致的政府碎片化模式，有利于构建整体政府。

（二）整体性服务平台的进阶优势

济南市从政务服务中心管理办公室到行政审批局的组织重塑整合书写了济南市行政审批改革的进阶发展过程。首先，其不单单是机构和人员的调动和划拨，更是一种通过平台驱动实现的正式组织的全面改革，是一种比较完整独立的、自上而下的行政审批权力的制度化重塑。其次，从程序集中到权责集中的转变，是一种内在实质性的审批权限划拨，真正实现了审批效能提升和便民利民惠民的改革目标。最后，这也是一种从靠"增量微调"到"存量优化"的彻底改革，不是通过新增审批手段、方法、编制的伪创新来实现改革虚利，而是以现有人员和权力资源的合理利用和精准对接实现存量的激活。

1.从"分散承办"到"平台聚合"：一站式全办成的组织提升

济南市原政务服务中心通过初期行政审批改革的平台聚合探索，可以统一对外提供相应的政府服务，被称为"政务超市"，实现了办理人在审批前端统一递交、统一进入流程的办结提速。但后台条块分割式的旧有审批结构依旧没有被触动，各职能部门分别掌握各自领域内的审批权和监管权，部门内部又存在独立的审批科室，审批权"相对集中"的程度不高。因此济南市行政审批服务局的适时成立，将以往分散在各职能部门的审批职权剥离出来，重新划转、整合、集中，并设立全新的组织机构，以职能部门审批权的划归入驻实现了审批权在后台的高效运转，让公民享受到在一个窗口的一站式办理，通过让数据多跑路、公民少跑路，真正实现了在泉城全办成的改革目标。另外，济南市行政审批服务局的实体性承办业务，既有针对市场性审批许可项目及清单的标准化认定和审批流程的精准式简化，促进了企业活力的释放和市场营商环境的改善，又有针对社会性政务服务项目的便捷覆盖，以公民能享受到高效服务和提升满意度为追求，真正落实一站式实体办理的组织提升目标。

2.从“程序集中”到“权责集中”：审批职能整合的协同高效

济南市政务服务中心采取的审批模式仍是一种体外循环，受理的事项依旧是在程序流转中回到原职能审批部门，很大程度上节约的只是进入流程的时间而非缩短审批流程的时间，这也是政务服务中心被诟病为“收发室”的内在原因。行政审批局的建构采取的则是横向配置的方式，严格根据规范的行政管理流程，对审批权、监督权与惩罚权进行横向分割，实质上是对行政许可权进行了再次分配。各职能部门的审批权限和审批人员直接入驻行政审批局的审批大厅，在行政审批局内部便能够直接进行审批事项的处理，可被称为体内循环，从根本上实现了行政效率的提升。

济南市行政审批服务局便是采取了横向型的组织方式与权力配置方式，如四维协同机制下的横向部门协同打破了部门之间的壁垒（详见第四章对“四维协同”机制的具体分析），有利于部门间的横向协调；同时，以内部业务协同加强了信息交换与团队合作，借此能够更加迅速地应对复杂情况，更适合当前正处于从管制型向服务型转变的过渡时期的政府改革。另外，作为市级的行政审批机构，济南市行政审批服务局还发挥着统领区县、镇街行政服务大厅的职责，正在通过四级政务服务体系的开展来畅通纵向的权责分配和对接，并进一步实现纵横整合、协同高效的审批权力运行。

3.从"增量微调"到"存量改革"："放管服"改革的深化与践行

济南市原政务服务中心是在原行政体系架构基本没有改变、原行政部门权力基本没有调整、原行政部门编制基本没有触动的前提下建立的新机构和办事处，属于只做加法的"增量微调"[①]。因增量微调模式可以在不触及原有权力和利益格局的前提下推行，因此改革阻力较小、改革效果也可能较为直观，但这种增量式的改革在很大程度上也容易造成机构徒增、编制混乱和人员管理低效等弊端。济南市行政审批服务局的组建，则是坚持"编随事走、人随编走"的原则进行的工作人员划拨，履行原行政审批职责的部门工作人员可以一并转到行政审批局，由行政审批局统一组建精干的行政审批工作队伍，因此政府的总编制不会增加，随着工作流程和运行机制的进一步优化，也可以在保证提高工作效率的前提下，同步实现编制和人员的精简[②]。另外，济南市行政审批服务局的组织重塑是从根本上对审批权力归属的彻底调整，是触及权力体系的一场"刀刃向内"的政府革命，同样也是对深化简政放权的"放管服"改革的地方实践和创新探索，相对于政务服务中心模式而言，具有较为彻底和根本的治理效能激活的作用。

四、本章小结

组织是由各部分结构构成的，组织作用的发挥依赖于其结构。

① 沈荣华，吕承文.从服务结构转身看体制改革逻辑——基于吴江行政服务局的考察［J］.理论探讨，2012(03):5-9.

② 重庆文理学院预防腐败研究中心课题组.行政审批机制改革模式初探——以成都市武侯区设立行政审批局为例［J］.今日中国论坛，2009(10):104-107.

因此，只有建立合理的组织结构，才能实现高效审批、优化服务的目标。从组织架构层面审视济南市行政审批改革发现，济南市历经从政务服务中心向行政审批局阶段的变迁。政务服务中心作为行政审批的集中平台在很大程度上满足了集中审批、便利群众的高效追求，但仅靠办公空间的物理集中难以从根本上理清政务服务大厅进驻部门与行政审批职能部门之间的权责关系，后台审批的串联模式加固了部门间的协作壁垒。同时，政务服务中心审批实权的缺失造成了审批权力的碎片化倾向，在一定程度上阻碍了审批制度改革的纵深发展。在此基础上，行政审批局模式的进阶，提升了行政审批服务组织平台的独立性和先进性，弥补了行政审批制度改革的实权薄弱环节，有效解决了“一长四多”的审批困境，真正实现了行政审批权力的纵横融合和有序开展。

济南市行政审批组织平台的演变是最大限度实现改革由量变到质变、由表及里的有效途径。行政审批局在承接原市政务服务中心的应用成果和遗留效益的基础上，通过对行政审批权力的相对集中，实现行政审批事项的有序划拨和权责对称，从根本上改变了行政权力架构和组织架构，为济南市行政审批体制改革提供了制度框架，在宏观整体的“放管服”改革以及政府内部“刀刃向内”的自我革新中发挥着重要作用。行政审批局这一组织平台的集成，为其后续运行以及与原审批部门之间的协调提供了制度约束，进一步驱动着政府的职能转变和审批资源的整合与下沉，为“以人民为中心”的审批业务流程再造和模式创新奠定了基础。

由此，行政审批局模式在济南市行政审批改革中十分具有适配性，相对原有的政务服务中心模式而言也更具进阶优化效应，但在之后的组织运行和审批实践中也要坚定科学的改革理念，保证制度配套，因地因时调整创新，完善服务增值功能并进一步与政府其他部门进行联动互配，进而真正以行政审批改革为撬力点，助推治理能力和治理体系的现代化发展。

第四章

四维协同：整体性视角的为人民审批服务

2013年，习近平总书记提出“以人民为中心”的工作指导原则，此后“一切为了人民、一切依靠人民”的价值理念成为近些年来政府改革的重要着力点。在“以人民为中心”理念的指导下，行政审批改革形成了明确的价值导向。2016年，国务院构建起与服务型政府相适应的行政审批体系，力求使行政审批服务最大程度便民、利民、惠民。本章通过回顾济南市行政审批改革历程发现，“以人民为中心”的改革理念始终贯穿改革全过程，并成为济南市破除发展痼疾、谋求整体性行政审批运行机制的重要驱动力，创新性地构建起审批服务“四维协同”机制，打造多维度、全方位协同配合的“审批服务共同体”。

一、一切为了人民：破解审批服务碎片化难题的逻辑起点

受我国"条块分割"体制的影响，我国的政府体制改革一直面临着体制内协同和体制内外互动两个层面的困境，各类行政资源分布于不同的行政层级和部门。行政审批改革作为行政体制改革的重要组成内容，也同样深陷于协同僵局，表现为审批权力碎片化、审批资源碎片化的特征，导致审批部门难以高效识别与回应企业群众的审批服务需求，与"以人民为中心"的改革导向背道而驰。通过聚焦行政审批服务所面临的协同困境，可以发现传统行政审批体系运行与人民需求存在脱节之处，具体表现为以下三方面。

（一）审批权力悬浮化与审批服务需求的识别相脱节

科层制的官僚组织结构使得政府内部分化成不同的等级，各个行政层级严守各自的职责权限和办事规范。随着信息技术的不断发展，政府纵向组织结构也需要进行适应性变革。近年来，政府间的纵向放权、打造扁平化的网络结构成为行政体制变革的重要目标和流行趋势，体现了从中央到地方不同层级进行纵向整合的整体性政府建设面向。[①]长期以来，济南市行政审批制度改革都面临着纵向权力下放和层级联动的难题，导致审批权力悬浮于上级机关，难以有效运用到对企业群众审批服务需求的识别过程中。

---

① 赵娟，孟天广.数字政府的纵向治理逻辑：分层体系与协同治理［J］.学海，2021(02):90-99.

一是审批服务权力存在下放难题。随着社会治理重心的下沉，以行政审批服务事项下放提升审批服务便民化水平成为行政审批制度改革的重要内容。随着行政审批制度改革从政务服务中心阶段过渡到行政审批局阶段，审批权力下放的问题也随之凸显。主要表现为审批权力主要悬浮于市、县两个层级，服务端口后移，致使企业群众办事不便，拉远了企业群众与政府间的距离。这不仅加剧了审批部门的办件压力，也导致行政审批部门无法及时有效识别行政相对人的办事需求。事实上，在济南市行政审批服务局成立运行以来，审批权力的下放很快被提上日程。但在下放过程中面临着区县、街镇发展程度不平衡，承接市级下放审批权责的能力和步调难以达成一致的难题，加剧了行政审批服务权力下放的难度。

二是职责同构所引发的府际工作协调难题。从纵向上看，行政审批体系的运行有赖于政府层级间的纵向协调。但由于省级目前并没有相应的行政审批机构，济南市成立行政审批局后缺乏明确的上级对口部门，传统意义上“职责同构”的政府间关系因此受到挑战。在现实实践中，济南市行政审批服务局面临着与多个行业主管部门及其所对应的上级部门的分别沟通，并需要应对来自多个上级部门的诸如政策落实、业务指导、监督考核等大量对接工作，导致行政审批局深陷治理目标、治理标准等难以统一的困境。同时，济南市也面临着与区县划转事项上下不一的问题，极大地增加了行政审批局的权力下放、业务指导和层级协调的难度。

（二）部门沟通壁垒化与公共利益保障相脱节

分工专业化是科层制的重要特征之一，组织的专业化分工设计在提高工作效率的同时也造成了部门林立和沟通壁垒，制约着部门间审批服务的横向协同。

一是在相对集中行政许可权改革之前，行政审批权力集中在不同职能部门手中，各部门保留一定的自由裁量空间，审批过程中遵循的标准不统一，办理要求和流程也不尽相同，导致部门之间审批要求无法进行有效整合，企业群众在提交审批需求时无所适从。同时，串联审批模式导致不同部门推诿扯皮，致使审批时长被延长，无法保障企业群众的办事效率和满意度。

二是审批与监管的协同困境。行政审批权力的相对集中使得审批权和监管权得以分离，在提升审批服务和监管效率的同时，却也带来了审管协同的进阶难题。在现实运作过程中，按照“谁审批谁负责，谁主管谁监管”的工作要求，行政审批局在作出行政许可决定后，需要将审批的相关信息推送至各监管部门。这种信息沟通手段虽然降低了审管部门沟通的信息成本，但也容易造成信息推送不及时、监管部门对具体的审批流程等信息了解不足等问题，审批监管难以形成闭环和有效联动，尤其是涉及公共安全、技术要求高、专业性较强的审批事项，协同难度更大，审管脱节的局面由此产生。而监管职责不到位带来不正当竞争等市场秩序混乱的潜在风险，损害着市场活力和公共利益，难以为企业的公平健康发展保驾护航。

（三）服务主体单一化与参与需求多元化相脱节

改革任务重、责任大，地方政府与社会各方的协同有助于高效配置政务服务资源，加快转换政府职能和推进行政体制改革的步伐。在行政审批改革领域，由政府单一的审批服务主体转换为政府、市场、社会三方主体共同参与审批服务供给成为应有之义。在这一发展趋势下，目前与社会协同提供服务的过程仍稍显不足。

相对集中行政许可权改革的推行将行政许可权高度集中于行政审批局，这在一定程度上加大了权力固化、设租寻租等风险再次出现的可能性，强化内外监督的任务依旧艰巨。然而，政府的审批服务工作人员有限，且工作重点侧重于审批业务工作，与主体互动不足，忽视了多元主体的话语权，导致市场主体和社会主体的活力不足。同时，过分强调政府主导地位的审批模式导致公民缺乏对自身参与权利的关注，社会参与渠道的不足导致多元社会力量参与行政审批服务热情不高、反馈渠道有限，政府难以精准识别群众和市场需求，不利于行政审批效率的提升以及回应型政府的建设。近年来，公民权利意识不断觉醒，对政务服务公开和公民参与提出了更高的诉求。如何在行政审批领域拓宽公众参与渠道、提高公众参与实效、满足公众参与需求，激活社会主体多元力量打造审批服务共同体，成为行政审批局模式下一阶段改革需要考虑的重要问题之一。

二、化零为整：行政审批服务“四维协同”机制的建构

上述问题的解决仅靠单一部门、单兵突破难以实现，行政审批局阶段划转事项多、改革任务重，职能、权力、资源的重新配置需要在体制机制上扭转碎片化的审批服务格局，以整体性政府的运行方式提供行政审批服务，从而构建起政务服务供给端和需求端有效衔接的运行机制。行政审批领域的整体性政府建设需要在审批服务

过程中从内部打破政府纵向层级和横向部门之间的割裂化困境，消弭政府内部的碎片化运行模式。同时密切政府与社会的合作关系、畅通民意反馈渠道、调动社会各方协同提升审批服务质量的积极性，构建共建、共治、共享的协同治理格局，方能保障改革的稳定性和持续性。

基于此，济南市行政审批服务局以"协同推进"作为重要发展战略，创新构建审批服务"四维协同"机制，强化内部业务、横向部门、纵向层级和社会多元主体四个维度的协同配合，形成了审批服务各级各部门齐抓共管、协作联动的良好局面，是行政审批体制改革领域的创新性探索。相较于传统的政务服务中心模式，"四维协同"机制能够对传统行政生态进行重塑，从运行机制的角度提升层级和部门之间的协调联动程度，有利于打破"条块分割""职责同构"等深层次的体制性困局，加快了政府职能转变和整体性政府构建的步伐，以协同合作的方式为企业群众提供满意的服务。同时，赋予群众知情、反馈、监督审批服务供给过程的权利，拓宽其参与的渠道，从而以共建的方式提供审批服务效能，使全体公民共享审批服务的改革成果，全面打造行政审批服务领域的共治之道。

（一）强化业务协同机制：解决部门划转业务分散化难题

业务协同是实现行政审批服务横向协调和部门联动的前置环节，也是"四维协同"机制的基础要求。在实施"相对集中行政许可权"和"一枚印章管审批"后，济南市首先通过完善业务协同机制，将内部业务和审批资源进行重新整合。所谓业务协同，是将碎片化的业务进行业务单元的规范整合，将分散的服务内容、服务渠道加以集成，推进界面统一的体系化服务，从而把体制和制度优势转化为资源整合优势，进而转化为服务效能集成优势，最终实现最大程度方便办事群众。具体而言，济南市行政审批服务局在强化业务协同方面主要采取了如下举措：

一是持续推进业务整合。业务整合是指将碎片化的业务整合成为业务单元，以强化内部业务协同。在将行政许可权进行统一划拨之后，济南市行政审批服务局认真梳理承接事项，开展内部业务整合，将所有承接业务划分为市场准入、工程建设、城市管理、食药卫健、交通管理、社会事务等八个类别，为全面推行综合受理、分类审批、协同服务提供基础。

二是深化资源共享。这里的审批资源主要指行政审批环节中所必需的信息资源，准确无误的信息资源是保证审批服务精准化、高效化的前提。为此，济南市行政审批服务局首先建立健全数据质量监管和校正机制，要求各级各部门及时发现数据质量问题，并及时反馈至数据管理部门。发现问题后，数据源头单位要及时整改，以提高数据的完整性和准确性，从而在保证打破部门间数据壁垒的同时提高数据共享的准确性。

其次，信息资源共享的程度直接影响着行政审批服务的效率。一方面，为推动审批部门数据的深度共享、破除部门信息壁垒，济南市以行政审批重点领域的高频事项为切入口，按照办好“一件事”的标准，全市各级各部门单位公共服务数据归集共享，丰富各类基础数据库和专题应用数据库，逐步实现市域公共数据全量归集共享。其中，工程建设项目审批系统在全省16个地市率先上线运行，打通了35个业务系统，实现了审批过程全覆盖、全流程数据资源共享。另一方面，为推进审批部门和监管部门的无缝隙运作，济南市建立审管互动机制，依托政务服务云平台，构建行政审批与监管信息联动平台，实现审批与监管信息的互通共享，及时将行政审批信息推送到行政主管部门和执法机构，供行政主管部门认领，以便加强事中事后监管。在此过程中，行政主管部门和执法机构及时将监管信息、处罚结果及行政审批所依据的法律法规等政策调整情况推送到市行政审批局，建立信息推送与跟踪落实制度，从而确保审批与监管无缝对接。

三是紧密衔接业务办理流程。行政审批的业务协同不仅体现在业务整合方面，将相关业务办理流程进行紧密衔接也是业务协同的彰显。随着从“重审批轻监管”向“轻审批重监管”的理念变迁，行政审批的“服务”色彩渐浓，通过集成业务办理来提升行政审批服务水平和办事效率。具体来说，济南市行政审批服务局推行“一件事”服务，以企业生命全周期、居民生命全周期的服务需求为依据，紧密衔接关联事项，推进集成式流程再造，实现一张表单、一份材料办成“一件事”。在社会事务和交通管理领域开展试点，目前已将19项“一件事”布设到网上测试运行。

（二）完善部门协同机制：塑造横向协作的审批服务供给格局

行政审批体制改革不是一个部门的业务调整与改造，而是涉及多部门乃至整个政务系统的完善与升级。只有部门间形成联动，构建协同运转的整体政府，才能发挥“1+1>2”的集成效果。行政审批局成立后，综合性服务流程再造需要多部门配合，专业性较强的审批需要相关职能部门支持，审管分离的风险同样也需要部门共同面对。在行政审批制度改革过程中，完善部门协同机制、凝聚部门协作合力，是构建整体性政府的关键。

在实施“相对集中行政许可权”之后，济南市行政审批服务局不断创新部门之间的协同机制，着力解决审批专业化不足、审管互动不到位问题，以推进横向联通。所谓部门协同，是指通过联席会议、联合发文、明晰权责、联审共管、信息联动等制度化、技术性手段，构建审审协同、审管协同的共同体，防范新体制下的新碎片化风险，实现跨部门的服务集成与流程再造，推进便民利企的深度优化。具体而言，济南市通过加强不同部门之间的合作，用部门联动的方式摆脱部门之间的原有边界，推动行政审批服务流程再造的不断深化和升级。从行政审批的全流程来看济南市行政审批服务局的部门协同机制，可将其划分为审审协同与审管互动两方面。

一是联动推进审审协同。一方面，以联合发文、联席会议等形式推动部门横向联通和便民利企的深度优化。在广泛征求相关部门意见的基础上，行政审批局牵头起草了联席会议、业务协同、审管互动、审批监控、责任追究五项机制规定。为进一步推进企业登记便利化改革，市场监管、审批服务等七部门联合下发优化企业开办流程的实施意见，推进企业登记全程电子化，实现“一日办结”。经公证机关公证，经过改革，企业办理营业执照、社保登记、刻制印章、申领发票和银行开户五个环节，用时缩短至2.5小时。针对社会关注度较高的“被股东”问题，会同市场监管局等部门共同研究，出台《关于撤销冒名取得公司登记的工作办法》，得到省市场监管局认可推广。同时建立联席制度，对涉及多部门、多层次、跨区域的审批服务事项，由市、区县两级行政审批服务部门组织进驻窗口人员、相关部门处室人员实行集体会诊、联合会诊和并联审批，从而加快推进审批手续办理。对情况特殊、可能影响办理进度的审批事项，分类提交部门专题委员会、局长办公会或党组会集体研究，切实破除部门内部处长科长“当家”的“中梗阻”问题。

另一方面，部门协同打造标准样板流程。相关职能部门按照“同一事项基础要素完全统一”的要求，对审批事项进行标准化、规范化处理，优化内部工作流程。例如，在企业开办方面，济南市行政审批服务局会同市场监管局等6部门联合优化流程，实现全程网办、半日办结；在商事登记方面，会同市税务局、市公安局等部门联合优化企业开办流程，将涉及的7个部门、8个环节合并办理，全市范围内实现半日办结。在工程建设项目方面，行政审批局与市住建局等22个部门单位协同配合，分类再造审批流程，优化提升“拿地即开工、建成即使用”的济南审批模式。在经验基础上，逐步探索实现工程建设项目审批全流程告知承诺制，在全国首创的“多诺合一”的告知承诺制模式，改变了过去由各部门“先出意见”再想方设法“统一意见”的传统模式，转变为先“统一意见”再“各出意见”再到“统一意见”的过程，从审批全过程中优化整合涉及的各个事项意见，避免出现过去常遇到的不同部门“意见相矛盾”“标准不统一”等问题。

二是协同深化审管互动。实行审管分离后，济南市行政审批服务局进一步强化整体政府意识，强化自身与行业监管部门对接沟通，及时互通审批、监管信息，实现业务高效协同、审管良性互动，在全市内着力营造审批服务齐抓共管、协作联动的良好局面，协同推进事前审批服务，协同强化事中事后监管，加快推进社会信用体系建设，不断提高审批服务的精细化、专业化水平。

其一，按照“谁审批谁负责，谁主管谁监管”的原则，严格落实业务协同、审管互动等制度，与业务主管部门及时互通审批信息和监管信息。行政审批局与住建局联合行文，针对未取得施工许可证先行开工建设的项目，函告市住建设局，待其依法查处并将结果推送至行政审批局后，再按程序核发施工许可证。其二，建立责任追究机制。对于扯皮推诿、拖延不办，造成审批超时或不良影响的，依法依规追究责任，从而以刚性约束促进行政审批局和各行政主管部门依法履行职责分工以及在信息互通、业务协同等方面的相互配合。

总之，在横向部门联通方面，济南市通过采取规范审批事项处理流程、建立联系制度、强化责任监督机制等相关举措，促进不同业务部门公务人员跨越行政职能边界，围绕业务流程展开合作，协同提供行政审批服务，提高了政府各部门之间的协同化水平，着力消弭业务处室之间的本位梗阻。由此，通过以刀刃向内的改革措施，构建起一般性行政审批事项和跨部门行政审批事项的协同机制，最终实现政府横向各部门从“各自为战”向“协同作战”转变的目标。

（三）强化层级协同机制：构建上下贯通的审批服务供给体系

上下层级衔接不畅是制约改革落地、服务提升的突出问题。我国政府部门机构设置的特点是以职能分工为核心的“金字塔式”，在便于控制的同时也会导致政府的纵向层级过多，延长了社会需求传导到政府部门的链条，降低了政务服务的效率以及供给侧与需求侧相匹配的适切性。由此，强化层级协同，着力构建层级衔接流畅、权责对称机制成为行政审批服务的重要内容。层级协同通过放权授权、统一标准、互联共通、共建共享等措施，理顺上下关系，发挥不同层级在宏观政策制定、监督考核与个性化服务等方面的不同优势。为实现行政审批服务的上下贯通，济南市加快构建一体化运行、协同联动的服务体系，实现“跨层级、跨区域”“到前沿、到基层”的政务服务。

一是加强业务对接，强化对上协同。一方面，进行省市一体化建设。济南市通过放权授权、统一标准、互联共通、共建共享等措施，建立省市大厅一体化运行机制，推动形成上下联动的良好局面。在国内首创省市政务服务中心一体化运行模式，将省级服务端口前移，交由济南市进行前台“一窗受理”；强化与省市进厅部门常态化业务对接沟通，实现审批系统、业务和服务一体化。这种模式有效整合了省市两级资源，优化了服务功能，节省了行政和办事成本，提供了行政审批跨层级集成服务的“济南方案”。同时，在省内率先推行企业登记“全城通办”，申请人可选择任一区县政务服务大厅或“政银合作”网点提交材料。并牵头省会经济圈城市创新推出企业开办“全域通办”模式，实现省会经济圈七城市企业开办跨市通办。

另一方面，编制权责清单。济南市依托“街乡吹哨、部门报到”机制，理顺街道办事处与政府职能部门之间的关系，编制街道“属地管理”事项主体责任和配合责任清单并向社会公布。由街道办事处统筹协调辖区内地区性、社会性、群众性工作，组织调度政府职能部门和公共服务企业快速解决群众诉求，切实解决“看见的办不了、能办的看不见”问题，是政务流程再造的重要体现。

二是构建四级政务服务体系，强化对下协同。一方面，探索市区一体化运行，积极推进市区两级审批同权。在将相关行政许可事项下放区县后，及时建立业务交流渠道，对区县承接部门在衔接落实、业务办理中遇到的问题及时进行答疑解惑，实现市区两级的联动配合。目前，通过采取直接下放、委托实施、下放审核权等方式，已将济南市行政审批服务局67项市级事权调整由市区（县）两级实施，实现市区（县）同标准办理、多点办理、就近办理。加快推进政务服务标准化国家级试点，以权责清单和实施清单为基础，持续推进审批事项精细化梳理，分期分批梳理公布了马上办、网上办、就近办、一次办等39个分类事项清单，制定1200余项工作标准，实现市区“一套标准管审批”。另一方面，推进窗口下设，健全完善四级政务服务体系。制定全市统一的村（社区）便民服务事项清单，强化镇村基层网点规范化建设，打造群众家门口的“政务服务便利店”。整合优化街镇便民服务中心和村（社区）便民服务站（点），在2019年12月底前实现街镇便民服务中心、村（社区）便民服务站（点）全覆盖。居民诉求在家门口就能解决。

（四）构建社会协同机制：建设多元融通的审批服务共同体

“以人民为中心”的改革理念是社会协同机制构建的价值取向，不仅要求将“一切为了人民”作为行政审批体制改革的逻辑起点，更要在改革过程中做到“一切依靠人民”，围绕共建共治共享的价值理念协同推进行政审批服务共同体的构建。在现实实践中，济南市行政审批服务局践行合作治理理念，在转变政府职能、激发市场社会活力的基础上，主动探索政府与市场、社会之间沟通参与、协商共治的多元渠道，推进多元主体良性互动、协同合作，不仅倾听民声，更做到了问计于民、赋权于民，让民声民意成为服务创新不竭的动力和源泉，持续提升服务的敏锐性、精准性与回应性，更快更好地提升群众获得感。

一是强化与市场主体的协同。济南市行政审批服务局开创“政银合作”服务新模式，与农业银行、工商银行、建设银行等27家银行合作，在银行网点设置企业登记代办点，一站式为企业办结营业执照、公章刻制和银行开户等手续，目前已设立代办点155处，实现营业执照“多点办、就近办”。“政银合作”充分利用了银行服务网点多、分布广、接近社区和市场的优势，实现了企业申报受理的全覆盖，打通了企业登记注册的“最后一公里”。此外，市行政审批局注重加强与行业协会沟通，定期召开民营企业座谈会，及时了解企业需求实施精准服务。

二是强化与社会公众的协同。为增进市民对行政审批体制改革的了解和配合程度，济南市行政审批服务局不断开拓公众参与的新渠道，创新公众参与的新方式。在与市民的互动方面，一方面，与12345“一线连通”，为市民提供政务服务事项咨询、查询、评价服务，以增进市民对审批工作的了解，提升政务服务的便民程度。另一方面，充分发挥民智，吸纳社会力量参与行政审批效能提升过程。具体来说，在济南市设立行政审批专家座席，建立“三方通话”机制；在省内率先成立政务服务专家咨询委员会，聘请国内公共管理领域知名学者，并通过定期举办改革创新论坛，为深化改革提供外脑支持。

此外，民意民需是驱动行政审批改革提质增效的重要动力。济南市在推进行政审批改革过程中，不断将“以人民为中心”视为自身改革导向，不断健全完善“好差评”机制，拓展现场评价、政务服务网、手机短信、微信公众号等评价渠道，形成了全市统一的“好差评”服务标准集成平台，推动“好差评”机制对各级行政权力事项全覆盖，实现服务绩效由企业群众评判。除此之外，聘请社会监督员和改革体验官，定期组织开展监督体验活动，履行监督、体验、评价、建议等职责，以用户视角行使找茬、提意见等“监督大权”。在此过程中实行匿名评价，将各种渠道收集到的评价数据纳入后台数据库，自动生成受理办理情况评价，并实时公开评价结果。此类活动为政府和公民之间的沟通提供了桥梁，有利于从行政审批领域着手推进回应型政府和服务型政府的构建，不断提升公民的满意度。

三、创新样态：行政审批机制的实践探索案例

“四维协同”机制是济南市在行政审批改革过程中创新性的自主探索，推动着“在泉城全办成”品牌塑造。在具体实践过程中，以“四维协同”机制为依托，济南市展开了丰富的实践探索，此处择选其中两例创新举措进行展示。

（一）建立林业绿化事项审批五个工作机制，助力重点项目加快推进

重点项目建设是扩大有效投资、加快新旧动能转换的重要抓

手，也是落实“六稳”“六保”部署要求的重要举措。在工程建设报建手续办理中，林业绿化事项审批是重点项目开工建设中的前端环节，制约着整个项目建设进程。济南市行政审批服务局城市管理项目审批服务处牢固树立行政审批为经济社会发展服务的理念，紧盯项目审批中的堵点难点，建立林业绿化事项审批五个工作机制，助力重点项目加快推进。

一是建立专题研究机制。成立由分管领导亲自挂帅的重点项目服务专班，通过业务会、办公会、协调会、会商会等多种形式，及时研究影响项目审批堵点难点问题，加快事项办理。

二是建立精准对接机制。由城市管理项目审批服务处与企业开发部门建立项目服务联络人制度。审批前安排专人指导，提前介入；审批中全程服务，疏通堵点难点；审批后及时回访相关情况，了解企业新需求。

三是建立工作联动机制。与省自然资源厅、市自然资源和规划局、市园林和林业绿化局、区行政审批局、区园林绿化服务中心等部门单位工作联动，开通绿色通道，联合踏勘，优化方案，确保审批事项最大限度减环节、减时限。

四是建立容缺受理机制。针对重点项目建设任务重、时间紧等情况，在企业作出相应书面承诺后，先行受理相关申请材料，进入正常审批程序。对项目前期勘察临时占用绿地不涉及树木移植的，即报即审，当日办结，加快工程建设进度。

五是建立不打烊服务机制。从项目建设需要和苗木移植成活率要求出发，实行工作日延时服务、周末预约服务、节假日不打烊服务，为重点项目建设争取时间，提速提效。

通过建立林业绿化事项审批五个工作机制，行政审批局高质高效办理了新建郑州至济南铁路工程（濮阳至济南段）、中俄天然气管道工程、京台高速公路改扩建工程（济南至泰安段）、济南轨道交通建设工程等9个国家、省、市重点建设项目林业绿化审批事项，出具批准书30余件，涉及永久使用林地103公顷，植被恢复费2293万元；临时占用林地24公顷，植被恢复费415万元；涉及占用绿地13万平方米。针对卧虎山水库与锦绣川水库连通工程建设项目申请人对穿越生态保护红线可行性论证办理程序不清的情况，主动协调省自然资源厅和市自然资源局，仅用5个工作日就办理完成相关手续，得到申请人高度好评；在中俄天然气管道建设项目中，审批人员冒雨赴现场踏勘，保证了在承诺时限完成相关审批工作；“五一”前夕，受理了轨道交通4号线建设涉及绿地树木审批事项，审批人员放弃假日休息，加班加点工作，仅用3个工作日便出具了占绿审核同意书，并第一时间通过邮件发送至有关单位，助力重点项目建设加快推进。行政审批局城市管理项目审批服务处秉承“店小二”精神，持续擦亮“在泉城全办成”审批服务品牌，为经济社会高质量发展提供有力的审批服务支撑。

（二）构建服务互动新格局，助力“在泉城全办成”品牌打造

2020年以来，济南市行政审批服务局社会事务项目审批服务处加强工作沟通，形成层级、部门、业务和社会等四个维度的全方位协同配合机制，畅通业务协同渠道，构建审批服务互动新格局，变审批服务“一家办理”为“多元服务”，努力打造“审批服务共同体”，形成了审批服务上下齐抓共管、协作联动的良好局面。

一是积极与省民政厅、省文化和旅游局、省广播电视局和省新闻出版局等上级业务部门沟通对接，按照有关要求，接受省级委托事项3项，接受省级委托材料代收事项4项，确保事项办理上下贯通、标准一致，信息共享、报送及时。

二是加强与省市县三级业务主管部门和审批部门沟通，开展各类业务培训，推动市县同权工作落实，联合市民政局举办2020年第一期市管新登记社会组织负责人培训班，举办首届省市县三级联动地名审批管理工作业务培训暨审管互动推进会，举办市县两级市县同权业务培训会，开展职业培训学校市县两级专家评审会，先后9次通过视频培训、现场培训、现场帮办等形式对县区361人次进行业务培训和指导，推动事项审批向县区转移。

三是积极与政策法规处、商事登记处、体系建设处、勘察服务处、工程建设处等业务处室沟通，做好处室间信息共享通畅、工作报送及时，保障各项工作内部流转良性有序；加强与“佳佳帮您办”等帮办专班的并联衔接，建立关联事项审批链条，推动事项审批“一链办”。

四是积极做好社会监督协同，通过人大、政协提案的面复工作，积极走访人大代表和政协委员，收集了大量第一手的社情民意信息，促使人大代表和政协委员更深入地了解审批工作。加强与12345服务热线联动，根据新政策、新情况、新变化，定期对12345知识库进行更新维护，推动处室事项业务咨询、政策查询和监督评价各个环节与12345热线深度融合，全年12345热线回复满意率100%。

通过打造审批服务的互动格局，济南市审批服务的“四维协同”机制进一步深化。济南市行政审批服务局社会事务项目审批服务处将“四维协同”运行机制融入自身工作过程中，通过积极与省级部门沟通，强化对上协同；指导市县部门工作，强化对下协同，实现了行政审批领域的层级联动和行政许可权的纵向配置。同时，通过积极与其他业务处室进行工作对接，打破了部门之间的沟通壁垒，实现了政务服务信息在横向部门之间的流动共享，推动了不同部门之间的业务衔接与协同。除此之外，社会事务项目审批处建立了动态的信息反馈机制，通过走访人大代表和政协委员、与12345联动，实现了社情民意的动态更新，进一步推动了政府和社会之间的协同（见图4-1）。

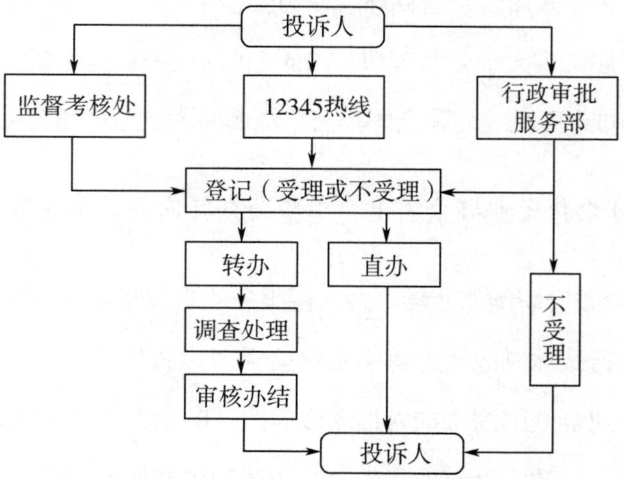

图4-1　济南行政审批投诉办理流程图

资料来源：济南市行政审批服务局

四、从“人民中心”进阶到“整体优化”的成效

济南市行政审批服务局在“以人民为中心”价值理念的指引下，构建起审批服务“四维协同”机制，创新了审批服务的供给机制，

推动审批服务由“物理整合”向“化学融合”转变。从改革成效来看，审批服务的集约化、标准化、智慧化、便利化程度不断提升，推动了全市营商环境的持续优化，审批效能大幅提高。2019年，济南营商环境评价位列全省第一名；2020年，荣获“中国国际化营商环境建设标杆城市”。济南市政务服务中心行政审批服务大厅被省委、省政府授予“勇于创新奖”先进集体。同时，人民网头条对济南行政审批的“四维协同”机制经验做法进行宣传报道，新浪网等主流媒体多次转载；中国政府网、新华社、人民网等中央级媒体进行深入宣传报道。市行政审批局在学习贯彻十九届四中全会精神深化“放管服”改革优化营商环境研讨会暨中国行政管理学会2019年会和第二届山东大学公共管理（MPA）论坛上分别作经验介绍。“在泉城全办成”已经成为在全国具有广泛影响力的政务服务品牌。

（一）聚焦企业群众需求，重塑公众导向的改革认知

“不论政府职能怎么转，为人民服务的宗旨都不能变”。这就要求政府在行政体制改革过程中始终坚守“以人民为中心”的价值理念，让企业群众的需求成为推动政府改革的动力。具体到行政审批改革领域，行政审批作为行政体制改革的重要抓手，是优化政府工作方式、提供优质公共服务的突破口。“四维协同”机制以企业群众的真实办事需求为出发点，通过整合政府内部办事流程，提高业务的办理效率，降低企业群众在行政审批环节耗费的各类成本，来满足人民群众对美好生活的向往。

具体来说，一方面，“四维协同”机制将“一切为了人民”作为改革的逻辑起点，将提升企业群众的满意度作为改革目标。在实践

过程中，“四维协同”机制聚焦企业群众办事频率最高的事项，为破解审批程序烦琐难题，建立起了标准化的业务办理流程，简化企业群众的办事程序，大大降低了企业群众在办事过程中所花费的时间成本、经济成本等，提高了企业群众的满意度。另一方面，“四维协同”机制通过建立层级联动机制，在对公民的审批需求进行识别和分类整理后，编制便民服务清单，将一些简单、高频的便民服务事项下放到街镇、村社，从而将行政审批服务延伸到家门口，这一举措正是对居民需求进行聚焦和高效识别的基础上建立起来的，体现了“在泉城全办成”行政审批服务的精准性、敏锐性和回应性。

总而言之，“四维协同”机制作为济南市行政审批服务的创新性举措，其从便民利企的角度出发，以企业群众最关心、最急切的服务需求为导向，坚持聚焦发展需求、群众需求、民生需求，将回应群众需求作为审批服务创新的主线，将群众改革获得感作为审批服务创新的检验标准，让民声民意成为倒逼审批服务效率提升的动力源泉，从而使得行政审批服务从以政府为中心向以公民为中心转变。

（二）创新沟通协调机制，实现供给侧和需求侧相衔接

行政审批服务部门和企业群众位于行政审批服务的两端，二者的沟通合作水平直接影响着行政审批服务的供需平衡程度。传统的行政审批过程是自上而下的管理与许可过程，企业群众按照政府要求提交办事材料，并针对存在的问题进行修改后提交，整个行政审批过程封闭运作，致使政府忽略企业群众办事需求，行政审批的服务色彩淡化，行政审批供给侧和需求侧错配。

“四维协同”机制扭转了此前的审批样态，通过整合政府内部的审批资源，达成集成服务效能的结果。同时，将服务导向作为行政审批的出发点，在识别群众需求的基础上，建立起政府和群众的双向沟通机制，从而使得行政审批服务机制能够根据企业群众的需求进行动态优化。具体来说，一方面，增设群众的需求反馈渠道，将人民群众的需求作为政府提供审批服务的出发点。例如，在济南市行政审批服务过程中，线上与12345“一线连通”提供事项办理咨询、投诉渠道，线下设置“找茬”窗口，落实政务服务“好差评”和投诉反馈机制，通过线上线下多元监督方式保障审批科学规范，并为后续行政审批服务的优化和改革提供方向。另一方面，将人民群众从审批服务的被动接受者转化为积极参与者，在行政审批服务过程中做到依靠人民。例如，从多领域聘请社会监督员和政务服务市民“体验官”，组建政务服务市民体验团，这不仅能够提升政府办事流程的公开化、透明化，创新监督方式，推动行政审批服务效能的稳步提升；也能增进公民对政府办事流程的了解，提高公民对政府工作人员的理解和信任水平。同时，政府通过与银行等企事业单位合作来提供审批服务，调动一切可以调动的力量参与审批服务过程。这不仅降低了政府的审批服务压力，也密切了政府和其他治理主体的合作关系。

习总书记提出：“国家建设是全体人民共同的事业，国家发展过程也是全体人民共享成果的过程。”[①]总体来说，“四维协同”机制改变了审批服务此前仅由政府自上而下供给的模式，广泛吸纳人

① 中共中央文献研究室.习近平关于协调推进“四个全面”战略布局论述摘编［M］.中央文献出版社，2015:44.

民群众的意见，充分发挥人民群众的主动性和创造性，实现审批服务需求自下而上的流向供给侧，实现行政审批服务供给和需求的精准化匹配。该举措正是对“一切依靠人民”这一思想的彰显，从行政审批服务领域扭转政府和社会的割裂关系，促进政府和社会的合作互动和行政审批服务共同体的构建。

（三）强化整体性思维，化解碎片化和中梗阻难题

长期以来，专业化、等级制的科层制组织是政府的主要组织形式，运行时间越久，机构膨胀和职责分工碎片化问题就愈发突出，导致政府机构之间形成合作困境，难以高效处理跨部门、跨层级、跨领域的复杂问题。显然，在“条块分割”结构状态明显、大型科层制组织中实现跨部门、跨层级协调绝非易事，加之行政审批局模式要求政府实现体制变革，既无上级对口部门，又涉及系统调整组织机构和职责、权限等结构性因素，增大了协调难度。

济南市“一枚印章管审批”的实践探索是行政审批制度改革的系统集成，“四维协同”机制的实施，则进一步表明济南市以整体性政府思维汇聚改革合力，从协同各方上做足文章，破解审批服务供给过程中碎片化这一“中梗阻”难题，有效提升政府服务水平。一方面，强化审审协同。通过推进业务整合、衔接业务流程、建立联席会议、审批服务下沉等方式，建立起高效审批机制，以统一的界面为企业群众提供便捷服务，促进了行政审批局和职能部门间的互动和协调，从而确保公民办事权利的满足。另一方面，强化审管互动。借助信息技术手段，实现审批部门和监管部门的

信息交互，使得二者在审批服务过程中各司其职，促进政府职能的整体发挥，从而激发市场活力，稳定市场秩序，优化营商环境，保障公共利益。

总之，济南市行政审批服务局强化整体政府意识，坚持内部业务畅通、横向部门联通、上下层级贯通、社会多元融通，统筹协调推进审批部门间、审批部门和职能部门间的有效互动，着力营造审批服务全市齐抓共管、协作联动的良好局面，促进市域范围内公民需求的满足和审批服务水平的提升。

五、本章小结

《1997年世界发展报告》指出：“历史经验反复表明，良好的政府不是奢侈品，而是非常必需品。”为了建构好这一“非常必需品”，改革开放以来，我国政府进行了三次大规模的职能转变。第一次转变着眼于机构改革，精简机构和人员，以适应经济体制改革的要求；第二次转变注重政府公共服务职能的构建，并将政府职能界定为“经济调节、市场监管、社会管理、公共服务”；第三次转变是资源配置从政府主导转向市场主导，这也正是这一轮行政审批改革的核心——如何通过简政放权和权力清单的建立来确立政府与市场、社会的权力边界，确定政府的权力范围，即法无授权不可为，这场改革已经涉及政府职能核心的权力问题。[①]政府职能转变的历程凸显了改革开放以来政府定位的变迁，即从管制型政府向服务

① 竺乾威.政府职能三次转变的启示［N］.北京日报,2018-07-23(013).

型政府转变、从政府中心向人民中心转型的变革之道。

为了保证“以人民为中心”的价值导向，不同时期的政府改革通过不同的制度设置和政策工具尝试将人民中心的理念落地。“相对集中行政许可权”正是第三次政府职能转变中的一种回应方案，既是破除政府运行机制中功能性梗阻、联结性梗阻、信息性梗阻的重要手段，也是深化“放管服”改革、优化营商环境的现实实践。在具体运行过程中，济南市行政审批服务局通过构建业务协同、层级协同、部门协同、社会协同的四维协同机制，实现业务单元的整合，着力构建政府、市场、社会、部门间的协同互动机制，为行政审批改革提供了配套保障措施，从而激发行政审批改革释放出更多的红利。

整体而言，在构建整体性服务平台的改革探索中，济南市行政审批服务局坚持“以人民为中心”的发展思想，直面问题、勇于探索、大胆实践，创新构建“四维协同”机制，切实将体制优势转化为治理效能。“四维协同”机制下的行政审批服务，包含服务需求感知、服务决策、服务提供、服务评价等环节，是一个完整的闭环系统。通过社会协同，让服务需求感知更加敏锐，服务评价反馈更加便捷，问题导向更加明晰，由此服务决策更加科学；通过内部业务协同、部门协同、层级协同，整合服务、再造流程，系统优化服务供给体系，让服务提供更加高效、温暖、优质。“四维协同”机制以其先进的理念、系统化的创新、成功的实践，回应了政治、经济和社会的迫切需求，契合了行政审批服务的改革方向，为推进行政审批制度改革提供了诸多有益的经验。

第五章

极简运行：行政审批服务的流程再造

“流程再造”是20世纪90年代在西方私营部门盛行的改革大势，旨在通过重塑企业运营流程来提升绩效。新公共管理运动充分吸纳流程再造思想，并将其融入政府改革过程，实质是通过简化政务流程和行政程序的行政管理体制改革来优化政府管理和服务水平。行政审批领域的流程再造是从企业群众需求导向出发，通过精简审批环节等手段优化行政审批流程，为社会提供便捷化的审批服务。行政审批改革在很大程度上优化了企业和民众的办事程序、促进政府内部协调，是观察政府流程再造的重要窗口。本章将从流程再造的视角进一步观察济南市行政审批改革过程中的重要创新举措，探索提炼行政审批改革过程中实现流程再造的可靠路径。

一、无缝隙服务：行政审批服务流程再造的现实缘起

（一）行政审批政务服务与公众需求间存在缝隙

城市治理的多维网络包含着多元治理结构，社会是其中的重要构成维度，其不仅是享受服务的客体，更是表达权益、参与治理的主体。近年来，随着我国经济社会发展水平的不断提高，我国经济社会呈现多元化的发展态势，公众的权利意识逐渐觉醒、法律观念显著提升，对行政审批服务的需求日趋增长，并呈现出异质性和多样化的特征，同时公众更加关注政务服务的效率和质量，由此对我国行政审批政务服务的体制机制和运作流程等方面提出了更高水平的要求。但在政务服务资源有限的现状下，传统的政务服务供给与社会需求间存在缝隙，一方面体现在政府在行政审批过程中，往往以自我为中心进行规划和建设，并没有抓住公众的实际需求；另一方面体现在即使政府意识到公众的现实需求，但受制于传统体制限制难以用直接便捷的服务方式满足公众需求，突出表现在政务服务资源供给有限、服务效率低下、服务流程繁杂等方面，致使政务服务供给难以满足社会现有需求。

具体而言，行政审批的政务服务供给与社会需求间的缝隙主要体现为以下几方面：一是行政审批的过程烦琐、时效性低下。通常而言，一项行政审批项目仅靠单一的行政部门难以完成，为完成一项行政审批事项，行政相对人需要往返于不同部门或服务大厅的不同窗口之间提交材料，造成审批程序繁杂。二是行政审批的透明度低。行政审批服务大厅的行政人员能够直接审批的项目较少且大多

属于简单的行政审批事项，超出大厅行政审批权限的审批事项只能回炉原部门审批，这就造成审批过程缺乏公众监督，影响公众的获得感和满意度。三是行政审批服务事项和流程的设立初衷是从政府的需求出发，忽视了民意诉求，造成行政审批服务的供给与公众需求不对称。四是电子信息技术运用乏力。电子信息技术的发展在为社会发展带来红利的同时也使得公众对行政审批的时效性提出了更高水平的要求，通过新兴技术手段的运用提升行政相对人办事的便捷程度以及行政机关的工作效率，这也成为推动济南市政务流程再造的客观动因。

（二）政府部门间协作互通存在缝隙

从政府内部的分工设置和体制架构而言，政府部门提供的行政审批服务在多数情况下涉及多个部门的协同运作，但在实践过程中，涉及跨部门协同供给的行政审批服务往往效率低下，这与我国建设服务型政府的目标相悖离，形成这一局势的原因主要有以下三个方面：

一是当前政府部门间的协作缝隙是由政府先行系统的架构所决定的，这也是科层制的固有弊端所在。以高度专业化为特征的科层制架构使政府内部形成了部门林立和组织僵化的状态，部门与部门之间存在着行政隔阂，信息资源流通存在壁垒，大量数据存储于信息孤岛之中，制约着政务服务协同机制的构建及政务服务供给效率的提升。除此之外，我国政府序列中存在的“垂管部门”更加剧了跨部门协作开展行政审批政务服务供给的难题，增加了部门间的协调成本。

二是政府部门之间基于各自行政职能的区分而在工作过程中自带原部门固有的流程习惯和运行惯性，造成政务运作过程的跨部门协作需要同时兼顾协调不同部门的工作流程和运行规则，进一步增加了协调的成本和难度，是阻碍跨部门协同运作顺畅的重要原因所在。

三是部门利益藩篱。我国众多政府部门手中掌握着不同的行政资源以及与本部门业务相关联的审批权力，造成了行政审批权力分散的局面，同时各个行政主管部门手中也拥有一定的自由裁量权，这也使得各部门在行使行政审批权的过程中往往从部门自身利益出发，在客观上不利于相互间的协调与配合，并极易在出现问题后导致推诿扯皮等现象。

（三）政策机遇和技术发展为消除缝隙带来了契机

国家“十三五”规划纲要明确提出要加快行政审批标准化建设，优化直接面向企业群众服务项目的办事流程和服务标准，这为行政审批的政务流程再造提出了新的要求。[①]济南市为深化“放管服”改革，提升行政审批的办事效率和服务质量，先后发布《政务服务大厅“一窗受理、集成服务”工作实施方案》《全面深化“零跑腿”、“只跑一次”、“你不用跑我来跑”改革实施方案》等，为促进行政审批办事流程的优化、提升审批工作的协同性和联动性水平提供了良好的政策环境支持，从而为推动消除政务服务与公众需求间缝隙

① 中国国民经济和社会发展第十三个五年规划纲要(全文)[EB/OL].(2016-03-17)[2022-07-07]. http://www.xinhuanet.com//politics/2016lh/2016-03/17/c_1118366322_21.htm.

以及政府部门间协作缝隙的政务服务流程再造带来了契机。

技术革命在推进社会各个领域变革的过程中，同样也在重塑着行政审批的流程，为改善政府政务服务的质量和水平提供了技术前提。随着大数据技术逐渐渗透并被运用于政府治理的各个领域，其在打通多元且规范的协调渠道方面发挥着越来越明显的优势，一方面促进了层级和部门间的数据信息的流动，降低了部门间的协作成本，另一方面也促进了部门间协作机制的常态化，促使科层组织结构向扁平化方向发展。同时，信息技术的发展也改变着社会治理结构的开放程度。传统的社会治理过程中，行政主导的管理色彩浓厚，社会治理结构更趋于封闭性，社会各方力量参与社会治理的空间和机会受限。信息技术的发展为治理结构的开放提供了可能，丰富的信息技术手段为公民、社会组织等多方社会主体力量参与社会治理提供了渠道和平台，通过不断反馈政务服务需求和评价能够倒逼政府行政审批流程再造，从而推动“以人民为中心”的行政管理流程再造的实现。近年来，新兴信息技术手段的广泛运用为行政审批服务的流程再造提供了重要的技术支撑和措施保证，利用信息技术对行政审批进行流程再造是提升行政审批效能、推进行政审批服务改革的重要途径之一。

（四）以行政审批流程再造助推整体性服务平台建设

在政府部门中，政务服务流程再造是以社会需求为导向，在重新考量审批流程相互之间的逻辑关系，理顺服务事项跨部门审批、受理、办理等环节的基础上，通过塑造高效、便捷、合理的综合业务流程，以便提高政府效率和民众满意度。行政审批是行政机关提供政务服务的重要构成部分，行政机关在开展行政审批的过程中必须借助一定的管理流程和技术程序，以提高政府部门的运转效能和公众满意度为目的的审批业务流程再造，是政府管理体制全面革新的重要推动力。在行政审批领域的政务流程再造则是通过以结果为导向的政务运作流程再造和以公民为导向的“政府一公民”关系流程再造，来实现无缝隙政府的构建。

首先，以结果为导向的政务运作流程再造体现为注重工作所发挥的实际效用，即关注政务服务的绩效与结果。这一维度不仅关注政府所提供政务服务的质量和水平，同时也注重政务服务活动的“产出一成本”比，力图以相对较低的成本在最大程度上为公众提供公共产品和政务服务。但在传统的官僚体制下，部门分工过细产生的职能边界既难以弥合跨部门供给的缝隙沟壑，又提高了政务服务跨部门供给的协调成本。为此，无缝隙政府的结果导向要求在行政审批过程中改变以往各自为政的部门运作方式，超越传统改革中仅对组织层级结构的表面调整，而需以整体性政府运作的方式提供协同式的行政审批服务。除此之外，信息化技术的高度发展也丰富了无缝隙政府的深度改革模式，充分利用“互联网+”、大数据、云计算等技术手段打破部门间和层级间的权力和职能边界，实现政务运作流程再造，达成整体性协同运作目标。

其次，以公民诉求为导向的“政府一公民”关系的流程再造是从公民诉求出发，实现自下而上问题驱动的行政审批组织结构（改革）和运作流程重构。政府业务的运作虽然需要讲究效率，但其根本目的并非营利，政府工作流程和绩效也不能仅仅靠单纯的投入产出比进行衡量。政府作为政务服务提供的核心主体，应将公众作为自身行政审批服务的顾客，精细化满足公众诉求，不仅要应民众需求提供服务，同时也要注重民众对政务服务的反馈，形成行政审批流程再造的闭环，从而推动行政审批服务品质和人性化水平的升级。为此，这一维度要求行政审批的流程再造要从需求侧出发，提升行政审批政务服务的供给与公众需求间的适配性和精准性，同时结合信息化技术手段优化行政审批服务供给模式，畅通民意表达渠道，以扭转长期以来我国政务服务供需错位的倾向。

二、专注流程再造的积极行动创新

在行政审批服务流程再造的过程中，济南市行政审批服务局以建设整体性政府为理论引导，在实践中遵循以需求为导向的回应型政府和以整合为导向的整体性政府的逻辑，将智慧审批的思维渗透到行政审批服务流程再造的全周期，从业务流程简化优化出发，全面实现行政审批服务从管制主导到服务主导转变，从供给导向到需求导向转变，从单方主导到社会参与转变。济南市行政审批改革过程中通过以需求为导向和以结果为导向的一系列措施实现了行政审批的流程再造，在创新政务服务形式和降低行政服务成本的同时，也优化了行政审批用户的政务服务体验，提升了政府的回应性，为提升行政审批效率和新时代行政审批制度改革探索出了一条典型路径。

（一）需求导向：面向需求侧的回应型审批服务流程再造

1.精简材料、归并事项，业务申请流程简化重组

一是缩减审批材料。针对企业群众办事程序繁杂的难题，济南

市行政审批服务局围绕缩减审批材料展开了大量探索，全面梳理各项审批事项涉及的申报材料，消除审批服务事项中的模糊条款和模糊表述，若上一个审批服务环节已收取的申报材料则不再要求重复提交。办事人首次申请办理事项时，工作人员一次性告知所办事项需要的材料、程序和时限等内容。在行政审批改革过程中，济南市通过内部资源共享推动减环节、减材料，各业务处室联动共享审批信息，分两批共计取消171个事项的183项证明材料，企业群众年少提交证明材料3.6万余份。如在印刷企业设立的审批流程中，减证前申请人需要提交7份材料，“减证行动”将营业执照、房屋产权证明和租赁合同、设备发票复印件等5份证明材料，整合为1份承诺书，流程简化后申请人只需提交申请表等3份材料即可。

同时，推行容缺受理制度。对符合申请条件、核心要件齐全且符合法定形式的依申请类政务服务事项，实行容缺受理、告知承诺，推行“容缺审批”制度。梳理公布第一批755项容缺受理事项清单，占全部进厅事项的89%，可容缺材料1496件，涉企事项实现100%容缺受理，小餐饮和部分食品经营许可实行“告知承诺”，重点建设项目实现容缺受理常态化。容缺受理制度的推行使得行政审批不再受制于申请材料的完备程度，避免了申请人多跑腿、来回跑的问题。在此基础上，进一步推动“一业一证”行业准入的审批流程改革，简化优化审批流程，将一个行业准入的多张许可证彻底整合，颁发行业“综合许可证”，让企业群众凭一张许可证即可开展市场运营。

二是整合归并审批事项，推进行政审批与政务服务事项的集成精简。传统的行政审批以不同部门相互分割的事项为标准，企业和公众办理业务事项往往需要同时与多个部门对接。且伴随行政体制改革的逐步深入，单个服务事项的办理流程和办理时长已压缩到极限，由单一服务事项的流程再造向多事项集成转变成为当今时代背景下的行政审批流程再造的主要方向。济南市行政审批服务局着眼于企业和公众的办事需求，根据企业群众办件频率和办事习惯，展开“一件事”审批流程梳理工作，针对企业和公众办件量较大的高频事项，梳理形成59件“一件事”办事清单和流程。在此过程中，根据办理“一件事”所需的全部单个政务服务事项，梳理出各个环节之间的前后置关系，对涉及多个处室的审批事项、办事环节进行有机组合，按照办事类型优化审批事项实施流程，采取事项合并、并联审批、联合办理的方式，实现减事项、减环节、减材料、减时限、减次数、减费用的效用。

“拿地即开工、建成即使用”创新模式是对济南市行政审批事项集成与流程简化的有力诠释，济南市通过制定市级工程建设项目审批清单，将审批流程划分为立项用地规划许可、工程建设许可、施工许可、竣工验收四个阶段，按照投资方式、项目类型制定审批流程图，大大压缩了工程项目的审批时间，提高了审批效率，形成了“拿地即开工、建成即使用”的济南模式。总之，在行政审批改革过程中，济南市围绕“一件事”进行事项集成和相关配套体系的流程再造，既实现了审批事项“瘦身”与物理重组，也促进了业务流程的重塑与优化。

— 专栏

一次性告知制

一次性告知制是指办事人首次申请办理事项时，工作人员一次性告知所办事项需要的材料、程序和时限等内容，并依据相关规定即时作出受理、补正或不受理答复的工作制度。

有关部门和单位要通过发放“明白纸”，设立公告栏、电子触摸屏或网上查询等方式，一次性告知办事人所办事项需要的申请材料、工作流程和工作时限。对符合规定且手续齐全的申办事项，或者申请人按照要求提交全部补正材料的，要立即受理；对申请材料不齐全或者不符合法定形式的，应出具《缺件告知单》、申请样表，一次性书面告知其所需补正的手续和材料，指导申请人如何报件；对申请人申请办理的事项，审批部门经现场勘察、技术评审、专家论证后提出整改意见的，应出具《整改通知单》，一次性告知其需整改内容，并明确相关整改要求；对申请事项不符合规定或依法不能办理的，要即时告知申请人不予受理的原因和依据。

承办工作人员不得有以下行为：

（1）不提供“明白纸”等一次性告知资料；

（2）工作不负责任或有意刁难办事人，不一次性告知办事人办事程序、所需材料或办理要求等事项；

（3）对办事人态度“冷、横、硬”。

2.一次办成、综合受理，打造“全链条”审批服务

为避免政务服务大厅符号化，济南市推进“综合受理、集成服务”的政务流程再造。济南市行政审批服务局社会事务处作为实施部门，在办理过程中严格落实“一件事”审批改革导向，充分发挥处室业务集中审批优势，积极推进“全链条”审批改革创新。

首先，一窗受理。按“应进尽进”的原则，省、市政务服务事项进驻综合服务窗口，全面推行审批事项的“一窗受理”。综合服务窗口在接收行政相对人的申请和诉求后，对受理事项进行分级分类梳理并按照职责分工第一时间将受理事项推送到相关职能部门。其次，后台分类审批。在涉及多部门、多层次、跨区域的审批服务事项，由市、区县两级行政审批服务部门组织进驻窗口人员、相关部门处室人员实行集体会诊、联合会审和并联审批，加快推进审批手续办理，从而大为缩减审批时间和大幅提高审批效能。最后，一口出件。各审批职能部门完成审批后，将受理事项办理结果交由窗口工作人员统一出件，做到一口出件。现如今，“一窗受理”审批模式已向基层延伸，在口镇、凤城等街道进行试点实施，推行“乡镇（街道）、村（社区）前台综合受理，区级后台分类办理，乡镇（街道）、村（社区）统一窗口出件”的服务模式。

在此基础上，优化市场准入帮代办服务。基于不同层次的申请人和申请诉求，为纾解企业群众的办事难题，济南市行政审批服务局组建“佳佳帮您办”商事登记服务专班，为企业提供“一企一策”业务指导、政策咨询和帮代办服务，是“全链条”审批服务的重要环节。专班成立以来累计为企业群众解答咨询、发送提示短信、电话回访1.2万次，帮助查询信息和提供帮代办服务300多次。同时，优化重点项目审批帮办服务，创新打造“山东·济南项目管家”品牌，建立覆盖市、区县、园区三级帮办服务队伍，主动为企业提供送政策、送服务、送保障“三送”服务，现已为中科院科创城、济南国际机场二期等270个省市重点项目逐个确定项目管家，提供全覆盖、全流程帮办服务，解决企业开办的后顾之忧，进一步优化营商环境。

通过打造“全链条”审批服务，行政审批服务领域以统一的界面为公民提供集成式服务，有效解决了关联事项“申请材料复杂多样、审批流程烦琐，审批时限过长”等问题。济南市行政审批服务局通过业务流程的简化重组，对审批事项办理流程进行了根本性思考和重新设计，逐步改变了在传统“职能分工”原则下把一项完整的工作分成不同部分、由企业和公众跑到相对独立的各个部门依次进行业务办理的工作方式，大大减少了企业和民众办理业务时的奔波频次，将事项办理所消耗的资源降到最少，实现最大程度地为社会服务。

— 专栏

“项目管家”帮办服务品牌

为提高重点建设项目审批效率，进一步优化营商环境，2020年4月16日，济南市工程建设项目审批制度改革领导小组办公室印发《济南市重点建设项目行政审批帮办服务工作暂行办法》，围绕服务机构、工作机制和服务方式三个方面作出具体要求，为重点建设项目前期工作提供“全生命周期”服务，创建“山东·济南项目管家”品牌活动。

在服务机构方面，增设服务专班，压实服务责任。在工程建设项目审批制度改革领导小组办公室增设重点建设项目行政审批帮办服务工作专班，明确由各级行政审批服务部门牵头工程建设项目审批帮办工作；建立帮办服务工作联席会议制度，定期研究解决帮办服务中的重大复杂事项。

在工作机制方面，建立纵向运行和横向协同机制，夯实服务基础。

一是纵向建立“三帮三送”运行机制。“三帮”是指市、区县、园区实行“三级帮办、三级协同”，建立200余人的帮办队伍，充分发挥工程建设项目审批制度改革宣传员、帮办员、协调员、促进员、服务员作用。“三送”是指送服务、送政策、送保障。送服务，即主动靠前盯上，全过程跟踪帮助企业协助办理审批业务；送政策，即当好教练，主动向企业宣传最新政策，帮助企业培训负责项目报建的人才；送保障，即建立工作台账，摸清项目手续办理各环节遇到的难点，主动帮助协调解决相关问题。

二是横向建立一整套协同机制。完善工作联动机制，行政审批服务部门牵头协调推进帮办服务工作，相关部门（单位）根据职责做好事项审批及指导、配合工作。推行疑难问题集体会商研判制度，定期梳理汇总项目建设中遇到的难点、堵点问题，召集相关部门集中讨论解决。涉及多层级审批事项的，由最初受理层级的项目管家逐级发起帮办服务，上下级项目管家及时响应、认真服务、主动反馈。完善容缺受理、告知承诺制度规范。涉及前置部门审批许可的，项目管家按容缺受理要求提醒后置部门审批人员提前对申请材料主件进行预审，并协调前置部门审批人员及时出具审批决定。涉及并联审批环节的，项目管家主动联系各部门审批人员，及时关注并联审批进度。涉及实行告知承诺制审批事项的，项目管家协调相关部门审批人员及时公开审批条件、标准，告知项目申请人具体要求，指导项目申请人作出书面承诺，并提醒相关审批部门及时作出审批决定。完善评价反馈机制。项目帮办结束后，按照“一项目一评价”的原则，由项目申请人对项目管家及帮办员工作服务效率、服务态度和廉洁情况等进行评价。

在服务方式方面，遵循主动、全面、精准和极简的原则，提供优质服务。

一是主动对接服务。制定重点建设项目帮办服务工作安排表，针对2020年度270个省级和市级重点建设项目逐个确定“项目管家”及帮办人员。坚持服务关口前移，“项目管家”第一时间与项目申请人对接，主动走进一线全面了解掌握项目基本情况，及时准确传达上级最新政策，研究制定具体帮办方案。

二是全程跟踪服务。抓住事前事中事后三个关键环节，组建工作团队，建立工作台账，强化全流程跟踪服务。事项审批前，帮办人员靠前服务，提前介入提供咨询辅导；审批过程中，针对项目审批中的难点堵点，“项目管家”牵头协调相关部门及时解决，企业只需要和“项目管家”对接即可办成所有事；事项审批后，及时回访事项办理情况并进行满意度调查。

三是精准订制服务。“项目管家”实行一对一、点对点服务，根据项目具体情况，量身定制“一企一策”帮办工作方案，根据项目建设不同阶段，明确审批事项、审批部门、申报材料、办理时限、进度安排等，推动项目早拿地、早开工、早验收、早投产。

四是全程网办服务。重点建设项目行政审批帮办服务咨询、申请、审查、反馈等全过程通过工程建设项目审批管理系统实现。审批事项办结后，“项目管家”及时通知项目申请人登录政务服务网查看接收推送的证照、批文信息等。

目前济南市已组建222人帮办服务队伍，累计服务企业300多家，270个省市重点建设项目审批实现提速提效。帮办服务经验做法多次被中央电视台、山东电视台、齐鲁网等多家媒体宣传报道，省优化提升工程建设项目审批制度改革专项小组将济南“项目管家”帮办服务作为典型经验做法在全省复制推广。

资料来源：济南市行政审批服务局

3.赋权社会、多元服务，再造评价反馈流程

传统的行政审批服务是将企业和公众视为被动接受服务的客体，缺乏对审批服务需求侧的充分考量，同时也忽略了社会各方在政务服务供给过程中的能动性。为克服传统行政审批服务对社会力量吸纳不足的弊端，济南市行政审批服务局通过整合多元社会力量参与到行政审批服务的各个环节中，不断健全多元主体协同机制，拓宽社会主体参与行政审批服务的渠道，推进合作治理，力图打造行政审批服务共同体，构建多元参与、共建共享的政务服务格局。

在行政审批服务流程再造过程中，济南市行政审批服务局充分吸纳公众参与审批服务的评价反馈环节，再造行政审批服务的反馈流程，这是对多元主体协同推进行政审批服务改革创新的有力证明。为进一步优化行政审批流程，济南市充分发挥公众作为服务参与者、评价者与监督者的角色作用，扎实开展政务服务“好差评”工作，由企业和公众评价政务服务的质量，同时完善“差评”整改反馈机制，建立“找茬”工作机制和推行“市民体验官”制度，引入第三方评估机构，开展第三方动态性社会评价，主动接受社会各界从“用户视角”出发对政务服务工作进行体验和评价，从而推动政务服务工作有针对性地进行优化与改造。企业和公众亦可通过短信推送、政务热线反馈、找茬窗口等渠道参与对行政审批服务的评

价，以提高通过赋权社会的评价反馈成效，在群众评议与建言的过程中推动行政审批改革的创新发展。

（二）结果导向：面向供给侧的高效型审批服务流程再造

1.标准赋能，再造规范化的审批服务流程

在梳理"一件事"的基础上，济南市以标准化赋能行政审批服务流程，来推进审批服务的科学合理、严谨公正。标准赋能过程是指积极推进制定与实施行政审批服务的标准规范和流程，在标准制定中融入法治、管理和技术要求等要素，使每项行政审批服务和每个关键环节都有可量化、可操作、可评价、可监督的标准，为政府监管、社会监督、绩效评价提供基准依据，充分发挥审批服务标准化在巩固改革成果、整合服务资源、规范权力运行、优化服务流程、增强多元协同等多方面的作用。相关职能部门按照"同一事项基础要素完全统一"的要求，对审批事项进行标准化规范化处理，优化内部工作流程。

例如，企业开办方面，济南市行政审批服务局会同市场监管局等6部门联合优化流程，实现全程网办、半日办结；工程建设项目方面，市行政审批局与市住建局共同牵头，会同17部门，持续优化"拿地即开工、建成即使用"济南审批模式。2020年11月，山东省市场监管局组织国内标准化专家对济南市政务服务标准化试点建设进行了终期验收，专家组给予了高度评价，认为试点项目领导高度重视、工作思路清晰、工作措施得力、工作成效明显。通过科学搭建并有效运行标准体系，行政审批机关内部管理更加规范、工作流程更加高效，审批服务质量显著提升，办事群众的认可度、满意度明显增强。

2.降本增效，再造高效化的审批服务流程

按照办成"一件事"的原则，济南市行政审批服务局将业务流程重新设计和安排，使得原先跨部门的业务流程更加高效化、便捷化和合理化。

一是为激发市场主体发展活力和社会创造力、进一步提高行政审批服务的便民化水平，济南市推出证明事项"告知承诺制"。公民、法人和其他组织在依法向行政机关申请办理行政事项时，行政机关以书面形式将证明义务、证明内容以及不实承诺的法律责任一次性告知申请人，申请人书面承诺已经符合告知的相关要求并愿意承担不实承诺的法律责任，行政机关不再索要有关证明并依据书面承诺办理相关行政事项。由此来看，"告知承诺制"实质上是行政机关对行政相对人基于"性善论"假设创建的社会信用机制，认为行政相对人在获得相关证明事项的告知后，会作出承诺，并按承诺内容完成承诺条件。这一工作机制一方面有助于大幅降低行政审批服务机关和行政相对人的制度性交易成本，提高行政审批机关的工作效率，减少企业群众的办事环节，解决了此前企业群众"办事难""办事慢""办事烦"的顽症痼疾，提高企业群众的获得感和满足感。另一方面，"告知承诺制"有利于政府的职能转变，将政府的注意力从此前着重事前审批，转化到事中和事后监管环节。为降低企业群众的失信行为，行政审批机关和监管机关需要密切沟通，这在一定程度上推动了审管互动，为部门之间的协调配合提供动力。

二是推行独任审批师制度。为进一步提升审批服务效率，解决企业群众办理行政审批事项时间长、环节多等问题，济南市行政审批服务局通过学习借鉴最高人民检察院机关推行独任检察官制度的经验做法，在法律关系明确、材料简单、事实清楚，不涉及技术审查（包括现场查验、现场考评、鉴定评审等）、利害关系人提出异议、重大执法决定法制审核等特殊情形的行政审批事项中推行“独任审批师”制度。该制度将行政审批审查与核准职责合并，由一名具有资格的审批人员独立完成行政审批事项审查、核准并做出审批决定，变“一审一核”为“独任审核”，推动审批决策扁平化管理；事项审批中涉及的申报材料全部整合共享，无须申请人重复提交，凡在实际操作中可控范围内的材料一律取消，行政审批速度大幅提升。该制度推行以来，累计办件量达到6万余件，简单事项实现“立等可取”，审批服务效率持续提速。

三是建立责任追究机制。对于扯皮推诿、拖延不办，造成审批超时或不良影响的，依法依规追究相关部门责任，以刚性约束促进行政审批局和各行政主管部门依法履行职责分工，以及在信息互通、业务协同等方面的相互配合。

四是运用社会力量，协同提供审批服务。在济南市行政审批改革过程中还大力吸纳多元社会力量协同为企业和公众提供便捷化的审批服务。例如，济南市行政审批服务局在区、镇街、村社三级政务服务基础上，开启第四层服务探索，把政务服务送到群众家门口。具体依托银行营业点遍布优势，与农商行等银行推出“政务服务进小区”，在15个城市社区设立“政务服务站”，通过使用自助服务终端，群众在家门口就可办理企业注册，拿证时间压缩到20分钟以内，实现企业注册“即来即办”。通过政府和银行的合作，能够实现多方联动共同参与到济南市行政审批政务服务建设中来，利用其他社会主体的专业性优势，从供给侧的角度优化政府行政审批服务的质量，协同推进行政审批的流程优化，进一步弥合企业和公众需求与政务服务之间的缝隙。

总之，通过推行告知承诺制、独任审批师制度，建立责任追究机制等相关举措，能够促进不同业务部门公务人员跨越行政职能边界，围绕业务流程展开合作，协同提供行政审批服务，提高政府内各部门之间的系统化水平，着力消弭业务处室之间的本位梗阻。同时，结合社会力量，济南市建构起政府和社会力量协同供给审批服务的格局，进一步改善了政府和社会关系，降低了政府的工作成本，是整体性政府导向下进行流程再造的关键性举措。

3.数据赋能，再造智慧化的审批服务流程

政府治理是在特定情境下做出的组织行为，时代的进步和情境的变迁为推动政府治理转型带来更多的可能，"数据+政务服务"也成为弥合政府服务与公众需求缝隙不可或缺的路径。在大数据时代，庞大的数据信息和发达的数据处理技术为行政审批的流程再造提供了支撑。企业群众的办事体验是衡量审批服务效能的重要维度之一。济南市行政审批服务改革过程中不仅着眼于再造业务流程，同时还紧跟时代发展潮流，通过将互联网信息技术嵌入便民服务流程中，依托技术不受时空限制、更新速度快、信息储存量大等优势，赋能行政审批环节和办事流程，构建智慧审批模式，实现从线下的行政审批服务单一供给到线上线下的充分融合发展。

信息技术对审批服务流程再造的影响集中体现在审批材料和审批模式等方面，大幅提升了企业群众的申请效率和审批部门的接办效率。济南市行政审批服务局深入推进"一网通办"应用，通过整合全市自建系统，推动进厅事项全部纳入一体化平台办理，除特殊情形外，申请事项百分百实现了“不见面审批”。同时，对于群众办事频率高、便于网上共享的事项加快推行加快电子证照和电子印章应用，努力打造“无证明”城市；推行无人工干预“秒批秒办”，以数字技术手段为行政审批政务服务提速增效，促进技术与服务深度融合，从而建成“群众少跑腿，数据多跑路”的智慧审批模式。同时，依托市级政务服务平台，完善统一身份认证、电子证照、电子印章、电子档案和公共支付等基础支撑功能，通过政务服务网、“泉城办”App、自助终端、第三方小程序等渠道，满足群众网上办事、咨询查询、投诉建议等实际需求，打造24小时“不打烊”的网上政府。到2019年12月底前，济南市完成市级政务服务平台各项基础支撑功能的开发，实现了依申请政务服务事项网办率不低于70%。

三、实践样态：济南市行政审批服务流程再造的创新案例

行政审批改革势必涉及具体业务流程和服务流程的重塑，从流程再造视角对行政审批改革进行观察，可以发现济南市围绕需求导向和结果导向展开了有益探索，塑造了回应型审批服务流程和高效型审批服务流程，为了解行政审批改革提供了鲜活的案例，下面从中选择两例典型案例进行展示。

（一）高新区：从“拿地即开工”到“建成即使用”

自2019年度开始，济南市进一步坚持“刀刃向内”、加大工程

建设项目审批制度改革力度，在实现“拿地即开工”的基础上，进一步优化再造审批流程，提高审批效率，印发了《济南市工业仓储建筑工程“建成即使用”审批模式实施细则》（济行审发〔2019〕31号），有效缩短了工业实体项目从建成到投入使用的周期，实现了“早投产、早见效”。所谓“建成即使用”，是为促进济南市工业实体经济发展，专门针对工业仓储建设项目创新设立的一种审批模式，通过审批部门与监管部门紧密协作，联合采取提前服务、全程网办、告知承诺等方式，切实加快工业仓储项目建设过程施工进度和竣工后投入使用进程，达到早投产、早见效的目的。高新区在“建成即使用”方面的创新举措是对济南市行政审批服务流程再造的一个缩影。

高新区“建成即使用”审批模式的创新点主要体现在以下五个方面：

一是提前介入打基础。审批部门核发施工许可证的同时，由项目建设单位自主选择是否采用“建成即使用”审批模式，通过审批系统推送至监管部门，由监管部门在项目施工过程中落实各项监管及服务措施。

二是交叉施工促进度。项目建设过程中，建设单位可科学组织主体结构工程与后续装饰装修、机电安装工程的交叉施工，以合理加快施工进度；并可提前安装相关生产、办公设施设备，为工程尽早投入使用创造条件。

三是跟踪监管保质量。在交叉施工、提前安装设施设备的同时，监管部门需及时跟进、加强过程监管，保障工程质量和施工安全。

四是限时办理提效率。项目竣工后，监管部门在建设单位组织参建各方进行竣工验收时同步进行工程质量竣工验收监督和消防验收，验收合格的即可交付使用，监管部门在验收合格之日起3个工作日内出具质量监督报告和消防验收合格意见。

五是告知承诺重信用。工程交付使用后，由建设单位书面承诺在6个月内办理完善规划核实、竣工验收备案等后续手续。对不履行承诺的，审批部门可取消其通过告知承诺制办理其他工程建设项目审批手续的资格，并视情况采取责令停止使用、行政处罚、信用评价扣分等惩戒措施。

高新区的费斯托济南全球生产中心项目按“建成即使用”审批模式运行，比预定计划提前3个多月投产使用，起到了良好示范作用，是高新区“建成即使用”审批模式的实践证明。当前，工业仓储建筑工程“建成即使用”在济南高新区、经济开发区等各类功能区及工业园区已全面推开。

高新区“建成即使用”模式是济南市行政审批服务流程再造的案例体现，打造了工业仓储建设项目审批的标准样板流程。综观“拿地即开工”的创新性举措，可以发现其从以下两个方面体现了济南市的行政审批服务流程再造。一方面，充分压缩审批环节和运行流程。“建成即使用”模式突破了传统的行政审批阶段，将审批环节按照审批阶段进行精简，实现交叉施工、提前安装设施设备与监管项目过程同时进行，在项目竣工后，各个方面的竣工验收同时进行。同时，“告知承诺制”模式的运用也突破了传统重审批的惯例，推动工程项目的建成即使用，侧重于事中事后的监管和惩戒。如此一来，能够将传统的审批时长进一步压缩，提高行政审批部门的审批效率。另一方面，体现了行政审批服务改革创新过程中对企业最关注的问题和诉求的回应，整个流程体现了"以人民为中心"的审批服务理念。同时，审批时长的压缩意味着在审批过程中需要各审批部门的密切配合和无缝协同，有利于打破部门壁垒，提升跨部门协作的效率。总之，高新区"建成即使用"模式能够有效弥合政府行政审批服务与社会需求间的缝隙以及政府内部运作的缝隙，为以行政审批流程再造推动无缝隙政府构建提供了典型实践经验。

（二）章丘区：重塑流程"一链办理"，便民利企"一次办成"

2019年，章丘区行政审批局按照政务服务便民化改革要求，以"只进一扇门、一次就办成"为目标，重点梳理一批与企业生产经营、群众生产生活密切相关的重点领域和高频办理的"复杂"事项，通过重塑审批流程，实行"一链办理"，做到"只进一扇门、一次就办成"。首批梳理发布"我要开网吧""我要开饭店""我要开药店""我要开超市"等19项复杂事项，并全部标记二维码，加强政务公开。

以开办网吧为例，济南艳阳网吧马先生在章丘开办了多家网吧，2020年元旦后计划再开设一家，按以往的经验，办好各项手续需要半年时间。2019年1月6日，当马先生来到章丘区政务服务大厅咨询时，工作人员告知其可以走"一链办理"流程，只要扫一下"我要办网吧"的二维码，把材料准备齐全，在最短的时间内就可以办全5个证照。在受理的当天，营业执照办理完毕，半小时刻制完公章，代办人员分别将食品经营许可、公用上网服务业安全审核合格证、消防合格证验收材料分发至各审批窗口，3天内食品经营许可、公用上网服务业安全审核合格证通过告知承诺的方式也迅速通过审批。行政审批局协调消防部门3天内对该网吧的营业场所进行预审，在取得消防部门的基本合格意见后，公众聚集场所使用开业前消防安全检查合格证实行告知承诺制，容缺办理了网络文化经营许可证。仅仅用了7个工作日（不包括公示期），马先生就收到了营业执照、公用上网服务业安全审核合格证、食品经营许可证、网络文化经营许可证“一照三证”，审批时限比以前缩短了90%以上。

马先生之所以能够快速取得各类证照，是因为章丘区从以下四方面进行了流程优化，再造起高效便民的审批服务流程：

一是由繁到简筛选事项。首先从审批过程相对复杂的工程建设领域和市场准入领域开展“一链办理”，两条支线并行，支撑起整个审批系统流程再造的框架，进而由繁到简，全面铺开。

二是补全“一链办理”链条。及时补充交接协议，将“一链办理”中涉及19项个体营业执照和小型食品经营许可事项，从市场监管部门划转至行政审批局，让群众不跑腿，一个部门“一链办理”完相关事项。

三是全面打通外部通道。行政审批局积极协调公安、住建部门对公用上网服务业安全审核合格证、消防验收实行告知承诺制，材料齐全先予发证，保证下个审批环节及时跟进；协调消防大队缩短核查时限，事先对场所预先核查，非关键项容缺通过，3天内完成现场核查。

四是“保姆式”帮办代办。组织业务能力强、协调能力强的人员进行全程服务，指导材料准备，联系协调各部门及时办理，全程代办。

通过流程再造，企业群众的申请时间大幅缩减，审批服务效能大幅提升。以开网吧为例，过去要先后跑5个窗口（或部门）办理营业执照、食品经营许可证、公用上网服务业安全审核合格证、公众聚集场所使用开业前消防安全检查合格证、网络文化经营许可证等，加上业户中间来回跑的时间，前后需要2—3个月才能办完。现在优化"我要开网吧"事项后，投资者只需要到行政审批局的综合窗口，提交一套材料，走一套流程，10个工作日即可办结，审批效率大幅提高，有效控制了业户往返成本。

截至目前，济南市章丘区行政审批局已办理"一链办理"事项20余家，包括校外培训机构9家、职业培训机构2家、民办幼儿园1家、网吧1家、药品经营企业7家，还有待办事项3家，多证齐发办理事项正在常态化。主要成效主要有三个方面：一是办理时限明显缩短。平均时限压缩了50%以上，有的事项时限由几个月变成几个工作日。二是受理材料明显精简。以审办网吧经营为例，精简了20项重复材料，17项材料可以容缺受理。三是社会认同感明显提升。市场准入的"四证同发"、工程建设领域的"六证同发"，都在社会引起不同凡响，让企业群众切实感受到行政审批制度改革带来的政策红利。同时"一链办理"还极大地促进审批人员业务能力的发展，科室间互相学习，业务一专多能，人人能当"全科大夫"。"一链办理"还催化了审批事项从"物理集中"到"化学融合"的转变，极大地促进了审批事业从初始组建、履行职能，迅速进入流程再造的新阶段，真正实现了审批服务的"华丽转身"和"蝶变裂变"。

四、从粗放供给到精准服务：整体性服务平台流程再造的经验总结

以需求和结果为导向，济南市行政审批服务局通过再造行政审

批的申请流程、服务流程和内部办理流程，为社会公众提供精细化和精准化的行政审批服务，构建起基于整体政府一体化运作的行政审批服务机制，这是济南市行政审批流程再造的路径和经验所在。

（一）紧密衔接供给侧和需求侧，提升审批服务的回应性

传统意义上的行政审批服务的流程再造通常体现为以提升政府运行效率为标准而展开的，以简化流程、办事及时等为特征而进行的政务服务流程革新，这种政府流程再造更多体现的是政府业务流程的简化或重组，通过采取缩减办事程序、压缩办事流程的措施实现政府业务的简单整合和命令指挥体系的调整。但事实上，社会各方对于城市治理的认知与参与程度、政府对社会需求的满足程度日益成为考察政府社会治理水平的重要维度，如果一味忽视社会和公众需求而盲目开展流程改革，势必造成舍本逐末的境地。

通过总结济南市行政审批改革的创新性举措可以发现，“以人民为中心”的理念是济南市行政审批服务流程再造的根本旨归，济南市在行政审批改革过程中不仅重视归并业务事项、提高行政审批服务的便民程度，同时也注重充分发挥社会力量的主体地位，拓展公众和企业参与审批服务的渠道和方式，激发社会各方作为服务评价者、社会监督者、改革参与者等多元角色的参与程度，体现了从业务重组向弥合社会需求缝隙纵深发展的行政审批服务改革历程。

具体体现为，一方面，济南市将行政审批服务的评判权赋予社会，不断完善行政审批服务的评价机制，通过社会各方意见的反馈充分识别企业群众等主体对于行政审批服务的需求，建立健全政府

对于审批服务需求的感知和效能，从而倒逼政府从群众需求出发因需施策，为政府流程再造提供源源不断的动力源泉，以此提升行政审批和政务服务供给的精准度和企业群众对政府治理的满意度；另一方面，聚焦需求、倾听民声，拓展群众参与审批服务的渠道，创造性地将群众和企业等社会多元主体吸纳到多元共治的治理格局之中，强化社会协同，以合作治理的方式构建行政审批共同体，助推济南市行政审批流程的不断优化和政务服务质量的不断提升，最终助力实现构建社会治理共同体和共建共治共享的基层社会治理格局愿景和目标。

总体来说，济南市行政审批服务的流程再造过程始终紧扣以满足社会需求和实现公共利益为导向的宗旨和原则，通过需求导向、还权于民、赋权社会等措施手段，既满足社会公众一般性的政务服务需要，也满足不同群体和个体的差异性需要。通过对济南市行政审批服务流程再造过程的分析，可以发现济南市行政审批服务改革不只是单纯进行业务的重组，其以社会需求驱动的改革过程具有一定的策略性，随着行政审批服务流程再造的纵深发展，济南市对社会行政审批服务需求的识别机制愈发完善，对社会满意度愈发重视，以此持续完善行政审批服务机制，精准、精细、高效地满足社会需求，从而使得政府的回应性逐渐增强。从社会需求出发推动行政审批服务改革，进而实现审批服务与社会需求间的无缝化，已经突破既往传统的政府主导行政审批改革的特征与模式，成为行政审批服务流程再造的新特征，同时也充分体现了济南市将行政审批服务流程再造作为提升政府回应性、构建回应型政府的重要行动策略，是济南市行政审批服务流程再造的重要经验所在。

（二）弥合部门运行缝隙，提升审批服务的供给效率

行政审批流程再造的另一个重要维度是结果导向，加强部门间的协调与配合程度，降低行政审批服务运作成本，提高行政审批服务的效率，进而构建整体性政府。因此，部门协同是治理时代政府部门间关系的变革方向。在新时代背景下，社会需求呈现出愈发复杂和多样化的发展态势，出现了大批跨区域、跨层级、跨部门的公共治理难题，行政审批服务要提高解决社会需求和复杂问题的能力，必须提高行政效率，推进政府体系内部各层级和各部门之间的合作与互动。但在既往的改革过程中依然存在各部门之间权力与利益的争夺，使得各部门的改革进程很难实现步调的完全统一。济南市通过行政审批服务的流程再造探索出弥合政府内部协作缝隙的经验做法，大大降低了政府内部信息不对称的风险，是推动政府内部无缝化运行的可行之策。

在实现政府内部高效运作方面，济南市行政审批服务流程再造的重点是标准赋能、降本增效和数据赋能。一方面，济南市通过建立制度机制，如独任审批师制度、告知承诺制、追责机制来打破部门间的运作壁垒，打造审审协同和审管协同局面。另一方面，济南市注重强化同级政府间的业务协作，坚持在统一标准下进行业务沟通，从而保障政府内部业务的规范化运转和政府政策的连通性，形成“规划一审批一监管”衔接连贯的行政管理闭环。除此之外，为打破职能部门间的沟通壁垒，济南市以智慧审批为抓手，畅通部门协作渠道，加强部门间的信息共享程度，从而进一步为企业群众提供更加高效便捷的审批服务。

总体来说，济南市在行政审批改革过程中，以构建整体性政府为目标，从需求导向和结果导向出发，注重以整合、便民、高效的方式进行流程再造，通过政府内部的高效化运作，为企业群众提供精准化的审批服务，从而实现政务服务需求侧和供给侧相衔接，为构建回应型政府、整体性政府和有效政府提供了济南方案。

五、本章小结

组织平台的集成和四维协同机制的构建，从宏观层面理清了行政审批权力边界，建立了整体性的审批服务供给模式。但行政审批改革的整体优化，还需要从审批服务的具体环节中进行落实，而流程再造成为行政审批服务极简运行、提质增效的重要出路。

通过对济南市整体性服务平台的流程再造路径进行回顾，可以发现济南市行政审批改革的创新之处正是对整体性政府理念在中国情境中的体现和发展，这主要体现在济南市行政审批服务流程再造与整体性政府理念是一脉相承的。在流程再造过程中，通过归并事项、综合受理、赋权社会等创新性举措，向企业群众提供快捷和高质量的服务，同时吸纳社会力量参与到行政审批服务供给与评价的过程中，倒逼行政审批服务流程的再度升级与优化，从而实现行政审批服务与社会需求的无缝化；通过标准赋能、降本增效和数据赋能的手段，构建起整体性的行政审批服务流程再造的规范机制、推进机制和协作机制，打破行政审批权力运行的壁垒，降低政府内部沟通成本，以整体性的方式提供行政审批服务，从而促进审批服务效率和效能的提升，驱动行政审批服务现代化。

2019年11月，习近平总书记在上海考察时提出“人民城市人民建，人民城市为人民”的重要理念，切实回答了城市建设发展依靠谁、为了谁的根本问题，深刻回答了建设什么样的城市和怎样建设城市的重大命题。行政审批服务水平作为评价城市治理水平的重要维度，在行政服务流程再造的深化阶段更是应该充分考虑到人民的主体地位，将政府的审批服务改革放置于人民城市的发展背景之下，充分吸纳政府部门和社会力量共同参与到审批服务的流程再造与优化中来。行政审批改革过程中借由流程再造以弥合审批服务与社会需求无缝化的过程，也是提升政府回应性的过程，镌刻着人文关怀特征。社会需求驱动的行政审批服务流程再造不仅提升了审批服务的效率、实现了政府的自我革命，更带来了重塑“政府一社会”关系、提升政府回应性的加成效果，使得济南市行政审批服务的内涵不断丰富，从单一地行政审批服务流程再造走向更加高效、精准、精细的社会需求为导向的回应型政府建构。

第六章

数字支撑："在泉城全办成"的智慧审批服务

数字信息技术的迅猛发展为政务服务的供给侧改革提供了前所未有的机遇，将数字信息技术应用到行政行为和政务服务的供给过程既是时代发展趋势，同样也是各地数字政府建设的题中之义，是实现政务服务信息化、提高政府服务供给效率的有益实践。数字信息技术的产生与运用是第三次科学技术革命引致的社会变革创新，对其有效运用能够为政府改革创新提供重要的技术支持，助推部门之间的资源融合共享，并让政府与民众之间的沟通变得更加畅通。近年来，打造以大数据应用为基础的"数字政府"成为数字化时代背景下政府变革的新趋势。在数字政府建设这一时代背景下，本章具体分析了济南市行政审批服务局如何将数字信息技术运用到行政审批服务的全流程，以及济南市以智慧审批助推审批流程优化、部门协同运作和服务效能提高的路径。

一、时代变革进程中的智慧审批服务建设需求

政府治理是特定环境下的治理行为，其治理模式和政务服务的供给方式受到时代背景的影响。时代的发展是推动政府治理转型创新的重要外驱力，政府治理也因此在不同时代背景中呈现出鲜明的时代特色。数字时代的到来使政府面临着前所未有的全新挑战，同时也暴露出传统政府建设和治理过程中的诸多薄弱环节，因此在政务服务供给侧改革过程中充分融入先进的数字信息技术、建设数字政府成为数字化时代背景下政府改革的指向。

行政审批改革是政务服务供给侧改革的重要内容之一，现阶段我国的行政审批改革稳步推进，并已进入改革的深度攻坚期。长久以来，受技术条件限制以及政府各部门工作惯性的制约，我国的行政审批服务始终难以摆脱程序烦琐、效率低下、用户体验差的困境，行政审批改革始终滞后于经济社会飞速发展的需要，距离人民群众的期待尚有一些差距。数字化时代的到来为破解改革进程中的痼疾提供了新的可行思路和技术手段，对原有构筑在人工操作、纸质信息传递基础上的服务供给方式带来革命性的冲击。在数字政府建设的背景下推进智慧审批服务建设是政府转型和提升服务质量的现实需要和应有之义，具有时代紧迫性和必要性。

（一）社会需求多样化的发展趋势

随着城市化进程的不断提速和经济社会的全面发展，公民的权利意识逐渐觉醒，个体的异质性特征逐渐显现，人民群众对美好生

活的需要愈发多样，社会利益诉求和政务服务需求也呈现日益多元化的发展态势，因此对行政审批服务的效率和质量提出了更高水平的期许。“互联网+”、大数据、云计算等技术的发展，使得以数字信息技术为支撑的虚拟空间成为政府向公民提供政务服务的重要平台。同时，数字信息技术的广泛使用也重塑了公众交流沟通的模式，为公众获取信息和服务带来了红利。因此，在数字化时代背景下，传统的行政审批服务模式无法满足人民群众多样化的社会需求，新的时代背景呼唤行政审批服务模式由以政府为中心向“以人民为中心”的改革理念转型。

一直以来，传统的行政审批服务存在着如下不足之处，并严重制约着政务服务质量的提高：一是面向异质性公众提供无差别的行政审批服务，无法满足差异化的政务服务诉求。在传统的行政审批服务过程中，政府所提供的各类政务服务信息主要是依据政府部门性质进行分类，因此面向行政相对人统一提供无差别的服务，难以满足群众日益多层次、多样化和个性化的行政审批服务诉求。二是行政审批服务流程烦琐，效率低下、成本较高。受制于信息技术水平的制约，传统的行政审批服务仅能依靠电话咨询、到场办理的方式进入行政审批流程，且政府部门的审批时间较长，过程烦琐，对群众办理事项的材料要求较多。在这种行政审批服务模式下，政府和群众都需要付出较高的成本：对政府而言，需要在信息咨询、窗口办理、材料审核等环节投入较多的人力、物力、财力；对于群众而言，在整个行政审批流程中，都需要付出较多的时间成本和精力，造成群众对政务服务的体验感较差。为此，人民群众政务服务需求的多样化与传统行政审批服务质量较低之间的张力迫使政府在行政审批服务改革过程中要以数字化建设为契机，向更高水平的行政审批服务迈进。

（二）部门协同运作的改革需求

传统的行政审批模式不仅难以满足人民群众多样化的政务服务需求，同时也为政府各部门间的协作带来了难题，加深了部门间的业务运作与沟通壁垒，这体现在两个方面：

一是行政审批流程方面的协作壁垒。此前的行政审批权分散在不同的职能部门中，但在很多情况下，一项行政审批事项的处理需要多个部门联合推进。因此，为完成一项行政审批事项往往需要行政相对人依次跑到各个部门盖章办理，对于办理流程的顺序和材料均要求较高，政府部门"串联审批"的模式不仅加重了民众的办事负担，而且阻碍了部门间的协作，致使各审批部门间难以开展协同化的政务服务供给，政府部门的碎片化现象可见一斑。

二是信息共享方面的协作壁垒。以数字信息技术为支撑的智慧审批模式被视为弥合政府部门间协作缝隙、构建整体政府的必要手段，政府协同推进审批服务是审批智慧化的重要内容。在推进部门协作的过程中，畅通的信息渠道是保证部门间展开协作的基础。但在行政审批服务的数字化运作过程中，数字壁垒仍然是制约智慧审批服务纵深推进的关键因素。政府各个部门是分别掌握各类数据库的主体，由于数据的敏感性和隐私保护的要求，数据开放和共享面临众多困难，造成部门间的数据割裂，业务的联通和融合度低，形成了部门信息孤岛现象，影响部门间的协作水平，制约着政府行政审批的效率和政务服务效能的提升。为此，在数字化时代背景下，不仅要求以大数据和互联网信息技术为手段构建智慧审批模式，以此提高行政审批服务的效率和质量，同样也要求在智慧审批过程中打通部门间的信息壁垒，以此提高政府部门的协同性水平，进而推动整体政府建设。

（三）智慧审批的政策要求

厘清数字信息技术和政务服务的关系、将数字信息技术与政务服务进行深度融合是实现政府治理体系和治理能力现代化的一项重要的基础性工程。互联网、大数据、云计算等新技术工具和信息平台的出现，为政务服务模式带来了革命性的改变，也对行政审批服务提出了时代要求。自2012年国务院正式提出大数据产业化政策后，各省市纷纷出台大数据行动计划，积极培育大数据，这为政府的电子政务发展尤其是行政审批服务改革提供了技术支撑，表明以数字化、智能化为核心技术，推动政务服务模式变革创新是大势所趋。2016年9月，国务院发布《关于加快推进“互联网+政务服务”工作的指导意见》（国发〔2016〕55号），提出到2020年年底前，实现互联网与政务服务深度融合，建成覆盖全国的整体联动、部门协同、省级统筹、一网办理的“互联网+政务服务”体系，这为全国各地推进“互联网+政务服务”的实践提供了政策导向。

为进一步深化“放管服”改革、持续提升“互联网+政务服务”的能力，2018年5月16日，李克强总理部署政务服务一网通办，明确提出“联网通办是原则，孤网是例外”的工作要求。国务院办公厅印发《全国深化“放管服”改革转变政府职能电视电话会议重点任务分工方案》（国办发〔2018〕79号）提出明确要求，“五年内政务服务事项基本上网办理"，应按照"应上尽上、全程在线"的要求，将行政审批事项、公共服务事项全部纳入"网上大厅"，实现网上咨询、网上预约、网上办理等功能，打造"网上大型政务超市"，让群众和企业能够"随心所欲"网上办事。这表明打造自动化、智能化的政务服务成为政府优化公共服务供给模式的重要切入点。

行政审批服务是政务服务的重要构成部分，因此，将数字信息技术融入行政审批流程，优化行政审批模式，构建智能化、信息化的智慧审批模式成为政府政务服务供给的必然要求，也是实现"以人民为中心"、使审批权力在阳光下运行的重要驱动力。数字化时代背景下的行政审批服务改革势必要求政府充分运用数字思维，实现技术与治理的融合创新，只有将数字信息技术运用到行政审批流程再造的过程中，才能重塑政府政务服务的供给流程，将物理上的业务流程重组真正转化为服务效能，实现行政审批服务的"升级和重塑"。

整体而言，在数字化时代背景下，行政审批服务的梗阻问题、现实诉求以及政策导向无一不要求政府在行政审批服务供给中充分融合信息技术优势，对政府的业务和运作流程进行整合优化，着力提高政府部门间的协同水平，满足人民群众多样化的政务服务诉求，其实质是从政府本位的行政审批服务提供向"以人民为中心"的行政审批服务供给模式转变。

二、智慧审批服务建设的济南实践

济南市行政审批服务局紧抓数字化时代的潮流，积极研讨新技术、新装备在行政审批服务中的应用趋势，特别是在"5G"技术为基础的“万物互联”条件下，加大技术投入，大力推进信息技术、人工智能技术的应用，推进审批服务的智慧化和智能化。同时，加强政、企、研合作，研究各项技术在行政审批服务中应用途径和嵌入机制，促进技术与组织运行的深度融合。通过一系列的探索创新，行政审批局在审批服务的全流程环节都高度嵌入信息技术和数字化手段，探索形成了智慧审批模式，实现了大数据和互联网信息技术与行政审批全过程的有机结合。

（一）优化审批流程：数字赋能行政审批的前置环节

数字赋能行政审批服务前置环节智慧化，是指将信息技术手段融入行政审批的前期申请环节中，突破办事人员和行政审批部门的直接接触限制，提高行政审批申请环节的便捷程度和人民群众的满意度水平，让行政审批突破时间和空间的限制，实现行政审批服务的“天涯若比邻”。

1.简化审批程序，优化群众办事体验

利用数字手段简化行政审批程序是数字赋能行政审批服务效率提升最直观的体验。

一是审批服务事项“一网通办”。济南市于2020年推出599条“零跑腿”事项，与有关部门协同推进全市自建系统整合，群众只需在济南市政务服务网站上，按照具体事项的办事指南，即可在线提交申请材料进行网上申报，实现一体化平台办理。除特殊情形外，申请事项100%实现“不见面审批”。同时，对于特殊事项，行政审批局推出“特事特办”，综合运用线上线下审批方式，以最快速度帮助企业完成各项材料准备，通过线上方式进行预审，对符合要求的企业尽快发出相关许可证照或通过适当方式予以通知，以满足特殊情况、特定情境下的办事需求。济南市通过打造一网通办的审批模式，实现了公众"零跑腿"，将申请环节和准备环节尽可能简单化。

二是推广使用电子证照。电子证照的推广使用是济南市打造"不见面""网上办"行政审批服务模式的基础环节。行政审批局系统梳理、承接许可事项所涉及的证照信息，收集整理各类许可证照模板，并对实体证照进行电子影像化处理，为全市范围电子证照的统一使用打下坚实基础。申请人在办理业务过程中提供电子证照便可免交纸质材料，且电子证照与一体化在线政务平台及"泉城办"App个人账号绑定，申请人可随身携带、随时亮证、随时应用。目前，电子证照已在工程建设、社会事务、城市建设、交通运输、食药卫健等领域广泛应用，实现线上线下功能互补，有力地提升了审批服务效率。电子证照的推广使用是变政务服务"企业群众跑腿"为"信息数据跑路"的重要内容，不仅提升了审批服务效率，更提高了企业群众的政务服务满意度，为"不见面审批"模式的常态化运行提供了技术支持。

三是秒批秒办。在加快推进"互联网+政务服务"的背景下，济南市推出"秒批秒办"智能审批系统，在企业开办"零见面""零成本"基础之上再度简材料、优流程、缩时限，采用人脸识别、系统自动调取认证人信息和实时监控的后台处理方法，实现审批事项全自动、秒办结，既节约人力成本，又切实提高了部门办件效率。除此之外，行政审批局还依托电子信息技术随时满足群众办事需求、打造24小时"不打烊"的网上政府；加快推进"一卡通"工作，将市民生活必备的多种功能融于一体，实现“一卡在手、走遍泉城”。

总体来说，济南市将信息技术手段切实应用到行政审批的申请环节之中，不仅节约了申请人的时间成本和物力财力，同时也节省了行政成本，保障了廉政工作，确保了行政审批的准确性和规范化水平，让行政审批的申请环节步入“高速路”。

— 专栏

建筑业企业资质“秒用”模式改革

在传统模式下，济南市建筑业企业在资质获批后，如需参加招投标活动，要先后进行证书打印、领取（邮寄）证书、准备证书复印件、招标人对企业资质核对等环节，办理周期也较长，给企业带来了诸多不便。为打通这一堵点，济南市行政审批服务局启动了建筑业企业资质“秒用”。

改革方案将建筑业企业资质审批划分为受理、审批、发证使用三个阶段，对每一个阶段存在的改革难点、痛点逐一分析，初步确定了

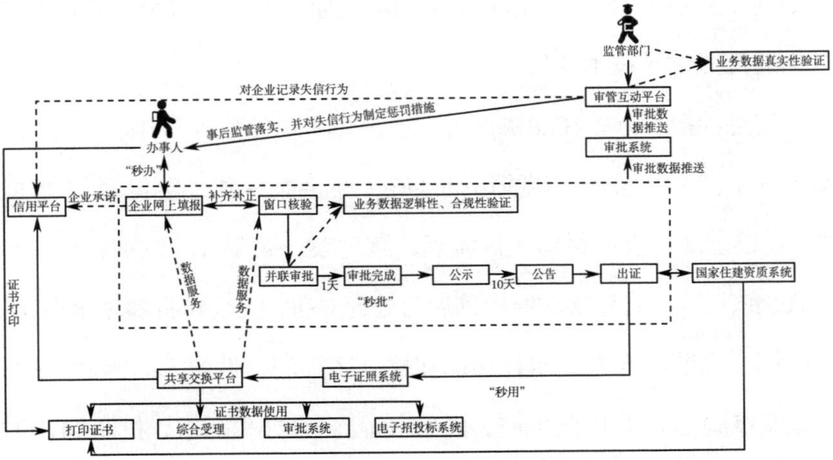

图6-1　济南市建筑行业企业资质秒批秒办秒用工作流程

在企业申报环节结合信用承诺（"秒办"），审批环节采用智能审批和人工审批相结合的方式（"秒批"），审批业务数据在各相关业务系统同步传递，企业资质电子证照即时推送到电子招投标系统（"秒用"）的工作模式，制定了由易到难、逐步推进的工作步骤。在对标先进的同时，力争对从审批到使用的全流程进行改进，进一步提高工作效率。

以"秒用"模式改革为切入点，取消传统模式下证书打印、领取（邮寄）证书、准备证书复印件参与投标、招标人对企业资质的核对等环节，解决了资质许可后企业参加招投标需等待纸质资质证书的问题。"秒用"模式改革依托数据共享交换接口，打通资质审批系统、招投标系统和资质数据库三大核心系统，让审批业务数据在各相关业务系统同步传递。这样资质审批系统产生的建筑业企业资质审批结果（资质证书及相关数据）可即时推送到资质数据库，企业进行招投标报名时，招投标系统将自动从资质数据库提取企业资质信息进行比对核验，减去了传统模式的线下环节，使建筑业企业在获取资质的第一时间即可参与招投标活动，实现了"零跑腿"。

建筑业企业资质"秒用"模式改革取得了良好效果，目前全市已有1500家建筑业企业的首次申请、增项、变更、升级、延续资质信息入库，这些资质信息均与招投标系统互联互通，可直接实现"秒用"。

总体上讲，"秒用"模式改革依托互联网、大数据等信息技术，打通了建筑业企业资质应用向"零跑腿"转变的"最后一公里"，符合改革的总体要求，对优化企业发展环境、助力济南城市建设起到了积极推动作用。

资料来源：济南市行政审批服务局

2.融合技术手段，推进异地办理

流动社会的发展促进了不同区域间的深度融合，同时也对行政审批服务提出了跨域办理的新要求，"异地通办"成为济南市回应民众多元化行政审批诉求的有力证明。目前，济南市的"异地通办"囊括三方面的工作内容：在省内率先实现企业设立"全城通办"、创新推出省会经济圈"全域通办"、牵头推进黄河流域省会城市"跨省通办"。"异地通办"模式的特殊性决定了其在推进过程中势必要依托高质量、便捷化的信息技术手段，据此，济南市依托一体化政务服务平台，推动政务服务线上线下融合，为企业群众提供多样化办事渠道，满足不同群体的差异化需求。

具体来说，在"异地通办"过程中，济南市建立起了以全程网办为主、专窗代办为辅、多地联办相结合的工作体系，符合"异地通办"范畴内的申请人可通过网络以全程电子化的形式进行申报，也可以选择到所在地的政务服务大厅提交申请，窗口受理后通过信息系统将数据传输到企业所在地的登记机关远程审核发照。济南市将信息技术手段应用到"异地通办"的申请受理、审查决定、颁证送达等流程中，推动业务系统间的数据互联互通，让企业群众零跑腿、办成事，有效满足异地企业群众的办事需求，使得审批服务真正突破时间和空间的限制，是以人民诉求为出发点展开的实践探索，也形成了可资借鉴的地方经验。

（二）高效协同运作：数字赋能行政审批的运行环节

数字赋能行政审批服务中期运行环节智慧化，是指在行政审批部门收取申请后，在受理事项进行审批的运行过程中，利用智慧化手段，打破科层内部纵向层级间和横向部门间的壁垒，通过政府内部协同运作共同提供审批服务。

1.搭建政务网络系统，实现纵向层级联通

首先，济南市通过构建政务网络系统实现纵向层级间的信息互通。由市大数据局牵头，市有关部门、各区县协同推进市域一体化的电子政务网络体系，实现省、市、区县、街镇四级政务专网的纵向联通，强化镇村基层网点规范化建设，打造群众家门口的“政务服务便利店”。2019年12月底前，市级政务服务平台与省级实现全面对接，建成了市级部分重大公共性应用系统和行业重要业务应用系统；2020年12月底前，实现了省、市、区县政务服务网络、数据、应用全面贯通。其次，在数据资源的跨级流通方面，由济南市政府有关部门单位根据事项办理和集成服务需要，形成数据共享需求清单。按照清单需求，由市大数据局牵头，市政府有关部门配合，积极推动国家部委、省市数据资源跨级共享应用，实现事项办理数据共享、业务协同，支撑政务服务流程和功能优化。

由此，通过构建四级政务网络系统和通过需求清单推动国家和省市数据资源的跨级流通，为政府纵向层级间的互联互通提供了网络和数据支持，推动行政审批服务的触角延伸到基层，实现社会治理中心的进一步下移。

2.数据信息归集共享，打破横向协作壁垒

目前行政审批制度改革已经进入攻坚阶段，现阶段济南市行政审批服务局以“并联审批”作为重点推进措施，以突破科层制在协作层面存在的痼疾，实现横向部门间信息共享。大数据应用是破除部门间的协作壁垒、提高政府协同水平的重要突破口。在政府运作过程中，各个职能部门都掌握着一定的数据库，然而由于数据安全等因素致使各个数据库之间难以实现联通，产生了数据壁垒。鉴于此，济南市在行政审批服务改革过程中，着力实现部门间数据的对接和共享：首先，积极推动数据的归集共享，依托济南政务云平台，推动各级各部门单位政务信息系统和政务专网上云迁移，为打破部门数据壁垒提供基础。其次，以商事登记、投资项目审批、不动产登记、社会事务等重点领域的高频事项为切入口，按照办好“一件事”的标准，将全市各级、各部门单位的政务服务数据归集共享，丰富各类基础数据库和专题应用数据库，逐步实现了市域公共数据全量归集共享。再次，在市政府的统一部署下，协同市大数据局统筹整合数据资源，建立统一的审批服务数据管理平台，促进各类政务信息联通共用，实现全市“一平台、一张网、一个库”。最后，协同市政府办公厅、市大数据局，加强与省有关部门沟通，推动上级政务服务平台开放端口、权限，打通数据查询互认通道。

总体来说，通过数据云迁移、数据归集共享、信息联通共用、数据互认等方法，济南市行政审批服务局将横向部门、纵向层级间的数据信息进行归集共享，打破了以往部门和层级间数据独立、网络隔离的局面，依托信息技术手段提高了政府内部的沟通效率，为协同提供、并联审批的行政审批服务模式提供了数据支持。

（三）规范服务效能：数字赋能行政审批的监督考评环节

数字赋能行政审批后置环节智慧化主要是通过监督考评环节体现出来的。科学化的监督和考核体系是推动行政审批服务良性运转的制度支撑和重要保障，能够从制度层面对业务人员的审批服务行为进行约束，确保行政审批流程的规范化、科学化。

1.公开办事流程，实现审批权力在阳光下运行

将信息技术手段融入权力监督环节是科学有效预防腐败、实现廉洁审批、保障人民权利的重要举措。为此，济南市行政审批服务局以技术手段为抓手，多措并举，全力打造阳光、和谐、廉洁、高效的审批权力运行机制。首先，市行政审批局在工作运行中探索应用具有开放性、信息不可篡改、智能合约等优势的区块链技术，建立审批监控机制，解决目前行政审批过程中存在的效率低下、自由裁量权大等问题，打破行政审批过程中的信息孤岛，实现审批监控实时化、智能化、透明化，促进阳光审批。其次，利用监控手段，设置监控点，设立行政监督室，对大厅工作人员的工作情况和所有活动进行音视频监控，并保存备份记录，从而实现对行政审批权力的实时监控和在线监督。再次，定期对监控记录进行审批大数据监控分析，及时发现违规行为。最后，强化信息公开机制建设，公开审批办理、信用评价和奖惩结果等信息，接受社会监督，促进阳光公正审批。通过建立审批监控机制和公开审批办理信息的举措，使得审批环节透明化，保障了行政相对人的知情权和监督权，也保证了行政审批工作人员的廉洁度，促进行政审批服务过程的科学化运作。

2.完善"好差评"制度，提高审批服务的精准化水平

考核环节是规范行政审批工作人员行为的必要环节，也是保证审批服务效能的关键。"以人民为中心"的理念要求行政审批改革从供给导向向需求导向转变，从政府单一主导向社会多方参与转变。

为此，回应民众需求、创新服务理念，将民众实质参与吸纳到评价体系建设中则成为数字化时代规范政府政务服务行为的必经之路。"好差评"是济南市推动政务服务评价体系建设的主要措施，市行政审批局将信息技术手段融入"好差评"体系建设过程中，为体系的落地延伸提供了技术支撑。

具体来说：一是打造全市统一的"好差评"服务标准集成平台。济南市依托一体化在线政务服务平台，建设了功能完善的政务服务"好差评"系统，将"一次一评""一事一评"等具体工作统一集成到系统平台，为"好差评"的现实运行提供了平台支持。依托一体化在线政务服务平台，对办理事项进展情况进行全程监控、动态分析、预报预警，实行"红黄牌"亮灯制度，对部门（单位）相关负责人、处（科）室相关负责人和直接责任人即时督促提醒。二是利用技术手段实现多渠道评价全覆盖。在全市各级政务服务大厅设置评价机、窗口评价器、二维码，同时在一体化政务服务平台、"泉城办"App、微信公众号等线上端开通评价功能，通过线下的技术手段与线上的信息手段相结合实现现场服务和线上服务"一事一评"。三是完善"差评"整改反馈机制。按照"谁办理、谁负责"的原则，依托12345市民服务热线，将"差评"评价实时推送至责任部门，责令其第一时间核查整改。同时，建立"好差评"数据分析机制，深入分析"差评"原因，有针对性地改进服务中存在的不足。通过丰富、及时、准确的数据融合分析，每月对进驻政务服务大厅人员实施绩效评价，并将评价结果与绩效奖励挂钩，以此实现考评体系的激励作用。

总体来说，为提高考核的智慧化和科学化水平，市行政审批局将信息技术手段融入考评环节中，通过线上线下相结合的方式，以信息技术手段集成了评价系统、完善了多样化的评价渠道，建设了大数据分析机制和意见整改反馈机制，体现了数据赋能“评价—反馈—数据分析—考核激励”全流程，进一步推动“好差评”体系的落地实施。这一智慧化的考评方式突破了传统的仅靠部门内部和自上而下的业务考核方式，将行政相对人的意见建议作为关键指标纳入考评体系中，形成“审批服务优化—评价反馈—审批服务再优化”的闭环流程，以智慧考评推动行政审批服务不断进阶，促进封闭性的治理结构进一步向开放化、透明化、智能化方向转变。

通过对行政审批服务不同阶段中的智慧审批应用进行审视，可以发现济南市将数字信息技术融入行政审批服务的前置申请、中期运行、后置监督考评的全流程中，打造了“在泉城全办成”智慧审批服务，从而切实通过数字赋能为行政审批服务的各个环节增质提效。

三、创新样态：智慧审批的实践探索案例

济南市行政审批服务局通过将大数据和信息技术手段有机融入行政审批的申请环节、运行环节和监督考评环节中，打造了数字赋能智慧审批服务的济南路径，是“在泉城全办成”整体品牌的亮点方案。为此，本部分将聚焦济南市智慧审批服务的两个典型实践案例，充分展示数字赋能“在泉城全办成”智慧审批服务中的现实应用。

（一）高新区：将区块链技术与政务服务融合，推进“一次办成”改革

济南市高新技术产业开发区是经国务院批准设立的首批国家级高新区，拥有国家信息通信国际创新园、齐鲁软件园等国家级专业园区，以及全国软件出口创新基地、服务外包示范基地等一批国家级金字招牌。2016年经国务院批准跻身山东半岛国家自主创新示范区。高新区重点发展了电子信息、生物医药、智能装备、现代服务业四大支柱产业。基于其自身所具备的专业技术优势，高新区在行政审批改革过程中，通过运用信息技术手段打造了智慧审批模式，为济南市行政审批改革提供了具有示范价值的实践经验。

一是打造智能政务系统，实现业务在线协同。在数字化时代背景下，高新区开发建设了基于区块链技术的智能政务系统，以企业、群众眼中的“一件事情”为主线，整合政务服务资源，实现“网络通”、“数据通”、“业务通”、政务数据跨部门可信传递、各部门业务在线协同办理和调度管控。一方面，完整支撑自贸试验区济南片区高效便捷的政务服务。2019年9月5日，中国（山东）自由贸易试验区济南片区综合服务中心在济南高新区正式揭牌，“一窗受理、集成服务”的政务服务模式全面开始实施。其中，“企业开办一次办成”窗口实现了新开办企业在1个工作日甚至半个工作日内完成企业营业执照办理、印章备案、印章刻制、社保登记等业务事项，从办事企业一次性递交材料到拿到营业执照、公章，时间最短的仅35分钟，平均时间117分钟，真正实现了“数据多跑路，群众少跑腿”。另一方面，深入推进“秒批秒办”和“不见面审批”。

充分利用大数据和人工智能技术，实现了新生儿居民医疗保险参保登记等在内的18个政务服务事项足不出户即可在微信小程序中办理。"秒批秒办"和"不见面审批"政务服务的上线运行，标志着高新区政务服务开启了"秒批秒办"和"不见面审批"时代，实现了从"最多跑一次"到"一次也不用跑"的跨越。

二是建设基于区块链的数字资产管理和应用系统，真正"减材料、减环节、减时限"。高新区以区块链分布式账本为平台，以公民身份证号码、企业组织机构代码作为唯一标识，将各种证照（主要包括身份证、企业营业执照、卫生许可证、食品许可证等）的签发、使用记录、验证记录、状态存储到区块链上，并利用全新的加密认证技术和全网共识机制，建设数字资产管理和应用系统（见图6-2）。每个办事群众、企业都有自己的数字资产，企业或群众来政府部门办事时，可以在手机端（微信小程序、App）出示自己的数字资产或者被授权使用的数字资产，经由工作人员在线验证后直接为群众、企业提供高效便捷的政务服务。新提交的、新产生的书面

图6-2　济南市高新区"区块链+政务服务"平台应用：企业开办"一次办好"

资料来源：济南市行政审批服务局

材料进行数字化处理，如有再次使用价值，则自动沉淀到区块链，成为新的数字资产。办事时已经上链的材料则不再重复提交，真正实现了减证便民优势。政府部门可从区块链获取到真实有效的各种材料，真正做到“减材料、减环节、减时限”，让老百姓切实享受到政府服务优质、高效、便捷的服务体验。通过在济南高新区政务服务中心无差别综合窗口、“秒批秒办”等政务服务事项中对数字资产应用模式的广泛应用实践，目前已经取得显著效果。

高新区在以区块链技术为基础推进智能政务系统以及数字资产管理和应用系统建设的过程中，充分体现了数据技术在整合政务资源、提高便民程度方面的重要作用，并取得了重要成效。从实践层面上来看，高新区将区块链技术与政务服务融合，深入推进“一次办成”改革的创新举措收获了巨大成效。一是高新区将数字资产投入政务服务应用的举措属于首举，全国第一张基于区块链技术的数字营业执照便在济南高新区诞生，由此开启了省内乃至国内在证照领域应用区块链技术的先河。二是基于区块链技术打造的智能政务系统以及数字资产和应用系统，成为提升行政审批服务效率的重要基础，例如推动了“企业开办一次办成”的进程，在此过程中创造的“高新速度”，目前在国内也处于领先水平。三是得到了社会各界和各级领导的认可肯定，荣获了“2018年智慧城市建设创新成果优秀奖”“山东2018最受关注改革创新案例”“建国70年济南工信创造的70个第一”“2018年度‘智慧泉城’十大示范工程之一”。省内外十余兄弟城市来高新区调研学习，三个城市将以高新区智能政务系统作为模板打造自身的政务服务系统。四是基于区块链系统展开的高新区智慧审批实践被国内媒体广泛报道。人民日报分别以"群众少跑腿，数据多跑路""企业开办一次办成"为题，半年内两次对高新区智能政务系统进行了专题报道。同时，国家电子政务网、人民网山东频道、齐鲁晚报等媒体也进行了多次报道。

综观高新区的智慧审批实践，可以发现其数字技术应用主要涵盖三方面内容：

一是政务服务方面，高新区利用区块链、大数据和人工智能等现代信息技术，以办成"一件事"为主线，推进集约化的平台建设，将各类政务服务事项集成到政务服务平台中，打造智能服务系统，从而推进审批服务事项的"秒批秒办"和"不见面审批"，进而实现对外政务服务效率和质量提升，提高人民群众的满意度和获得感；对内实现跨部门协同办公，提高政府内部的协同化水平。

二是数据资源方面，高新区通过区块链技术将政府内部的数据资源进行集成，实现政务数据跨部门可信传递，以数据资源为切入口打通政府部门间的协作壁垒，实现数据的汇聚共享；同时，以区块链为手段打造数字资产管理与应用系统，通过将各类证照、资料等材料沉淀到区块链中，实现纸质材料的数字化，形成每位办事群众的独立数字资产，以此实现各类办事材料和数据资源的集约化以及调取、使用过程的高效化。

三是审批服务创新方面，高新区以区块链技术打造的智能政务系统、数字资产管理与应用系统在国内的审批服务领域走在前列，是将大数据和互联网信息技术应用到行政审批服务过程中的创新之举。通过技术平台的在线无缝隙运作能够有效降低审批服务过程中所需的各类成本，提高政务服务的效率和质量，规范工作人员的办事水平。在此过程中，高新区所采取的以区块链技术为依托的减材料、减环节、减时限的举措，构成了实现“秒批秒办”“不见面审批”“企业开办一次办成”等行政审批目标的重要内容，是行政审批服务智慧化的重要组成部分，也为打造“在泉城全办成”智慧审批服务模式提供和积累了可资借鉴的经验。

（二）长清区：首创“电子预勘”，推动审批服务提速增效

现场核查是行政审批过程中最复杂、最烦琐的事项，涉及部门和要件众多，耗时长、程序繁，许多经营者对此颇有抱怨，影响了投资环境和经济发展，这同样也是济南市长清区行政审批局在审批服务过程中长期面临的难题。究其原因：一是核查任务多、人员紧张。以2019年下半年核查数据为例，长清区行政审批局共办结核查事项2754件，平均每天核查21项业务，在勘察科只有6名工作人员的情况下，人均核查任务繁重；二是一次勘验成功率低。核查中经常遇到申请人准备不充分，整改不自律的状况，导致全程需要多次勘察整改，浪费时间人力物力。三是核查标准不够透明。此前办事群众往往不知道具体的核查标准，且核查过程缺乏有效的监督和制约，致使核查过程自由度较大，造成了部分项目在核查效率、规范化及廉政方面存在不同程度的问题，阻碍长清区行政审批服务质量的提升。为解决现场核查环节存在的三大顽疾，长清区行政审批局在落实《关于推进制度创新加快流程再造实现“在泉城全办成”的实施意见》过程中，聚焦影响企业群众办事的痛点、堵点、难点问题，在全市首创了自主选择、远程核查、在线反馈的现场核查审批新机制。

一是坚持问题导向，推行电子预勘。所谓“电子预勘”指的是

行政许可申请人按照审批部门规定的规格参数要求，将自己拍摄的经营场所视频、图像等资料上传至审批部门专用接收终端，审批部门依照法定勘验标准对上传的视频进行审核。将电子信息技术应用到核查环节中推行电子预勘，能够简化审批部门的办事程序，避免办事人员频繁往返现场核查，降低了行政审批部门在核查环节的行政成本，从而实现行政审批服务环节中的人力资源最优配置，缩减并非必要的人力资源浪费，向“一次办好”审批目标的实现更进一步。

二是坚持便利原则，简化申报流程。长清区将电子信息技术同样应用到了“电子预勘”的申请环节中，打造让群众和企业“零跑腿”的智慧审批模式。依托信息平台，办事群众只要打开微信，关注“济南市长清区政务服务中心”微信公众号，进行简单的注册后即可登录“网上预勘系统”进行网上申请。“网上预勘系统”集成了“核查标准”“核查申请”“审核进度”三大模块。通过将核查环节所需知晓的各类信息和流程进展汇聚到信息平台中，以此减少办事群众与行政审批部门的接触点。

三是坚持创新引领，推出“1+X”勘验模式。“1”即1辆车，“X”即多项勘验任务，“1+X”即出1辆车一次核查多项许可事项。如在对新世纪影城核查电影放映许可时，发现企业一并申请了食品经营许可，长清区行政审批局便立即推行“全链条”审批，将企业需要多次提交的要件中重合的部分进行“合并同类项”，对电影放映许可和食品经营许可两项现场核查事项实施一并核查。

自2019年10月份电子预勘系统上线以来，长清区行政审批局已审查电子预勘420余件，现场核查平均办结时限由10个工作日减少为3个工作日，现场核查成功率提高至95%以上，全面提升了审批服务工作的便捷度和满意度，取得了丰硕成果。

从现实层面来看，通过将电子信息技术融入电子勘察环节，为长清区政务服务改善带来了如下成效：一是优化了营商环境。电子预勘通过电子信息技术的运用，使得核查环节突破时间、空间限制，解决了反复踏勘浪费时间、申请人时间不固定等问题，将现场核查时限平均压减至5个工作日，全面提升了审批服务工作的便捷度和满意度。二是减少了行政成本。电子预勘代替传统现场踏勘，解决了踏勘人员不足的问题，节省了车辆运行维护费和人员误餐费，极大地缩减了办公开支。三是降低了廉政风险。电子预勘实现“不见面踏勘”，有效杜绝踏勘标准不一、自由裁量过大、吃拿卡要等情况，降低审批工作的廉政风险。

综观长清区在电子勘察环节的突出进展，可以发现电子信息技术的使用对于解决行政审批服务领域的“中梗阻”问题、破解行政审批服务中的痼疾提供了可行思路。不同于高新区所具有的先天技术发展优势，长清区在行政审批服务过程中所面临的梗阻问题、技术发展和应用水平对于其他区县更具普遍性和代表性。因此，长清区的电子预勘实践创新也充分体现了“在泉城全办成”的智慧审批服务多样性优势。

一方面，在行政审批服务效率的提升上，长清区针对自身在核查环节存在的不足之处，适时推出了“电子预勘”和网上申请的模式，运用信息技术为自身的行政审批服务赋能，开发出新的政务服务方式，能够尽可能地提高政务服务的便捷性和可及性，降低因传统政务服务而产生的社会和政府的资源浪费，大大提高了行政审批服务的效率，同时也避免了核查人员的工作失误，便于形成规范化的核查流程。另一方面，长清区的电子预勘模式是推动行政审批局在更大范围内推动审批数字化应用拓展的重要举措，从更高层面来说，也是济南市构建数字政府的重要一步。长清区以电子预勘和网上申请的典型举措体现了行政审批服务信息化转型的创新探索，是推进智慧审批服务的重要实践。

四、济南市数字赋能整体性服务平台的经验总结

济南市在推进行政审批改革过程中，充分运用大数据和互联网信息技术，较好地解决了行政审批过程中政务服务供给侧与需求侧不平衡、效率低下、部门协作难等问题，为"以人民为中心"的行政审批服务变革积累了重要经验。

（一）从政府本位到人民中心的政务服务供给

党的十九大报告指出，要转变政府职能，深化简政放权，创新监管方式，增强政府公信力和执行力，建设人民满意的服务型政府。以"放管服"改革为契机，近年来我国着力推动政务服务从"群众跑腿"向"数据跑路"转变，将方便人民群众办事、最大限度利企便民作为行政审批服务的重要改革方向。济南市在行政审批改革过程中，紧抓互联网信息技术发展的时代契机，为满足人民群众多样化的办事需求提供了可行路径。一方面，济南市以方便人民群众办事为原则，以减少群众、企业与行政审批部门的单一线下接触为主线，在行政审批服务的前置环节中，利用信息技术手段实现了

申请材料的电子化，尽可能实现审批业务的网上申请、网上审批和电子证照的统一颁布。这种“全网通办”的“不见面审批”模式不仅简化了审批程序，同时也为跨域审批事项的办理奠定了基础。

另一方面，济南市借助大数据和互联网信息技术建立起了自下而上的信息反馈机制。利用大数据手段将人民群众对行政审批服务供给情况的评价进行系统化的数据分析，识别归纳社会公众的办事需求和反馈意见，进一步形成政府对自身业务运行和服务情况与社会需求间差距的客观认知，从而弥合政府行政审批服务的不足之处，有针对性地提高行政审批服务的质量，进而满足多层次、多样化的行政审批诉求。

为此，济南市在利用大数据和信息技术手段打造智慧审批服务过程中，最重要经验之一是始终以人民需求作为根本出发点，坚定贯彻并不断强化人民中心的服务理念，将各类信息技术手段视为服务优化的工具，如此才有可能避免技术给人民隐私安全带来的侵蚀隐患，为群众提供高效便捷、精准化和人性化的行政审批服务，从而实现构建服务型政府和回应型政府的目标愿景。

（二）以大数据和信息技术手段助推部门间协作常态化

政府内部存在的碎片化现象导致部门间权力分割、数据割据，造成了部门间的信息不对称，加剧了政府内部的协作成本。同时，这种碎片化现象也为群众和企业办理业务带来诸多不便，制约着行政审批服务效率的提高。随着大数据和互联网信息技术的发展，信息技术已成为政府治理的重要工具，其内含的各类算法和数据等技术资源，已逐渐被应用到政务服务供给过程中，成为影响政府数字化转型的关键要素，也为解决政府内部的协作问题提供了新的解决思路。在数字化时代背景下，济南市行政审批服务局通过信息技术手段实现了信息共享，打破了部门间的协作壁垒，提高了政府内部沟通效率。

通过搭建网络体系和一体化信息系统，济南市行政审批服务局将四级政务体系在纵向上联通，促进了不同行政层级之间的数据对接和业务沟通，在一定程度上压缩了政府的纵向层级；通过职能部门间数据的云迁移、数据归集共享、联通共用和数据互认，实现了横向部门间政务服务资源共享、业务协同和互联互补，推动政府由此前的串联审批向并联审批模式的转变，大大提升了政府整体治理的能力。究其本质，济南市在以数字信息技术解决政府内部协同问题的过程中，遵循着通过打通数据壁垒进而打通协作壁垒的从局部到整体的改革思路。藉由充分汇聚、融合并利用各个部门之间的数据库，构建政务服务的多元优化路径；通过抓好部门间数据的开放共享、层级间网络体系的互通建设，探索建立共享协作的一体化信息系统，并进一步推进数字化时代背景下政府整体治理系统。从技术实现的角度来看，济南市借助数字化和信息化手段，力图通过打破政府内部的数字壁垒，实现政府内部的信息互通和政府组织结构的扁平化运行，最终为纵向层级联通和横向部门协同的常态化提供可行路径。

（三）从智慧审批创新应用到数字政府整体构建

在数字化的时代背景下，打造与时代背景相契合的数字政府是实现治理现代化的重要内容之一，也是政府变革的努力方向。数字政府是在大数据和信息技术高度发展背景驱动下的政府治理模式大变革，要求政府在理念革新、职能转变和体制机制重塑方面作出相应回应。数字政府的建设是循序渐进的，不同地区、不同政府间的发展水平差距致使在数字化建设和发展过程中不可能做到齐头并进。因此，数字政府的构建不是一蹴而就的，势必需要历经千回百转的改革路程。

济南市行政审批改革为数字政府的建设提供了实践经验和可行路径，其将信息技术手段融入行政审批流程中所打造的智慧审批服务模式，对于打造数字政府、推动数字治理的治理现代化目标的实现，既有其实践的现实意义，又有理论上的必要价值。济南市在行政审批改革过程中，通过打造审批事项的全网通办，帮助群众和企业足不出户把事办成；通过跨域通办，提高业务办理的便捷化水平；通过秒批秒办，不断刷新审批服务的济南速度；通过数据互通，实现政府内部“刀刃向内”的自我革命；通过智慧化的“好差评”考评体系建设，倒逼政务服务效能不断再创新高。为此，济南市的行政审批改革为数字政府的构建做出了卓有成效的经验累积，通过各类数字化手段的应用也进一步促进线上虚拟政府和线下实体政府的无缝配合，建立起了高效化、智能化和精准化的行政审批模式和政务服务模式，体现了以智慧审批服务为代表的一系列政务服务数字化建设的改革目标和落脚点。

总体来说，济南市通过在行政审批流程中充分引入大数据和互联网信息技术的智慧审批模式探索，开创了一种面向公众政务服务需求的程序简化、信息集中、部门协同、业务集成的审批服务模式创新，深刻体现了秉持人民中心理念而进行的政务服务改革探索之路。

五、本章小结

当今时代正在历经数字化技术迅猛发展所带来的技术创新和理念革新，物理世界形态得以不断重构。在政府的政务服务领域，数字技术的运用冲击着政府原有的服务供给方式和内部沟通方式，对政府的治理理念、方式和服务供给流程等方面提出了挑战，如何将技术革新带来的压力转化为行政效能提升的工具、进而推进制度变革成为政府创新的重要面向。

具体到行政审批领域，随着行政审批改革的纵深推进，对政务服务供给侧与需求侧不平衡、政府内部条块分割、信息共享度低等深层次问题的解决迫在眉睫，而数字信息技术的发展无疑为上述问题的解决提供了新思路，积极运用数字技术推进行政审批流程再造成为各地政府的普遍共识。济南市行政审批服务局打造的智慧审批模式为全国的行政审批改革提供了重要范例，其通过将数字信息技术嵌入行政审批的前置申请环节、中间审批环节和后期监管环节中，不仅有效提高了行政审批效率，大大降低了制度性交易成本，提升了政府条块之间的政务协同运作水平；更在一定程度上挑战着政府本位的传统管理理念，推动审批机关从行政审批相对人的角度出发简化行政审批流程，最终向多元协商的共治理念转化。

整体而言，济南市智慧审批模式的内在逻辑在于通过数字嵌入的方式，利用数字技术反哺政务服务的优势，整合审批服务资源、优化审批服务流程、推进部门间的协调运作与审管互动。但在行政审批服务过程中，对部门间信息系统的打通、信息安全以及数字信息技术管理体系建设等问题，是行政审批改革不容忽视的重要问题。

第三篇

“在泉城全办成”品牌的撬动效用

行政审批改革是我国政治体制发展和新时代政府改革的重点之一，也是上层建筑适应并促进经济基础发展规律的基本要求，其表面是对相对集中行政许可权和行政审批事项的梳理、简化、再界定，但实质关涉到政府的机构设置、职能权责优化，以及政府对市场干预界限的调整，是对实现政府与市场良性互动关系的有效回应，并触及政府系统内部部门间关系的调整，是一场涉及政府治理整体转型的自我革命。作为济南市行政审批改革代表品牌的“在泉城全办成”改革发展至今，其改革成效已经从再造业务流程、理顺权责边界、规范内部运行，逐渐向转变政府职能、优化营商环境、构建整体性政府等方面扩散，呈现出更瞩目深远的撬动作用和溢出效应。本篇将进入后改革时期，探讨行政审批改革过程是如何通过标准化建设来为“在泉城全办成”改革效益保驾护航，并进一步具体分析改革在营商环境优化、有为政府打造、整体性政府构建方面的撬动效应。

第七章

限权与赋能：“在泉城全办成”品牌的标准化保障

标准是一种统一的技术要求，是为解决某些现实或潜在问题而形成的具体条款，其特点在于面对某一类或者相似的问题，可以共同或重复使用。标准化则是将标准予以固定的活动过程，行政审批活动中标准化的目的则在于实现统一、规范甚至最佳的审批秩序。

“在泉城全办成”品牌塑造进程中不断推进标准化建设，积极依托政务服务的优化将相对稳定并行之有效的统一规范上升至工作标准的形式，以标准化的政务服务运行实现标准限权与赋能，为整个审批流程和机制创新提供规范化的宏观引领参考。

对于行政审批改革与组织结构的模式转变来说，如何以标准化规范行政审批权力，保障部门协同和一体化数据平台建设，进而对审批环节偏差进行及时纠正并全面提升审批效能，可以说对行政审批活动可量化可操作的规范管理至关重要。具体而言，本章重点回答这样三个问题：第一，“在泉城全办成”品牌的标准化需求，即在改革的行进过程中显现的内生和外生变量对标准化建设的迫切诉求；第二，“在泉城全办成”品牌标准化建设的保障效能，基于具体创新举措和实践，总结并提炼“在泉城全办成”品牌的标准化限权与赋能，即标准化建设如何得以继续为改革保驾护航并推动其持续发展；第三，从制度优势到治理效能，分析“在泉城全办成”品牌标准化建设的未来方向。

一、行政审批改革进程中的标准化建设需求

在行政审批制度改革进程中，既有来自中央顶层设计、市场秩序规范等外生变量的拉动，又有来自回应公民诉求、整合资源集中优势等内生变量的推动，共同呼唤“在泉城全办成”品牌塑造的标准化建设。

（一）响应政务服务标准化的顶层设计

党的十八届三中全会指出“政府要加强发展战略、规划、政策、标准等制定和实施，加强市场活动监管，加强各类公共服务提供”[①]。2015年3月，国务院印发的《深化标准化工作改革方案》（国发〔2015〕13号）中提出要本着坚持简政放权、放管结合的原则，健全统一协调、运行高效、政府与市场共治的标准化管理体制，建

① 中共中央关于全面深化改革若干重大问题的决定［M］.北京:人民出版社,2013:21.

立高效权威的标准化统筹协调机制。同年，国家标准化管理委员会开启"国家级社会管理和公共服务综合标准化试点项目"工作，至今已开展八批相关试点项目。2018年10月，《国务院办公厅关于聚焦企业关切进一步推动优化营商环境政策落实的通知》(国办发〔2018〕104号)，提出"加快制定政务服务事项清单和推进政务服务标准化，持续提升审批服务质量，提高办事效率"①。2019年4月，李克强总理签署国务院令公布了《国务院关于在线政务服务的若干规定》(国令第716号)，其中明确规定"行政机关和其他负有政务服务职责的机构应当按照规范化、标准化要求编制办事指南。明确政务服务事项的受理条件、办事材料、办理流程等信息"②。2019年10月，国务院出台的《优化营商环境条例》(国令第722号)也对"政府及其有关部门应当推进政务服务标准化，按照减环节、减材料、减时限的要求，编制并向社会公开政务服务事项(包括行政权力事项和公共服务事项)标准化工作流程和办事指南，细化量化政务服务标准，压缩自由裁量权，推进同一事项实行无差别受理、同标准办理"③作出规定。中央层面一系列政策文件的出台表明党和国家对政务服务标准化的高度关注和重视，意味着政务服务标准化建设逐渐被提上国家政策议程，也要求地方政府及时作出自下而上的政策响应。

① 国务院办公厅关于聚焦企业关切进一步推动优化营商环境政策落实的通知［J］.中华人民共和国国务院公报,2018(33):39-45.

② 国务院关于在线政务服务的若干规定［J］.中华人民共和国国务院公报,2019(13):23-25.

③ 中国政府网.优化营商环境条例［EB/OL］.(2019-10-23)［2022-07-07］.http://www.gov.cn/zhengce/content/201910/23/content_5443963.htm.

2018年4月，济南市政务服务标准化项目获批第五批国家级社会管理和公共服务综合标准化试点项目，该试点项目的启动成为直接推动济南市行政审批服务标准化建设的政策原动力。该项目的推进工作由济南市政务服务中心管理办公室（济南市行政审批服务局前身）承担，逐渐开始综合统筹全市12家政务服务大厅建立市、区县、乡镇（街道）、村（社区）四级标准化政务服务网络，济南市行政审批标准化建设迎来黄金时期。

（二）规范行政权力和市场秩序的现实要求

规范行政权力的有效运行和保障市场秩序的公平活力是我国行政机关在改革进程中如何兼顾效率和公平的重要课题，通过标准化的行政审批和政务服务建设有助于在激发营商环境生命力和吸引力的同时，进一步保障社会主义市场体系的统一有序、活力开放和公平竞争的秩序建设。在行政权力的运行维度上，标准化是对模糊性和无规则性行为的限制和矫正，其目标在于保证审批流程的一贯性和服务结果的一致化。于行政审批领域而言，由于流程烦琐、部门繁多、业务复杂等属性决定了行政审批权力有很大的自由裁量空间，如果缺少统一的标准依据，则必然导致随意性和变动性频发，具体则表现为"徇私情、设关卡""行规"和"潜规则"等审批乱象，既严重损害了行政审批服务的规范性、稳定性和实效性，也滋生了审批腐败产生的可能，对政府的法治运行造成极大冲击。

因此，在行政审批改革和政务服务优化中亟须引入"标准化"理念，即通过规范统一但兼顾动态灵活的标准化建设来调整和规制行政权力运行，达成规范审批和阳光审批的目标。就市场竞争和秩序维护维度而言，由于市场经济的本质是基于契约精神的公平竞争，只有公平有序的市场秩序和开放透明的营商环境才能够保证契约关系的稳定和持续发展，既向相应的法律法规建设提出要求，也体现出能够弥补法律空缺部分的标准化政策规范建设的重要性。统一标准的设定和推广往往由政府主体首先通过规范性文件提出，其适用范围更加灵活多元。

对于行政审批标准化建设而言，审批流程的程序简化能够极大激发企业活力、降低市场准入门槛，将改革红利真正下放到企业。行政审批领域的标准化建设要秉持三个基本原则：一是统一公平原则，以提升政府公信力并营造良好政商关系；二是刚性规范原则，以对政府与市场的基本边界和权责行为进行制度约束；三是最优配置原则，以促进资源自由流动、实现改革规模效益。因此，行政审批改革中的标准化建设，不仅是改革进程中的重要依托、基本规制和运行指南，在很大程度上也顺应并促进了审批权力规范运行和市场秩序公平竞争的现实要求。

（三）回应高效优质政务服务的公民诉求

高效优质的政务服务有助于提升公民的社会认同感、归属感和凝聚力。在传统的政务服务供给模式下，行政审批办事过程中"门难进、脸难看"，办事"九九八十一难"等僵化低效行为屡见不鲜，不仅严重影响了行政审批效率，也大大磋磨了公众对政府公仆形象的认知。为此，在持续推进的行政审批制度改革中，通过政府系统内部机构调整和职能配置的不断转型，不仅优化了政务服务的供给方式，也改变了公务人员的整体形象，进一步拉近了政府与公众的关系，增强了公众对服务型政府的形象认同和信任。

在行政审批改革过程中需要以标准化来促进和稳固政务服务能力提升的改革成效，加快政府职能和角色的转变，以高效优质的政务服务供给模式推动政府由“管理者”向“服务者”角色的转型，保证人民群众政务诉求得到回应的同时亦可提升自身服务的获得感和满意度。行政审批改革的标准化建设一方面需要通过规范职能部门的权责边界来避免推诿扯皮等现象，避免走路多、敲门多、咨询多、候时久等问题；另一方面也需要针对部门内部审批环节和涉及多部门的审审、审管协作，进行有序、统一的作业流程设定，打通各流程环节之间的障碍，实现各节点之间的无缝链接，从而实现行政审批服务的高效、优质、便捷目标。秉持“以人民为中心”的改革理念，不仅是行政审批标准化建设的核心宗旨，更是关乎服务型政府建设能否真正实现为人民服务的本质目标。

（四）整合审批资源集中优势的内在追求

标准的制定需要在遵循法律法规要求的基础上，按标准化原理经各方面有关人员协商一致，由权威机构审查批准后，作为统一执行的依据，并受配套检查标准的监督，其强制性和可操作性优于一般管理制度。[①]在具体的审批运行过程中，如果缺乏标准化建设的保障，对内而言，会造成不同接入单位之间原有审批方式的相互排斥，表现为审批流程的环节衔接、相关数据与信息的传输共享大大

① 毛峰.行政审批标准化管理模式研究［D］.上海交通大学,2014.

受限，不仅难以达成期望的运行效果，还会浪费大量的资金、人力与时间等各类资源；对外而言，将导致审批工作出现过多随意性，在无形间为个人自由裁量权的膨胀滋生空间，轻则懒政怠政、效率低下，重则可能触及法律的红线，影响行政审批活动的职责履行和服务效能。

从科学管理的视角来看，行政审批过程类似于企业加工环节的生产流水线，同样是一个包含输入、加工和输出的过程，也同样具备着重复性、循环性、规律性等基本特征。遵循着科学管理理念，标准化建设意味着一旦设定好了行政审批的工作方法和流程，那么相关任务就可以按照标准化的方法和流程进行重复，从而获得标准化的输出结果，这也隐喻着集中整合审批资源后可以凸显稳定性、高效性等优势。

作为整合审批资源集中优势探索的行政审批局模式，最大程度地将审批资料、审批权限和审批人员进行统一划拨，由行政审批局集中行使，可以凸显事项精简、项目集中、流程极简的科学管理优势。在此基础上，将标准化理念引入其中，对每个岗位、流程、环节制定具体的规范标准，对行政审批事项和清单的名称、依据、条件、流程、期限以及申请材料等按照标准化的要求进行统一，能够确保行政审批执行的准确、具体、明确无误，也可以在更大程度和更深层次上发挥集中审批的集约优势，提升行政审批服务的高品质和稳定性。可见，若要充分发挥集中审批的稳定服务质量、提升产品价值等诸多优势，离不开标准化建设的保驾护航和规范引领，从这一视角而言，推动标准化改革势在必行。

二、以标准化建设保障“在泉城全办成”的可持续性

2018年4月，原济南市政务服务中心管理办公室（后组建为“济南市行政审批服务局”）承接了社会管理和公共服务综合标准化的国家级试点工作，为济南市行政审批标准化的建设与推进按下加速键。在推进试点工作的过程中，济南市行政审批服务局始终秉承着以标准化建设来规范行政权力和提升服务效能的初心，开展了一系列的有益尝试，既探索出涉及行政审批各个环节标准化建设的诸多经验，也涌现出了一批典型的创新案例，为“在泉城全办成”品牌打造提供了有力的标准化保障。2020年11月，山东省市场监管局组织国内标准化专家对济南市政务服务标准化试点建设进行了终期验收，专家组给予了高度评价，一致同意通过中期评估验收，并在创新工作模式，优化标准体系建设，增强服务意识，提高群众满意度方面提出了建设性的意见和建议。①

所谓“标准化”，可以视为对于组织机构、运行机制和操作流程的具体规制和规范，其保障效能体现在既能够制约行政权力运行中的非理性因素和人情化因素，又能够调动组织和人员的内驱力，增强组织所拥有的制度性权能。②“在泉城全办成”的标准化改革着力围绕审批流程的标准化和科学化建设进行着实践创新，为行政审

① 济南市人民政府.“济南市政务服务”国家级社会管理与公共服务综合标准化试点顺利通过中期评估验收［EB/OL］.(2020-08-06)［2022-07-07］. http://www.jinan.gov.cn/art/2020/8/6/art_52_4552997.html.

② 刘开君.限权与赋能:现代科层制组织规范功能再审视——浙江绍兴信访矛盾化解标准化建设案例分析［J］.浙江社会科学,2022(03):41-49.

批局模式运行提供了强有力的支撑保障，极大地规范了审批服务权力运作行为，赋予审批主体和审批流程制度化的能力和集约优势，提升了审批服务的整体效能。

其中，"在泉城全办成"品牌的标准化建设首先以清单设立的方式明确了审批事项和责任边界，为整个标准化工作的开展制定了可追溯、可查询的行为规范，是整体方向上对于工作准则和业务指导的基本设定；其次，以统一化的标准疏通了审批地域与层级壁垒，串联了层级与地域间的审批事项，弥合审批差异，实现最大程度的利企便民；再次，以开放包容的理念不断增强标准化改革中的公众参与和社会监督，从公众和社会的需求视角调整着改革方向和实践行动，彰显了政府改革和政务服务供给中"以人民为中心"的根本价值追求；最后，以规范化的政务服务标准约束行政权力的全过程运行，体现着行政审批制度改革始终保持着科学性、法治化和服务性的前行方向。

（一）通过清单体系明确政务事项的对应范围

标准化清单的建立为标准赋能的开展奠定了权责有序、责任分明的行政审批改革基础。标准化要求在业务划转集成的基础上，加快制定、修订、公布办理事项清单及办事指南，进一步减事项、减材料、减流程、减时限，同步梳理构建一套清单体系，包括负面清单、权力清单、责任清单、风险清单、服务清单等。各种清单之间既有所侧重，又相互衔接协调，共同构成了行政审批服务的职能、权力、行为、责任的合理边界。

其中，负面清单的设立赋予市场主体更大自主权，更大程度地激发市场活力；权力清单的设立可以明确权力边界和法律法规的行使依据，有效杜绝、避免乱作为现象；责任清单的设立能够界定权责对应以及履职不力的追责内容，解决不作为等懒政怠政问题；风险清单的设立可以防控外部社会风险与内部廉政风险，进一步强化监管监督的实效性；服务清单的设立能够充分回应社会需求，整合服务资源、有利于便民利企措施及时推出，鼓励政府主体的主动积极作为。

多样化的清单体系有针对性地对不同领域和过程的审批行为进行规范，为后续标准化体系和制度建设奠定了基础。在四级政务服务体系的运行中，同样离不开标准化的清单事项制定，济南市行政审批服务局以标准化清单体系建设规范着全市不同层级的政务服务供给模式，逐步建立起政务服务基础标准体系、服务提供标准体系、岗位工作标准体系、管理标准体系，不仅是实现标准限权的重要手段，也通过清单体系的建设串联起不同职能部门和不同层级行政审批局的责权边界、运行秩序和协同合作。

（二）以统一化疏通审批地域、流程差异与层级限制

1.弥合缩小地域差异——“全省、全域、全城”的标准统一

标准赋能是建立在全省、全域、全城统一审批办理要求的基础上，以统一办理事项所要提交的材料审核标准为抓手，弥合省市、区县之间的标准差异进而实现“就近办”“在哪都能办”“在泉城全办成”的行政审批和政务服务的便捷优化。济南市行政审批服务局率先在省内开展“全城通办”，力求打破地域限制，将服务企业与企业需求相结合，以企业和市场为导向，打破过去以行政区划作为

限制前提的申报、审核的申请模式。企业申请登记注册时，可以自主选择市域内任何一个政务服务大厅或"政银服务"网点进行申报办理。"全城通办"工作模式在保留各登记机关登记审核权限的同时，突破了企业注册登记需在住所所在地进行申报的地域限制，打通了"各自为政、条块割裂"的行政壁垒和数据壁垒，搭建起以各区县政务服务大厅为核心、政银合作服务网点为必要补充的企业登记注册服务网，实现了企业申报受理的全覆盖、执照审批的全联动，打通了企业登记注册的"最后一公里"。

"全城通办"实现了深化流程再造、规范材料清单、网络传输互通、实时沟通协调等具体措施的创新，企业主体"就近"选择地点提交申请后，接收材料的登记机关负责申请材料的受理，并将相关信息数据实时传输到企业所在地的登记机关进行核准审批，营业执照可选择免费寄递方式送达。基于此类标准和流程统一后，各区县可按照国家市场监管总局明确规定的材料提交要求，以统一的标准流程受理全市不限区划的企业登记注册申请，实现全市范围内同一审批事项申办要件、审核内容、办结时限、服务标准的"四统一"，有力推动了市区（县）一体化运行。济南市行政审批服务局通过编制统一的事项办理规范，加快了政务服务标准化、网点服务便利化、跨域服务通办化，推动了更多事项就近可办、全程网办、全省通办，逐步消除了原来的地域标准差异，并促进了以标准化为统一原则的行政审批一体化进程。

2.集成规范业务流程——事项要件的合并同类项

标准化作为济南市行政审批改革进程中塑造规范、化繁为简的重要举措，不断融入各种业务办理流程的周期与阶段，以流程合并、信息集中、审批通用等方式最大限度减少了审批过程中的必要申报材料和申请人需耗费的时间和精力，并通过书面规范将审批标准化的集约手段加以提炼至广泛应用。自2021年1月起，济南市行政审批服务局便全面推行"一业一证"改革，充分发挥行政审批局相对集中行政审批权、"一枚印章管审批"的优势，以系统集成、协同高效为核心，以制度创新、流程再造为重点，优化制度供给，建立行业综合许可制度，推动行政许可标准化、集约化、智能化，通过事项整合、流程再造、信息共享，将一个行业所有审批事项信息集成到一张综合许可证，打造"一证准营，全省通用"新模式，持续优化全省营商环境，促进市场主体高质量发展。

按照《山东省人民政府办公厅关于印发全面实施"一业一证"改革大幅降低行业准入成本实施方案的通知》（鲁政办字〔2020〕185号）要求，各市和区县有关部门要遵循"九个统一"的要求，其中具体举措有：实施清单管理，实现"一单覆盖"，将全省行业综合许可范围扩展至50个行业，依照规定动态管理《山东省"一业一证"改革行业目录》；相对集中审批事权，实现"一门办理"，集成现场核查、统一审批结果送达；整合审批要件，实现"一次告知"，对一个行业涉企所有许可事项的审批条件进行标准化集成，形成一张全面、准确、清晰、易懂的告知单，一次告知申请人；简并申报材料，实现"一表申请"，将多套申请资料归集为一套申请资料；优化受理流程，实现"一窗受理"，实行全程帮办代办服务，推行在线申请、在线受理、证照免费邮寄、不见面审批；合并核查程序，实现"一同核查"，即多个事项一次核查、整改意见一口告知，整改情况一趟复审；再造审批模式，实现"一并审批"，审批用时依照全流程审批事项中需要现场核查用时最短事项的时限确定，限时办结；创新准营方式，实现"一证准营"，实现行业经营许可信息一码覆盖；加强审批与事中事后监管协同，实现"一体联动"，健全审批监管信息双向反馈机制，协同联动。"九个统一"不仅是对"一业一证"改革的规范化运作描述，同时也突出了标准统一对疏通审批业务流程、化繁为简、提升办理效率和审批效能的重要作用。

3.打通审批层级限制——利企便民的层级畅通与强赋能

行政审批权力作为政府主要的行政权力之一，同样依附于科层制体制中，层层上报审批等固化弊端很大程度消耗着企业营商活力和群众办事热情。济南市行政审批服务局在改革过程中不断畅通各审批层级间的隔阂，最大限度下沉服务端口，并有序规范必要的上报秩序，实现企业群众的就近办、方便办，让数据多跑路，减轻申请人的审批压力和等待时间。首先，行政审批局不断延伸下沉服务端口，推进"方便办"。拓展多元渠道，延伸服务端口，推行"一窗办""就近办""自助办""热线办""我来办"等精准化、精细化服务。完善和规范街道与社区审批服务，推动社区网上服务和自助服务，明确社区办理事项，实现街道审批服务实体化，保障审批服务市级"有脑"、街道和乡镇"有腿"，促进服务端口下沉。利用银行综合网点作为企业登记注册服务代办点，实现服务端口前移。推进审批服务线上线下多渠道联通，统一系统和平台，统一身份认证，方便群众申请、办理、查询、反馈。推广容缺后补、绿色通道、告知承诺、邮寄送达、预约办理、同城通办等服务机制和举措，提升政务服务便利化水平。

其次，推行帮办代办服务。在各级政务服务大厅设立帮办台，作为“接待服务窗口”，对有意向帮办的企业群众，当场审查其现有材料是否齐全，对于材料齐全的帮办事项，帮办人员直接带领申请人去相关业务部门办理；对于材料不齐全的，帮办人员一次性列出缺少的材料以及补齐材料的途径或方法，帮助群众方便快捷地补齐材料。另外，在各级政务服务中心组建代办中心，各级代办中心以企业开办、项目建设领域为重点确定本级代办目录，代办目录实行动态调整、统一对外公布，对于“全链条”、建设项目等涉及多部门的复杂事项鼓励申请人委托代办服务，为行动不便或其他特殊群众提供代办服务，申请人在准备齐全材料并完成材料交接手续后，由帮办人员全程代替办理，变企业群众“来回跑”为代办中心“接力办”。济南市行政审批服务局在推动审批端口和审批力量下放的同时，以标准化规范审批层级间的联动，并进一步以精准服务理念深入标准的改革过程，打造以人为本、以体验感和获得感提升为导向的标准化改革。

（三）以开放化增强公众参与和社会监督

济南市行政审批服务局的标准化赋能不仅仅局限于政府机构的内在权责和行为规范，标准的约束力和引导规范效应同样落实于群众参与行政审批改革的方方面面。公民作为审批服务的主要接收者，同时也具有提出诉求、反馈评价、后续监督等参与权利。以标准化、全周期地吸纳公众有序参与，规范公民的参与服务、评估服务的行为，可以较为全面地实现行政审批服务改革的标准限权与赋能优势。

首先，建立了"找茬"监督机制。依托一体化政务服务平台，线下设立"找茬"窗口，线上开通"找茬"通道，实名公示服务事项涉及的部门（单位）相关负责人、处（科）室相关负责人和直接责任人员，就服务态度、服务流程、服务环境、服务质量等方面，广泛接受企业群众的办事投诉和意见建议。从人大代表、政协委员、专家学者、媒体记者、企业群众中聘任政务服务市民"体验官"，组建政务服务市民体验团，持续推动政务服务工作效能提升。

其次，通过"好差评"制度优化提升公众投诉的解决率。推动各级行政权力事项政务服务"好差评"全覆盖，重点做好行政执法和依申请行政行为"好差评"，建立"服务好不好、群众来评判"的监督考核体系，实现现场评价"一次一评"、网上服务"一事一评"、社会各界"综合点评"、政府部门"监督查评"。综合运用网页、12345市民服务热线、短信、评价器、二维码等线上线下评议方式，畅通企业群众评价渠道，实现实名评价100%整改落实。依申请办理政务服务事项按时办结率达到100%，热线综合满意率达到98%以上。公众参与的行政审批标准化改革，既是从服务接受者的角度反馈改革效能，又是以主人翁的姿态参与行政审批改革的周期与阶段，真正体现了我国政府改革以人为本的核心本质。

（四）建设规范的政务服务标准体系

建立统一的政务服务标准体系，是激活行政审批服务标准化改革效能的前提和基础，既可以实现对行政审批权力的规范与约束，也可以释放并夯实体系的制度化优势，更好地服务于行政审批制度改革的整体进程。济南市行政审批服务局通过开展标准化建设，最大程度地激活自身体制优势，实现了审批过程的高效有序和业务协作的规范。为高标准完成政务服务标准化国家级试点任务，济南市行政审批服务局立足实际、着眼长远，在全市审批服务系统大力推行"一套标准管审批"，逐渐搭建起横向覆盖审批服务、公共资源交易两大板块，纵向贯穿市、区县、乡镇（街道）、村居四级的政务服务标准化运行体系。

2019年，济南市行政审批服务局先后颁布了《行政审批服务大厅工作规范（试行）》《济南市行政审批服务局政务服务标准化建设实施方案》《政务服务大厅（场所）建设基本规范》等相关文件，对行政审批权的运行进行了规范化设定。"标准化"不仅是指导政务服务工作开展的重要依据，也是政府进行公共治理、规范权力运行的有力抓手，更是经济和社会发展的重要技术基础。政务服务标准化的核心是规范自由裁量权，即对政务服务条件里有模糊空间的要素进行细化、明确化，以此杜绝权力寻租和懒政怠政。2017年，济南市人民政府办公厅发布了《济南市加快推进政务服务标准化建设工作方案》（济政办字〔2017〕101号），旨在建立济南市政务服务标准化体系。2018年，济南市获批政务服务国家级标准化试点，市行政审批局作为标准化试点承担单位，将标准引领作为发展战略之一，深入推进政务服务标准化建设，旨在实现服务事项标准化、大厅建设和服务标准化、内部管理标准化、队伍建设标准化、监督考核标准化、信息建设标准化、体系建设标准化，开始建设具有济南特色的政务服务标准体系。2020年底，济南市行政审批服务局圆满完成"济南市政务服务标准化国家级试点项目"，高分通过了省市场监督管理局组织的中期评估验收，济南市行政审批服务局也成为行政审批局模式下全国第一个通过此项验收的试点单位。

在横向维度，围绕审批服务的相关流程，积极制定审批服务领域国家标准和地方标准，开展审批服务标准化试点建设，起草发布了3项济南地方标准，其中包括政务服务大厅建设规范和服务规范2项，同时济南标准获批省级地方标准立项，研究制定了1296项工作标准，其中创新性标准34项①；围绕公共资源交易的关键节点和服务流程，开展事项梳理工作，制定了标准化事项目录和待制定标准事项清单，并在此基础上形成科学适用的标准体系框架图、标准明细表以及相应的配套文件等，不断完善政务服务标准化体系的两大板块。

在纵向维度，村（社区）便民服务站的标准化建设，是四级政务服务标准化体系建设的最后一环，也是最重要的一环。济南市在深化四级政务服务体系建设中狠下功夫，重点抓好镇、村两级政务服务体系建设，研究制定了全市村（社区）便民服务标准化实施意见，强化了基层网点规范化建设，打造了群众家门口的"政务服务便利店"，推动群众办事"就近能办"。目前，济南市161个镇街已全部成立便民服务中心，全市村居便民服务站实现全覆盖。同时，济南市各区县政府不断明确有关部门编制区县、镇（街道）、村（社区）政务服务事项实施清单，并对每个事项的基本信息（包括名称、编码、类型、设定依据、行使层级等）进行标准化梳理。市行政审批服务部门在此过程中同样着重加强指导和监督工作，建立了完善市、区县、镇（街道）、村（社区）四级政务服务事项清

① 时间截至2020年11月济南市政务服务标准化国家级试点项目验收。

单动态管理机制，实现了统一名称、统一内容、统一发布、统一管理，确保了事权明确到位、服务功能到位。

三、限权与赋能："在泉城全办成"的标准化运行机理

行政审批标准化是以企业管理中的标准化理念为基础对行政审批流程进行改革的一项创新实践，通过在审批事项、审批流程、审批要件的标准化嵌入，达到为法人单位、个体居民等审批相对人提供更加优质审批服务的目标。由于标准的程序性、统一性与适用性等特征，标准化在保障行政审批制度改革中发挥着显著优势，从更深层次上看，标准化建设得以保障"在泉城全办成"改革成效的深层机理在于"限权"与"赋能"，既包括对于行政许可权力的限制和行政审批行为的规范，也涵盖对于人员、流程和组织的有效赋能。

面向政府与社会二元关系维度，行政审批制度标准化是强化行政审批权力监督制约的重要手段，通过厘清各类行政审批事项的边界范围，减少行政权力对于市场和社会秩序的过度干预，通过各类清单的公开和标准制定、标准反馈中的公众参与，将社会约束和监督纳入标准运行过程之中，更好地发挥市场和社会的力量，既能够压缩行政审批自由裁量的权力空间，强化对行政权力的全面监督，也体现着标准化向公众和社会的赋能。

面向政府系统内部维度，行政审批制度标准化是创新行政审批服务方式、提升政府服务效能的有效工具，通过建立统一的标准实现不同层级政府之间、不同地域之间审批服务的衔接，为服务对象

提供一致的服务，围绕横向关联部门之间的权责划分开展的一系列改革，能够减少界限模糊而带来的部门协调成本，实现向审批流程的直接赋能和向组织及人员的间接赋能。

（一）标准限权：政府权力运行的自我规范

标准限权作为前置性的规范引领和后续环节的监督补充条例，在标准制定中融入了法治、管理和技术要求等，使每一项服务和每个关键环节都有可重复、可操作、可控制、可监督的标准，为政府监管、社会监督、绩效评价提供基准依据，体现了政府公共权力运行的自我规范逻辑。行政审批制度改革的本质是以便民利民为目标，倒逼政府放权、减权、限权。这就要求政府权力在运行过程中保持规范化，且受到有效的监督与制约。

"在泉城全办成"通过标准化、规范化的政务服务改革压缩了权力的自由裁量空间，在明晰政府权责的基础上增强了责任的回溯性、考核性，提升民众办事的预期性和满意度。具体来看，通过构建一套包含负面清单、权力清单、责任清单、风险清单在内的清单体系，对外而言，清晰界定了基层行政人员可以做、怎么做及不能做的具体范围，是对政府介入市场和社会的有效规制，从而优化政府与社会、市场之间的关系；对内而言，则规定了不同层级政府和各职能部门行政审批服务的具体职能、权力、行为、责任的合理边界，有效避免因部门或层级之间因权责模糊而滋生的政府不作为问题。通过明确行政权力的裁量基准，尽可能压缩权力运行中的"无规则性"和"随意性"，在一定程度上避免了审批结果因人而异问题。通过编制各类权力清单事项操作，极大提升了行政权力运行的规范性，实现了审批服务的规则透明、过程透明和结果透明；标准化蕴含的刚性效应，也成为实现行政权力"规范、高效、透明、有据"运行的有效技术支撑。同时，将标准化建设和具体指标嵌入政府考核及惩戒机制中，以此建立清晰化的目标激励与行为约束机制，从而增强考核的科学性和作用力，特别是发挥了大数据的催化剂作用，有效提升了标准的权威和效能。

（二）标准赋能：部门服务能力的内在提升

标准赋能过程则是运用标准化的理念对行政审批服务运行过程进行科学分解和合理配置，依托政府责任清单，界定不同层级政府及横向部门之间的职能分工和权责归属，合理设置审批服务的前后环节顺序，积极推进部门与业务之间的衔接，实现对服务流程、环节的改造、优化和固化，并通过制定与实施统一的操作方法和运行标准，确保审批行为在地区、部门、窗口之间的一致性和可复制性，从而大幅提升行政审批服务的运行效能，充分发挥审批服务标准化在整合服务资源、优化服务流程、增强多元协同、巩固改革成果和提升服务价值等多方面的作用。

"在泉城全办成"通过标准化建设，构建了一整套以权力和责任为核心的行政审批标准化流程和操作规程，通过对与行政审批相关联的组织功能、权限与责任，具体动作、过程和方法等作出详细的规定和说明，赋予相关部门和行政人员合理合法的组织权能，进一步提升其组织权威，从而保障行政审批各个环节的有效运行。从横向上看，通过明确每一审批事项的依据、条件，重新界定关联部门之间的权责划分，实现对审批事项的重新划拨，加强了行政审批局的组织合法性地位；从纵向上看，通过对审批权力的下放，优化了市级行政审批局与区县行政审批中心之间的权责关系，赋予基层部门更多自主权，实现各层级机构及其职能的合理设置与资源的合理配置，使基层职能部门在供给行政审批服务过程中得以灵活地转变工作思维与服务方式，从而提高服务效率和效能。

"在泉城全办成"的标准化改革还有助于行政审批人员从冗杂的审批流程和事务性工作中脱离出来，将更多的精力投入如何提升服务对象的获得感之中，致力于打造有温度、更热情的"在泉城全办成"政务服务品牌和政府形象。此外，"在泉城全办成"将标准化嵌入综合考核评价之中，能够对审批过程中的偏差行为进行有效整治。

在审批流程的优化方面，从申请人的办事诉求出发，以界定各审批事项的内容相关程度和连接节点为基础，重新梳理和整合审批过程的各个环节，遵循整体性政府的内涵要素和运行机制实现申报材料、审批环节、内部运行流程和反馈结果的集成性和一体化，将重复性工作合并同类项，实现审批流程的无缝链接。如"并联审批""一枚印章管审批""不见面审批""一同核查"等具体表现形式和做法，既能简化和优化政府系统内部的运作流程，降低各个部门在审批服务方面的时间和资源成本，又能减少部门之间、法律规范之间互为前置、互相矛盾的审批怪圈，缩短审批时长，实现申请人办事的便捷性和简易性，提升企业和公众的服务体验感，体现标准化对行政审批服务供给的有效赋能。而在行政审批流程再造的过程中，每一项标准的诞生都是多方主体围绕各自的利益考量进行相互博弈以及多次协商的结果，具有代表性和共识性的标准自然有利于其具体实施，“在泉城全办成”以部门协商的方式在充分沟通基础上制定的相关标准和规范，增加了相关部门实施标准的内在动力，为标准的具体应用提供支撑。

四、从制度优势到治理效能：“在泉城全办成”品牌打造中的标准化建设方向

“在泉城全办成”在推进过程中通过一系列精准高效的创新实践，为整体改革提供了有力的标准化保障，也形成了“在泉城全办成”标准化建设的制度优势。如何能够巩固现有标准化建设成效，进而放大和拓展标准化的限权和赋能效益，实现从制度优势向治理效能的转变，从而推进行政审批制度标准化向更深层次迈进，是进一步扩大“在泉城全办成”品牌影响力需要重点思考的问题。2021年10月，中共中央、国务院印发《国家标准化发展纲要》，提出要“探索开展行政管理标准建设应用试点，重点推进行政审批、政务服务、政务公开、财政支出、智慧监管、法庭科学、审判执行、法律服务、公共资源交易等标准制定与推广，加快数字社会、数字政府、营商环境标准化建设，完善市场要素交易标准，促进高标准市场体系建设。”2022年3月，《国务院关于加快推进政务服务标准化规范化便利化的指导意见》（国发〔2022〕5号），围绕事项标准化、清单标准化和政务服务标准体系三个维度，从“事项范围、事项基本目录审核制度、事项动态管理机制、清单要素统一和标准体系的闭环运行机制”等方面对推进政务服务标准化作出了详细部署和具体安排。这些顶层设计和制度

安排为"在泉城全办成"品牌打造过程中的标准化持续推进指明了前进方向。

（一）优化科学动态的标准化运行过程

标准化建设是一个涵盖输入、转换与输出的系统过程，能够伴随经济社会条件等各种环境要素的发展变化而持续进行动态调适，以此不断实现优化升级。2017年修订的《中华人民共和国标准化法》中将"制定标准、组织实施标准以及对标准的制定、实施进行监督"视为标准化工作最主要的三大任务，标准制定、标准实施和标准反馈作为标准化建设的三个层面，环环相扣、彼此影响，共同构成了标准化运行过程的有机循环。标准制定是标准化运行过程的前置基础，其核心在于通过制定清晰和规范的标准，将具体内容、运作程序等汇聚成统一的标准，从而规范标准化对象的行为实践；标准实施是运行过程的执行要素，也是标准化效能得以发挥的关键环节；标准反馈是通过对标准实施环节的检查与监督，为后续的标准调整与再制定提供基本依据。

在标准制定时需要充分考虑基层场域的适应性问题，特别注意吸纳基层行政审批部门和人员的意见，避免采取"一刀切"形式制定标准。具体而言，一是要做"减法"，将不必要的标准化文件、无实效的标准化要求予以取消，改变"一个部门一份标准"的情况，尊重与激励基层自主出台标准的内容。二是要做"加法"，审批标准的制定不是单一部门的独自行动，而是围绕审批事项的流程，政府系统内部相关部门和不同层级政府相互沟通协商、达成共识的结果；也不是政府的一家之言，需要纳入企业、群众等服务客体以及标准化专家智库，最终形成一套整合诸多部门行政审批实际的综合性方案与行动准则。多元主体的协同参与既有助于标准的具体执行，也可以精准识别各类社会诉求，并通过专家的技术指导增强标准的科学性。标准化的应用程度和范围也必须纳入考量之中，如何界定标准细化的边界，如何在审批标准化的同时留有一定自由裁量的空间，需要在实践中反复探索，逐渐构建以通用标准为基础、管理标准为支撑、服务提供标准为核心、岗位标准为保障的政务服务标准体系。

在标准实施环节，统一的行政审批规范手册（行政审批指南与业务手册）既可以帮助审批人员以最短的时间熟悉相关标准的具体应用，也能够为企业群众提供简洁便利的指引。由行政审批局将各项标准进一步梳理，整理出标准体系明细表和简单易行的标准化操作手册，并通过全员参与编写标准化操作手册的方式，增强行政人员对标准的熟悉程度，降低标准实施过程中因规定模糊、认识不清，以及自由裁量范围过宽造成的执行偏差。同时，结合规范手册内容对行政审批工作人员开展多维度的标准宣传贯彻培训会，通过分别邀请决策者、具体执行者和专家等不同主体对全系统工作人员开展标准宣传，确保标准实施的精准性和有效性。企业群众在办事之前通过对手册的预览，获知具体的申请要求和审批流程，也能够对审批结果产生基本预知，降低给企业群众带来利益损失的可能性，增强行政审批申请人的安全感。此外，围绕标准体系实施应用，建立动态调整机制，将行之有效的工作规范通过标准固化下来，并通过反馈不断进行优化。标准条例不是一成不变的，虽具有一定的稳定性，但在具体实施过程中同样要保持灵活性的应用和改进，特别是关注基层具体应用层面的现实问题，以理论支撑实践，实践反馈理论的良性循环，改进标准化建设成效。坚持实施检查与改进提升相结合，采用自查、抽查、第三方评估的方式强化标准运行与监督，严格按照标准指导工作、规范服务，做好标准实施记录。同时对标准运行情况开展定期检查和梳理，进行自我评估和调整，持续改进和优化具体的执行标准，完善政务服务标准体系，确保标准化建设持续推进。

（二）推动标准化与法治化的相互补充与完善

法治是国家治理体系和治理能力的重要依托，依法治国是中国共产党领导人民治理国家的基本方略。无论是国家治理、政府治理、社会治理，还是城市治理、乡村治理、基层治理，都要贯彻实施依法治国的理念，做到有法可依、有法必依、执法必严、违法必究。法律作为一种国家意志的集中体现，其强制力不言而喻，但立法的复杂性、滞后性和高成本特点，决定了其作用范围和作用方式的局限性，无法完全依赖法律法规处理形形色色的社会生活问题。标准作为一种统一的、可以重复使用的技术条款，其制定和调整环节相对灵活，实施与执行过程的专业性要求也相对较低。正是因其高灵活性和弱专业性的特征，可以作为法律法规的有益补充，在法律难以充分发挥作用的其他范围展现优势，从而填补在行政审批和政务服务供给方面法律缺失和滞后的不足，规范行政审批权力的行使，减少权力寻租的空间，提高政府治理的绩效。

相应地，法律法规也是标准得以顺利实施的坚强后盾，标准是在过往经验和某些规则的基础上，经过相对规范的修订完善过程使其更加科学化而形成的。这一过程无须严格遵守复杂、严苛的程序，意味着标准在现实应用过程中无法实现类似法律的强制力，违反或不遵守标准的行为不会带来高昂的成本，只能是作为一种软性约束而存在，其执行效果往往出现不稳定、不一致的问题。标准的有效执行、标准化体系的建立需要法律法规予以支持与约束，从而提升标准的作用效力，防止标准化过程可能会产生的法律偏失。

总之，标准化与法治化作为两种基本的政府治理手段，二者息息相关、互为补充、相互依托，彼此之间的相互弥合能够为优化行政审批制度改革、提升政府治理效能深度赋能。在行政审批制度改革持续的推进过程中，需要将法治思维融入“以人民为中心”的服务理念之中，提升行政审批法治化水平，运用法治的方式提升改革的有效性和规范性。特别是在行政审批标准化建设方面，将其置于行政审批法治化建设大局之中，以法治的硬性约束保障标准的软性作用，推动行政审批标准化建设向纵深发展。在具体操作和落实层面，就标准定位而言，明晰行政审批改革领域法律法规与标准各自的功能与定位，设置合理的组合方式强化标准与法律的衔接，法律法规重点在于调试和配置行政审批相关职能部门之间的权力、责任和职能，标准作为指导具体业务流程的工具，保证行政审批的规范运行。就标准实施而言，强化关联部门之间的系统联动，依法建立跨域不同部门和各个行业的标准实施倒逼机制，提升标准的使用效率和应用效果。就标准调整而言，推进标准的内容指标与法律条文的订立原则相一致，实现立法中成熟标准向法律法规的进阶，注重行政审批相关标准在政策法规中的参考引用，逐步构建涵盖各个专业领域和全方位过程的行政审批标准化体系。

（三）强化标准化与数字化的相互嵌入与支撑

基于信息技术广泛应用形成的数据共享、信息畅通的现代化大数据应用平台，能够有效实现数据信息、流程秩序的统一可追溯，为标准化提供了资源融合的探索基础。电子政务网络的一体化能够有效促进不同地域和层级之间的审批标准统一，数据共享则为标准化改革的标准设定和检查提供了渠道资源。依托数据平台建立数据监管和纠偏机制，实现数据质量问题在业务部门和数据管理部门之间的及时沟通和反馈，保证数据的完整和准确。依托技术和标准双重手段，强化政务网络安全防火墙，建立政务数据标准化防护体系，避免在存储、共享过程中产生数据风险。数据接口的标准化连接也是破解信息化过程中平台林立、数据迷层现象的可行出路，信息技术的应用催生了不同类别、不同层级的应用平台和数据库，成为制约技术力量得以充分发挥的重要瓶颈。而围绕信息交互接口设计一系列标准和规范，则为不同部门之间各类数据资源的有序交互与彼此应答提供制度化保障。总之，数据流通和信息一体化的实现能够破除标准化推进中清单梳理和规范下发的阻碍。

技术嵌入与数字赋能以其对标准、规则的快速传递和固化，助力行政审批改革过程中标准化效能的释放，数字化也有赖于标准化建设实现其对组织结构和治理效能的有效作用，从而规避数字治理可能走向的"技术利维坦"现象。现代信息技术手段能够为标准化的具体实施提供有效支撑，技术治理也以标准化为重要的运行机制。[①]一方面，技术手段推动行政审批服务在便捷的网络空间中快速集成海量的数据资源，审批标准也得以在不同部门、不同专业领域实现基本一致的操作和应用。另一方面，标准化成为推动技术真正赋能政府治理的催化剂，技术手段作为一种程序化的工具，具有自动识别、高速存储等诸多优点，这些优势的发挥必须依托客观、固定、清晰的术语和口令，也就是说，技术工具之所以能够在行政审批业务流程重组和优化中发挥作用，标准化是基础。只有强化标准化与数字化的相互嵌入与支撑，才能超越时间、空间和部门分隔的限制，全方位地向社会提供优质、符合国际水准的管理与服务。[②]

五、本章小结

加快制定政务服务事项清单和推进政务服务标准化，有助于持续提升审批服务质量，提高办事效率。行政审批制度改革和政务服务标准化建设的任务核心是自我约束和提升服务，即限权与赋能，济南市行政审批服务局通过标准化的审批流程和体系的搭建来对自身行为进行规范和约束，通过清单体系明确政务事项的对应范围，以统一化疏通审批地域、流程差异与层级限制，以及建设规范化的政务服务标准体系，形成对于行政权力的有效制约，促进标准深度赋能行政审批改革措施机制的方方面面，高效

① 刘建.标准化治理的理论范式与结构体系:一种国家治理的新视角［J］.甘肃行政学院学报,2020(05):77-86.

② 沈军.地方电子行政审批标准化建设路径——以浙江省为例［J］.电子政务,2014(09):52-57.

推动政务服务供给和企业群众的政务需求的精准对应以及服务提升，形成有序、统一、集约、便利的政务服务优化氛围，并进一步为行政审批改革提供了坚实的运行轨道和规范保障，也成为推动“在泉城全办成”改革可持续性的有力保障。面对无止境的创新和改革进程，想要实现标准化建设从制度优势向治理效能的转变，既要优化科学动态的标准化运行过程，实现标准制定、标准实施、标准反馈的动态调适，更要推动行政审批改革标准化与法治化、数字化之间的相互补充与嵌入。

第八章
优化营商环境："在泉城全办成"的市场导向

党的十九届四中全会上指出要"深入推进简政放权、放管结合、优化服务，深化行政审批制度改革，改善营商环境，激发各类市场主体活力"。行政审批是国家针对经济社会等诸多事务进行事前审查的一种手段和方式，营商环境则是伴随企业活动整个过程（包括从开办、营运到结束的各环节）的各种周围环境和条件的总和。[①]营商环境的状况是决定企业入驻的重要因素，良好的营商环境则为企业发展壮大提供基础。行政审批制度改革通过对行政许可权界限和行政审批项目内容的重新厘清，以不断放权于市场的方式，减少政府对市场的行政干预，作用于进一步理顺和规范政府与企业、社会的关系，从而重点打造优质的包含"政务服务、制度规

① 梁平汉.推动形成营商环境持续改善的体系机制［J］.国家治理,2018(41):22-25.

则、人文法律等无形的软环境"在内的营商环境。基于对行政审批制度改革与优化营商环境的关系认知，对优化营商环境现实挑战、政策演进的综合分析和对相关举措的观察审视，本章重点回答了"在泉城全办成"何以可能推动济南市营商环境持续优化这一问题，即"在泉城全办成"在改革探索中如何通过行政审批流程的不断优化和行政许可行为的切实规范，使得"有为政府"与"有效市场"更好结合得以可能，并在此基础上进一步建构良性互动的政府一市场关系、助力金牌营商环境持续优化，推动经济高质量发展。

一、行政审批改革与优化营商环境的双向互动

"放管服"改革、行政审批制度改革、优化营商环境以及政府与市场的关系等耳熟能详的词汇，是一系列与"在泉城全办成"改革高度关联、相互依托、互为补充与递进的核心概念。通过解读行政审批改革与优化营商环境之间的相互关联，可以更好地帮助我们理解"在泉城全办成"改革的市场指向。

（一）优化营商环境：行政审批改革的目标选择

我国的行政审批制度始于计划经济时代，作为一种管理市场经济、维护社会秩序的手段在新中国经济恢复初期发挥了重要作用。"行政审批"与西方国家经常提及的"管制""规制"等概念类似，是政府管理社会与市场各项事务的一种重要的事前控制手段。然而，随着我国社会的不断发展尤其是市场经济体系的进一步完善，传统的审批思维、审批制度与审批方式与当前的社会经济发展水平

愈发脱节。从2001年开始，国务院正式启动行政审批制度改革，旨在调整政府行政方式、审批范围和管理权限，以适应市场经济发展的现实需求。

行政审批制度改革实质是"刀刃向内"的政府自我革命，以"削权、去利、割肉"的改革理念，推动政府系统内部的减权、限权和授权，从而释放市场活力和社会创造力。行政审批制度改革也被认为是对"行政权力及其对市场作用机制的重新界定，是对政府与市场边界的重塑"，其本质就是解放和发展生产力。由此可见，行政审批制度改革的实质意义和最终价值必然指向优化营商环境的目标建设，这同样也是营商环境打造的时代趋势。从某种程度上看，营商环境的优化固然需要诸多要素支撑，但由于政府的引领、监管和宏观调控作用在社会主义市场经济发展过程中尤为凸显，行政审批制度改革无疑是一个重要且强有力的助推剂。

在国务院出台的《优化营商环境条例》(国令第722号)中，政务服务的重要内容之一就涉及对企业的设立、开展生产经营建设和贸易活动等行为实施行政审批。著名经济学家考什克·巴苏(Kaushik Basu)曾经说过："一个经济体的成败往往取决于多种变数，其中最容易被忽视的则是那些方便企业和营商的具体细节。我指的是那些决定开办企业的难易度、执行合同的速度与效率、贸易所需要的文件等等的程序与法规"[①]。由此可见，行政审批的程序和规则在国家的经济活动中扮演着不可忽视的角色。

① 万玲.打造良好营商环境的关键节点:深化行政审批制度改革[J].行政与法,2018(10):1-7.

为了便于对各个国家营商环境的优劣进行直观比较，世界银行选取了企业生命活动周期中的开办企业、办理施工许可、获得电力、登记财产、获得信贷、缴纳税费等十个关键环节作为观测指标，借以衡量政府规制对商业活动的影响，这些观测指标无一不与行政审批活动密切相关。2017年的《世界营商环境报告》中，在全球190个经济体中，我国的营商环境排名第78位，在开办企业和办理施工许可这两项上所花费的审批程序、时间和成本都要远远高于其他国家，排名分别为第127和第177位。而在2020年的《世界营商环境报告》中，我国营商环境排名跃升为第31位，在开办企业和办理施工许可环节的排名分别为第27和第33位，较之2017年有了明显的改善，随着行政审批制度改革的持续推进和进一步发展，我国营商环境在世界范围内的排名也得以显著提升。

正因如此，当前我国许多城市都把行政审批制度改革作为优化营商环境的重要抓手和突破口。例如，浙江省的"最多跑一次"改革，通过"一窗受理、集成服务、一次办结"的服务模式创新，实现政府与企业、政府与群众的一次链接，改善了企业群众的办事体验；深圳市通过优化业务流程、简化审批程序，促进行政审批业务之间的无缝隙衔接，提升了审批效率，打造了高效便利的营商环境；济南市政府通过"在泉城全办成"政务服务品牌的打造和推广，对企业开办、工程建设项目等重点领域进行改革，提升城市高质量发展软实力；天津市滨海新区则以投资便利、监管高效等为重点改革方向，探索有效的政策措施，加快推动政府职能转变，促进政务服务便利化，持续优化营商环境。全国各地的改革举措和创新实践如火如荼、方兴未艾，足以可见行政审批制度改革在营商环境优化中占据的重要地位和发挥的关键作用。从实践层面出发，未来行政审批制度改革要着重在整体观、绩效观、数字观和法治观的理念引导下寻求效率与公平的平衡，从巩固清单体系管理和简化审批流程两个方面入手，进一步加强行政审批制度改革的系统性、协调性、制度化和规范化建设，真正创造更优良的营商环境和更有效的服务效益。

（二）行政审批改革：优化营商环境的实现路径

改革开放开启了我国以"招商引资"为主要驱动力的经济发展之路，为近四十年来经济的飞速增长和中国奇迹作出了显著贡献。随着改革开放的持续推进和全面深化改革重大战略部署的提出，"招商引资"已不再适应新时期经济发展的目标要求。2014年5月，习近平总书记在河南考察时首次提出"新常态"一词，随后在亚太经合组织（APEC）工商领导人峰会上总书记发表"新常态"之论，系统阐述了"经济新常态"的关键问题，并在诸多国内外重要会议上反复围绕"适应新常态"发表重要讲话，新常态成为新时期我国社会经济发展新的阶段性特征。这一转变标志着我国经济进入纵深发展的新阶段，地方政府在促进经济发展方面扮演的角色也逐渐由招商引资向优化营商环境变迁，也预示着打造风清气正、优质便捷的营商环境成为国家全面深化改革的重要发力点和助推器，以期实现经济的高质量发展。

2019年，李克强总理在全国深化"放管服"改革优化营商环境电视电话会议上指出："营商环境是发展的体制性、制度性安排，其优劣直接影响市场主体的兴衰、生产要素的聚散、发展动力的强弱"[①]，从广义上看，"营商环境是一个地区整体的政治要素、经济要素、社会要素和文化要素等各种要素交汇而成的制度环境"[②]，"既包括地理区位、资源禀赋、基础设施等有形的硬环境，也涵盖政务服务、制度规则、人文法律等无形的软环境"[③]。《优化营商环境条例》中将营商环境定义为"企业等市场主体在市场经济活动中所涉及的体制机制性因素和条件"，并提出要"以市场主体需求为导向，以深刻转变政府职能为核心，创新体制机制、强化协同联动、完善法治保障，为各类市场主体投资兴业营造稳定、公平、透明、可预期的良好环境"[④]。

营商环境的内涵和外延决定了其所具有的公共属性，意味着政府在其中扮演核心的形塑和引领角色，意味着政府如何处理与市场的关系，实现二者的良性互动将是衡量改革效果的重要标准。政府和市场作为两种截然相反的资源配置方式和制度形式，彼此之间存在着互为补充、相互促进的辩证关系。政府的有效治理需要依赖市场机制发挥自由竞争、效率配置的优势，市场的公平运行也有赖于政府提供基本的基础设施和稳定的制度环境。特别是处在当下百年未有之大变局时期，新冠肺炎疫情肆虐全球，国际政治经济形势严峻、国内经济发展呈现下行趋势，国内外双重困

① 李克强.在全国深化"放管服"改革优化营商环境电视电话会议上的讲话［J］.中国行政管理,2019(07):6-10.

② 郭燕芬,柏维春.营商环境建设中的政府责任:历史逻辑、理论逻辑与实践逻辑［J］.重庆社会科学,2019(02):6-16.

③ 黄新华,曾昭腾.建构政府与市场关系良性互动的营商环境［J］.中国高校社会科学,2020(04):80-89.

④ 中国政府网.优化营商环境条例［EB/OL］.(2019-10-23)［2022-07-06］.http://www.gov.cn/zhengce/content/201910/23/content_5443963.htm.

难叠加，向如何保障市场主体正常的经济活动，“降低市场运行成本，营造稳定公平透明、可预期的营商环境”[①]提出了系统性、全面性的要求，成为推动全面深化改革进程，助力经济高质量发展的题中之义。

经济新常态下实现高质量发展成为新的经济发展阶段性目标，预示着实现经济的高水平循环、要素的高效配置、市场活力的充分释放和“以人民为中心”的发展等内在要求。[②]营商环境涉及行政体制、政府职能、市场发展、社会民生等众多领域，一个国家或地区营商环境的优劣，是评价其核心竞争力和可持续发展能力的重要指标，深刻影响着市场主体的发展活力。基于这一层面，持续优化营商环境，解决企业发展难题，关乎全面深化经济体制改革的总体进程，关乎国家治理体系和治理能力的现代化转型，更关乎经济社会的高质量发展。

（三）优化营商环境的政策演进特征

营商环境既是一座城市的名片，也是重要的核心竞争力，优质的营商环境是高质量发展的重要支撑点，能为城市快速发展汇聚起一个“强磁场”。党的十八大以来，党中央和国务院充分意识到改善和优化营商环境在提升国家政治经济运行效率，增强经济软实力和综合竞争力中的重要作用，给予了高度重视和持续发力，优化营商环境现已成为我国政府工作报告的重点内容之一，也是新发展阶

① 习近平主持召开中央财经领导小组第十六次会议强调　营造稳定公平透明的营商环境　加快建设开放型经济新体制［N］.人民日报,2017-07-18.

② 何立峰.大力推动高质量发展积极建设现代化经济体系［J］.宏观经济管理,2018(07):4-6.

段持续深化政府改革、塑造新型政商关系、推动经济高质量发展的着力点。

1.优化营商环境的政策历程和阶段侧重

事实上，我国对市场营商环境的关注应该追溯到改革开放之初，就其政策演进历程来看，大致可以分为四个阶段[①]：第一，从1978年开始起步的招商引资阶段。这一阶段的重点在于通过颁布不同层次的法律法规和制定各种配套政策，保障个体经营、私营企业的萌芽和外资企业的入驻。由此形成的政策合集成为制定优化营商环境相关政策的参照系。第二，从2001到2012年的探索调适阶段。2001年中国正式加入世贸组织，经济发展新契机和新挑战并存，通过出台推动国内企业与国际接轨以及深化行政审批制度改革等配套政策，减少行政壁垒和体制性障碍，建立起各种所有制经济公平竞争的市场体系。第三，从2013年到2016年的全面深化改革阶段。该阶段推出的法律法规和政策文件侧重于完善现代市场体系和构建开放型经济体系，规范政府权力的作用边界，优化政市关系、政社关系，激发市场活力和社会创造力。第四，从2017年至今的高质量发展阶段。本阶段主要通过出台深化"放管服"改革的便利化配套措施，打造更高水平的市场化、法治化、国际化营商环境，推动有效市场和有为政府良性互动。

---

① 胡税根，吴逍弛，李超.我国优化营商环境政策研究[J].领导科学论坛，2020(23)：31-42.

表8-1　营商环境国家政策汇编[①]

文件名称	发文机构	发文时间
关于加快推进政务服务标准化规范化便利化的指导意见	国务院	2022-03-01
关于加快推进电子证照扩大应用领域和全国互通互认的意见	国务院办公厅	2022-02-22
关于全面实行行政许可事项清单管理的通知	国务院办公厅	2022-01-30
关于印发"十四五"市场监管现代化规划的通知	国务院	2022-01-27
关于促进内外贸一体化发展的意见	国务院办公厅	2022-01-19
关于做好跨周期调节进一步稳外贸的意见	国务院办公厅	2022-01-11
关于印发要素市场化配置综合改革试点总体方案的通知	国务院办公厅	2022-01-06
关于印发加强信用信息共享应用促进中小微企业融资实施方案的通知	国务院办公厅	2021-12-29
关于开展营商环境创新试点工作的意见	国务院	2021-11-25
关于进一步加大对中小企业纾困帮扶力度的通知	国务院办公厅	2021-11-22
中华人民共和国市场主体登记管理条例	国务院	2021-08-24
关于印发全国深化"放管服"改革着力培育和激发市场主体活力电视电话会议重点任务分工方案的通知	国务院办公厅	2021-07-20
关于加快发展外贸新业态新模式的意见	国务院办公厅	2021-07-09
关于同意河北、浙江、湖北省开展行政备案规范管理改革试点的复函	国务院办公厅	2021-07-07
关于深化"证照分离"改革进一步激发市场主体发展活力的通知	国务院	2021-06-03

① 此处仅汇编十八大以来党中央和国务院出台的相关政策文件，国家各部委的政策文件并未纳入其中，搜索时间截至2022年3月31日。

续表

文件名称	发文机构	发文时间
关于服务"六稳""六保"进一步做好"放管服"改革有关工作的意见	国务院办公厅	2021-04-15
建设高标准市场体系行动方案	中共中央办公厅 国务院办公厅	2021-01-31
企业名称登记管理规定	国务院	2021-01-19
关于上海市浦东新区开展"一业一证"改革试点大幅降低行业准入成本总体方案的批复	国务院	2020-11-19
关于印发全国深化"放管服"改革优化营商环境电视电话会议重点任务分工方案的通知	国务院办公厅	2020-11-10
关于全面推行证明事项和涉企经营许可事项告知承诺制的指导意见	国务院办公厅	2020-11-09
关于深化商事制度改革进一步为企业松绑减负激发企业活力的通知	国务院办公厅	2020-09-10
关于进一步做好稳外贸稳外资工作的意见	国务院办公厅	2020-08-12
关于进一步优化营商环境更好服务市场主体的实施意见	国务院办公厅	2020-07-21
关于营造更好发展环境支持民营企业改革发展的意见	中共中央 国务院	2019-12-04
关于推进贸易高质量发展的指导意见	中共中央 国务院	2019-11-19
关于进一步做好利用外资工作的意见	国务院	2019-11-07
优化营商环境条例	国务院	2019-10-23
关于做好优化营商环境改革举措复制推广借鉴工作的通知	国务院办公厅	2019-09-19
关于印发全国深化"放管服"改革优化营商环境电视电话会议重点任务分工方案的通知	国务院办公厅	2019-08-12
关于北京市继续开展公共服务类建设项目投资审批改革试点的批复	国务院	2019-06-05

续表

文件名称	发文机构	发文时间
关于推进国家级经济技术开发区创新提升打造改革开放新高地的意见	国务院	2019-05-28
关于促进中小企业健康发展的指导意见	中共中央办公厅 国务院办公厅	2019-04-07
关于全面开展工程建设项目审批制度改革的实施意见	国务院办公厅	2019-03-26
关于在市场监管领域全面推行部门联合“双随机、一公开”监管的意见	国务院	2019-02-15
关于聚焦企业关切进一步推动优化营商环境政策落实的通知	国务院办公厅	2018-11-08
关于印发优化口岸营商环境促进跨境贸易便利化工作方案的通知	国务院	2018-10-19
关于在全国推开“证照分离”改革的通知	国务院	2018-10-10
关于进一步压减工业产品生产许可证管理目录和简化审批程序的决定	国务院	2018-09-30
关于印发全国深化“放管服”改革转变政府职能电视电话会议重点任务分工方案的通知	国务院办公厅	2018-08-14
关于部分地方优化营商环境典型做法的通报	国务院办公厅	2018-08-03
关于积极有效利用外资推动经济高质量发展若干措施的通知	国务院	2018-06-15
关于深入推进审批服务便民化的指导意见	中共中央办公厅 国务院办公厅	2018-05-23
关于开展工程建设项目审批制度改革试点的通知	国务院办公厅	2018-05-18
关于进一步压缩企业开办时间的意见	国务院办公厅	2018-05-17
关于上海市进一步推进“证照分离”改革试点工作方案的批复	国务院	2018-02-11
关于在更大范围推进“证照分离”改革试点工作的意见	国务院	2017-09-28

续表

文件名称	发文机构	发文时间
关于进一步激发民间有效投资活力促进经济持续健康发展的指导意见	国务院办公厅	2017-09-15
关于印发全国深化简政放权放管结合优化服务改革电视电话会议重点任务分工方案的通知	国务院办公厅	2017-06-30
关于加快推进"多证合一"改革的指导意见	国务院办公厅	2017-05-12
关于进一步激发社会领域投资活力的意见	国务院办公厅	2017-03-16
关于印发"十三五"市场监管规划的通知	国务院	2017-01-23
关于扩大对外开放积极利用外资若干措施的通知	国务院	2017-01-17
关于坚决制止向企业乱摊派的通知	国务院	2016-10-20
关于加快推进"互联网+政务服务"工作的指导意见	国务院	2016-09-29
关于促进创业投资持续健康发展的若干意见	国务院	2016-09-20
关于印发降低实体经济企业成本工作方案的通知	国务院	2016-08-22
关于加快推进"五证合一、一照一码"登记制度改革的通知	国务院办公厅	2016-07-05
关于进一步做好民间投资有关工作的通知	国务院办公厅	2016-07-04
关于开展消费品工业"三品"专项行动营造良好市场环境的若干意见	国务院办公厅	2016-05-30
关于印发清理规范投资项目报建审批事项实施方案的通知	国务院	2016-05-26
关于印发2016年推进简政放权放管结合优化服务改革工作要点的通知	国务院	2016-05-24
关于上海市开展"证照分离"改革试点总体方案的批复	国务院	2015-12-29
关于"先照后证"改革后加强事中事后监管的意见	国务院	2015-11-03

续表

文件名称	发文机构	发文时间
关于实行市场准入负面清单制度的意见	国务院	2015-10-19
关于推进国内贸易流通现代化建设法治化营商环境的意见	国务院	2015-08-28
关于促进进出口稳定增长的若干意见	国务院办公厅	2015-07-24
关于运用大数据加强对市场主体服务和监管的若干意见	国务院办公厅	2015-07-01
关于加快推进“三证合一”登记制度改革的意见	国务院办公厅	2015-06-29
关于取消和调整一批行政审批项目等事项的决定	国务院	2015-03-13
关于规范国务院部门行政审批行为改进行政审批有关工作的通知	国务院	2015-02-04
关于印发精简审批事项规范中介服务实行企业投资项目网上并联核准制度工作方案的通知	国务院办公厅	2014-12-29
关于创新重点领域投融资机制鼓励社会投资的指导意见	国务院	2014-11-26
关于取消和调整一批行政审批项目等事项的决定	国务院	2014-11-24
关于扶持小型微型企业健康发展的意见	国务院	2014-11-20
关于促进内贸流通健康发展的若干意见	国务院办公厅	2014-11-16
关于取消和调整一批行政审批项目等事项的决定	国务院	2014-08-12
关于促进市场公平竞争维护市场正常秩序的若干意见	国务院	2014-07-08
关于支持外贸稳定增长的若干意见	国务院办公厅	2014-05-15
关于印发注册资本登记制度改革方案的通知	国务院	2014-02-18

资料来源：根据中国政府网的公开信息整理而得

借助"政眼通"政策大数据分析服务系统（智库版），以"优化营商环境"为关键词，可以形成关于优化营商环境的政策态势分析报告[①]，并绘制形成"优化营商环境政策发布趋势图"（图8-1）"优化营商环境五年规划政策主题"（图8-2、图8-3）以及"优化营商环境政策主题层次聚类图"（图8-4）。通过对上述政策主题图的分析，可以进一步明确我国优化营商环境的改革重心。

从优化营商环境政策发布趋势图中可以看出，从中央到地方以"优化营商环境"为主题的政策在2013年开始逐渐增多，并在2017年之后呈现指数级增长趋势。这两个关键节点与党的十八大以来我国政府所实行的全面深化改革举措以及2017年提出的"经济高质量发展"概念紧密相关。

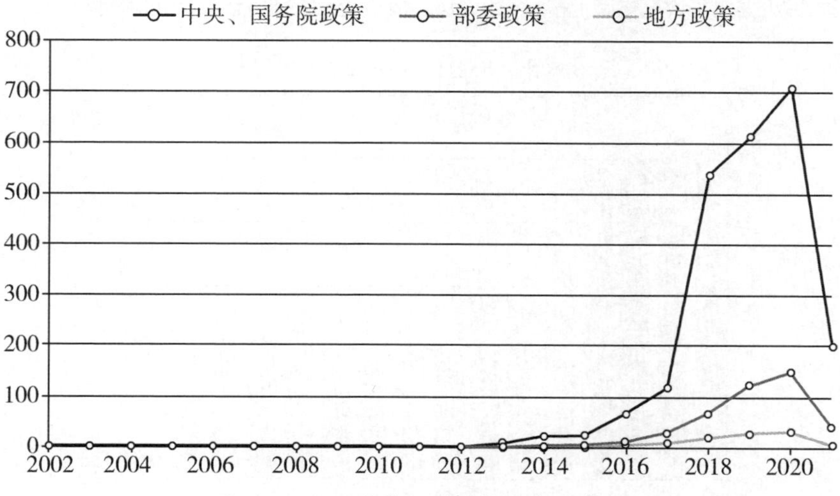

图8-1 优化营商环境政策发布趋势图

资料来源：通过"优化营商环境"关键词设定，由"政眼通"政策大数据分析服务系统生成

① 搜索时间截至2021年6月15日。

从国家"十二五"到"十三五"规划时期关于"优化营商环境"的政策主题词来看，两个时期的重点与特征完全不同。在"十二五"规划时期，优化营商环境政策中的高频词大致可以分为两类：既包括聚焦于企业发展前端的"工商登记""营业执照""经营场所""登记制""登记管理"等，也包括涉及制度改革的"简政放权""行政审批"等。而在"十三五"规划时期，优化营商环境政策中的高频词大致可以分为三类：其一，聚焦"放管服"改革的"行政审批""事中事后监管""行政执法""高质量发展"等；其二，聚焦政务服务提升的"政务服务事项""事项清单""政务公开"等；其三，聚焦"大数据""数据共享"等优化营商环境的工具使用。综合来看，从"十二五"时期到"十三五"时期，我国针对优化营商环境领域的政策演进紧扣经济发展趋势和市场环境改变已经作出了及时调整。

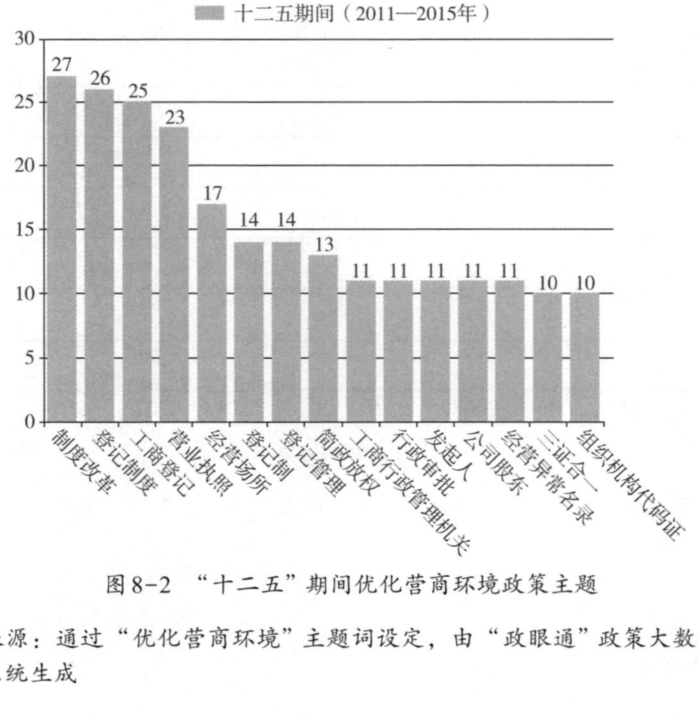

图8-2 "十二五"期间优化营商环境政策主题

资料来源：通过"优化营商环境"主题词设定，由"政眼通"政策大数据分析服务系统生成

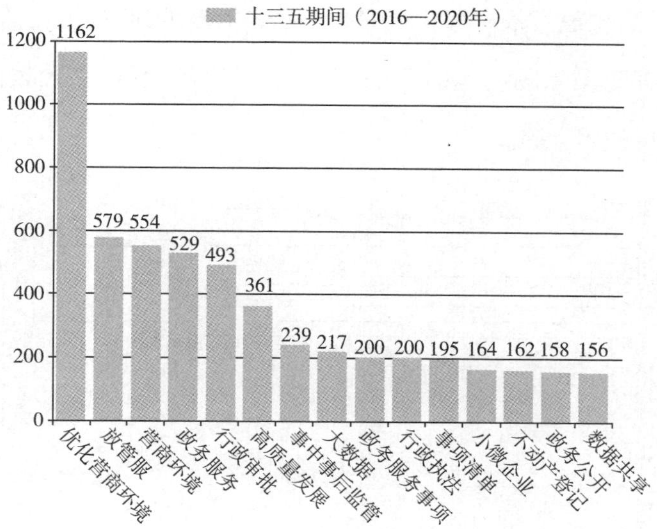

图8-3 "十三五"期间优化营商环境政策主题

资料来源：通过"优化营商环境"主题词设定，由"政眼通"政策大数据分析服务系统生成

从优化营商环境的政策主题层次聚类图来看，大致可以分为七大类：一是聚焦政府监管，政策主题词包括"事中事后监管""协同监管""监管方式""双随机"等；二是聚焦行政执法，政策主题词包括"执法监督""行政执法""执法活动""执法程序"等；三是聚焦行政审批改革与政务服务提升，政策主题词包括"网上办事服务""政务服务平台""网上审批""电子政务大厅""审批服务事项""事项清单"等；四是聚焦"放管服"改革，政策主题词包括"简政放权""放管服"改革、"优化营商环境""一次办好""最多跑一次"；五是聚焦政府一市场一社会的各项环境改善，政策主题词包括"创业环境""市场准入环境""优化投资环境""发展软环境""政务环境"等；六是聚焦创新发展，政策主题词包括"振兴实体经济""供给侧改革""新旧动能转换""创新

发展”“高质量发展”等；七是聚焦互联网大数据对优化营商环境的影响，政策主题词包括“数据驱动”“城市大脑”“大数据”“互联网信息技术”等。

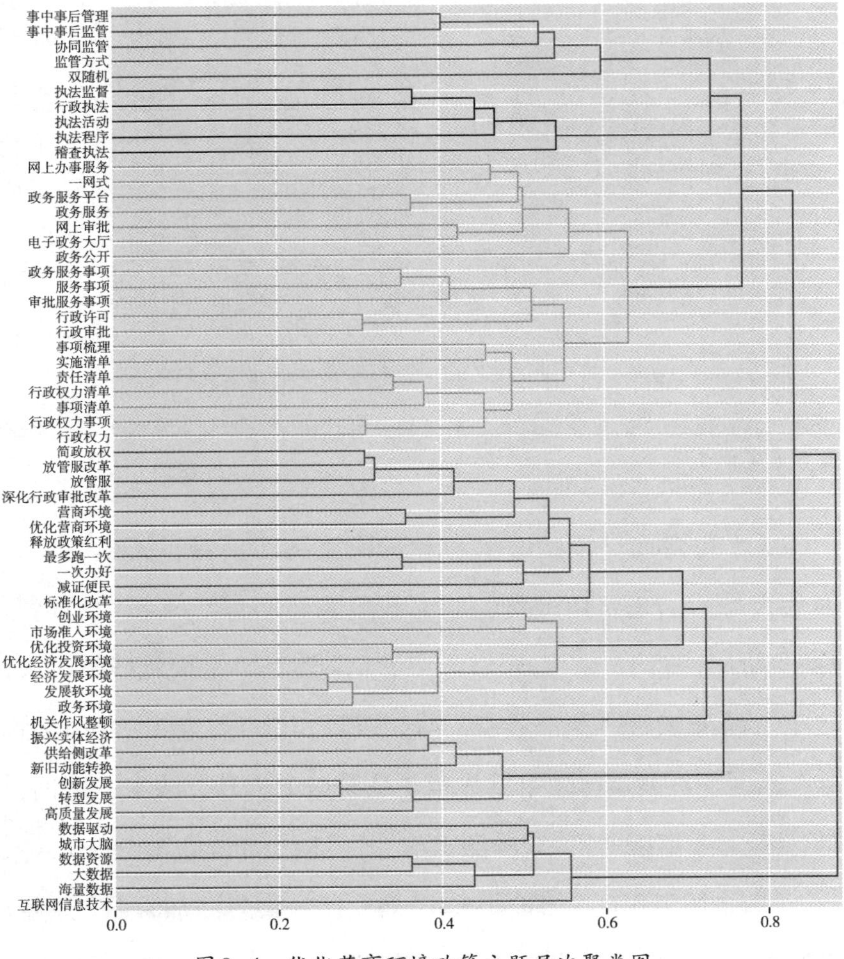

图8-4　优化营商环境政策主题层次聚类图

资料来源：通过“优化营商环境”关键词设定，由“政眼通”政策大数据分析服务系统生成

2.优化营商环境的政策特征提炼

国家层面相关政策文件的频繁出台推动我国营商环境的跨越式

发展，基于对国家层面优化营商环境政策内容的分析，可以发现优化营商环境呈现三个方面的转型逻辑：

第一，在宏观环境要求层面上，实现了从"内外资企业公平竞争"到"市场化法治化国际化营商环境"的转变。2014年3月，李克强总理在第十二届全国人大二次会议上作政府工作报告时指出，要"坚持积极有效利用外资，推动服务业扩大开放，打造内外资企业一视同仁、公平竞争的营商环境，使中国继续成为外商投资首选地"，可见在优化营商环境政策初期重点在于打造"内外资企业公平竞争"的宏观环境。2015年8月，《国务院关于推进国内贸易流通现代化建设法治化营商环境的意见》(国发〔2015〕49号)，将"坚持以市场化改革为方向和以建设法治化营商环境为主线"作为基本原则，市场化、法治化成为营商环境优化的关键词。随着营商环境优化在全国范围内的实践探索和营商环境优化政策的频繁出台，"市场化、法治化、国际化"进一步成为"十三五"规划时期优化营商环境的宏观要求。2018年10月的《国务院办公厅关于聚焦企业关切进一步推动优化营商环境政策落实的通知》(国办发〔2018〕104号)中提到要"加快打造市场化、法治化、国际化营商环境"；2019年10月国务院通过的《优化营商环境条例》(国令第722号)将"市场化、法治化、国际化"作为三项必须要坚持的基本原则。2020年3月审议通过的"十四五"规划也明确要求"持续优化市场化法治化国际化营商环境"，这一转变是适应我国新发展格局和贯彻新发展理念，实现高质量发展的应然结果。

第二，在微观具体落实层面上，从地方试点的"经验"提炼上升到国家层次的"法治"推广。来自中央层面的供给主导和形势研判为地方政府的实践创新提供了制度合法性保障，中央通过统一决策、统一部属设定了地方政策创新的基本方向，在此基础上影响并激发着地方政府政策创新的动态响应和区间扩散，进而孕育了广泛的、富有成效的地方经验田。源起于浙江省的“最多跑一次”改革以“四张清单一张网”为支点，不断进行着申报材料和审批事项简化、优化和标准化等配套措施的创新，并会同19个省级审批部门和省内各设区市政府，进一步推进投资项目审批事项和申报材料“八统一”以及项目全流程审批事项的梳理，形成了包括51个主项、100个子项标准化的投资项目审批事项清单。[①]2018年，深圳市提出了基于项目生成机制的联合审批方式，实现了政府投资建设项目改革后审批时间压缩177天，压缩率达66.29%的显著成效。[②]在上海，优化营商环境的政策举措已升级为3.0版；西安的“最多跑一次”事项已占政务服务总数的90%以上；成都将推进优化营商环境立法工作，形成《成都市优化营商环境条例（草案）》，并启动营商环境4.0版政策体系建设；天津印发了《关于进一步加强法治化营商环境建设的若干措施》，分别从为市场主体提供有力制度保障、营造公平发展法治环境、优化公共法律服务体系等方面提出了具体举措。自下而上的地方政策创新实践正在被中央所吸纳，并通过自上而下的方式在更大范围内推进，央地互动推动着营商环境优化逐渐向制度化、法治化的方向迈进。

2018年7月，国务院决定将“国务院推进职能转变协调小组”的名称改为“国务院推进政府职能转变和‘放管服’改革协调小组”（以

① 龚艺巍，谢诗文，施肖洁.云技术赋能的政府数字化转型阶段模型研究——基于浙江省政务改革的分析［J］.现代情报，2020，40(06)：114-121.

② 张卫清.营商环境改革的重大举措［N］.深圳特区报，2018-07-16(A4).

下简称"协调小组"）。作为国务院议事协调机构，协调小组下设5个专题组和4个保障组，其中包括精简行政审批专题组和优化营商环境专题组。这一变化从管理体制的设置出发，为在全国范围内推进营商环境优化提供了重要组织保障，也为实现营商环境优化从地方试点探索向全国辐射扩散，进而为上升到法律层面奠定了组织基础。

2018年7月，《国务院办公厅关于部分地方优化营商环境典型做法的通报》（国办函〔2018〕46号），将部分地方实践中创造和积累的共6类28项案例予以总结，以推动在全国范围内形成竞相优化营商环境的良好局面，这是围绕营商环境优化由地方政策试点向制度化迈进的重要跨越。2019年10月通过的《优化营商环境条例》则再上一个台阶，标志着优化营商环境上升到法律层面，这对于发展和完善各项相关制度，建立健全优化营商环境的长效机制，持续全面推进营商环境法治化具有里程碑式的意义。《条例》以行政法规的法律位阶从制度层面系统、规范地将实践证明行之有效、人民群众满意、市场主体支持的改革举措以法规的方式固化下来，增强其权威性、准确性、约束力，从制度层面为优化营商环境提供保障。这也意味着优化营商环境在微观具体落实层面实现了由地方试点向"法治"层面的嬗变。

第三，在操作范围层面上，实现从"聚焦企业关切"的局部改革到"全面促进企业高质量发展"的整体转变。从2013年党的十八届三中全会首次提出"建设法治化营商环境"，到2019年10月《优化营商环境条例》的出台，再到党的十九届四中、五中全会围绕打造"市场化法治化国际化营商环境"的重要阐述，充分反映了优化营商环境已经成为新发展阶段、新发展理念、新发展格局下我国政府治理改革的关键着力点。

2015年，《国务院关于推进国内贸易流通现代化建设法治化营商环境的意见》（国发〔2015〕49号）中主要关注商贸流通现代化和流通产业；2018年10月，《国务院办公厅关于聚焦企业关切进一步推动优化营商环境政策落实的通知》（国办发〔2018〕104号），提出“以市场主体期待和需求为导向，围绕破解企业投资生产经营中的‘堵点’‘痛点’，加快打造市场化、法治化、国际化营商环境”，表明政府开始聚焦企业关切的问题，优化营商环境措施和范围得到有力延伸，但也映射出对于企业暂时没有需求的某些领域的忽视；《优化营商环境条例》的出台则充分展示了政府以市场主体为中心，最大限度减少政府对市场主体的直接干预，着力提升政务服务能力和水平，全力服务于市场主体效益提升和高质量发展的信念；2020年7月，《国务院办公厅关于进一步优化营商环境更好服务市场主体的实施意见》（国办发〔2020〕24号），就全面服务市场主体的六大类二十项具体内容作出具体安排，以有效回应市场主体需求，强化为市场主体服务。

纵观近十年的改革历程，营商环境优化从关注内外贸流通产业，到聚焦企业关切，再到全面深入服务于市场主体的各项需求，逐渐向更大范围更高层次突破。这种范围的延展既彰显出政府优化营商环境由被动改革向主动回应的转变，破解企业生产经营中的堵点痛点，激发市场主体的活力和创造力，服务于增强市场的发展动力，也体现出优化营商环境的层次提升，立足当前又着眼长远，进一步瞄准最高标准、最高水平，加快构建与国际通行规则相衔接的营商环境制度体系，全面提升政府的服务水平与效能，更大程度激发市场活力和发展内生动力。

3.济南市优化营商环境的行政审批改革政策行动

面对党中央和国务院围绕优化营商环境作出的系列决策部署，面对省内外同等水平城市的同侪竞争，面对市域范围内日益迫切的市场主体需求，内外环境共同呼唤济南市优化营商环境的政策创新与落实举措。对相关政策的梳理与分析，有助于厘清济南市优化营商环境政策的时间脉络、重点内容与表现特征。图8-5为济南市营商环境优化政策汇总（部分），直观呈现了探索优化营商环境之路的济南主张。

其一，济南市优化营商环境政策颁布的时间脉络与国家层面的时间脉络基本重合。济南市对营商环境的关注大致始于2013年，这与前文中我国优化营商环境政策发布的时间节点较为一致。同时，从2017年之后，济南市优化营商环境政策出台的数量有了较大幅度的增加，也契合国家层面关于优化营商环境相关政策颁布的时间节点，时间维度的高度一致性体现出地方政府对中央政策的动态响应和及时回应。

其二，从济南市优化营商环境政策的标题来看，地方政府对营商环境的认识经历了一个从模糊到清晰、从基本概念到内涵延展的过程。在早期优化营商环境政策中，地方政府将优化营商环境抓手聚焦到工商管理部门中，以降低企业的市场准入门槛为重点。随着中央政府对营商环境的愈发重视，地方政府对营商环境内容的解构更为清晰。同时，随着"放管服"改革的纵深推进，"放管服"改革、行政审批制度改革与优化营商环境已成紧密的连接体，各级政府都意识到要在"放管服"改革的系统指导下，以行政审批制度改革为重要抓手，优化城市营商环境。在此基础上，以优化营商环境作为促进商业繁荣、推进城市化发展的重要锚点。

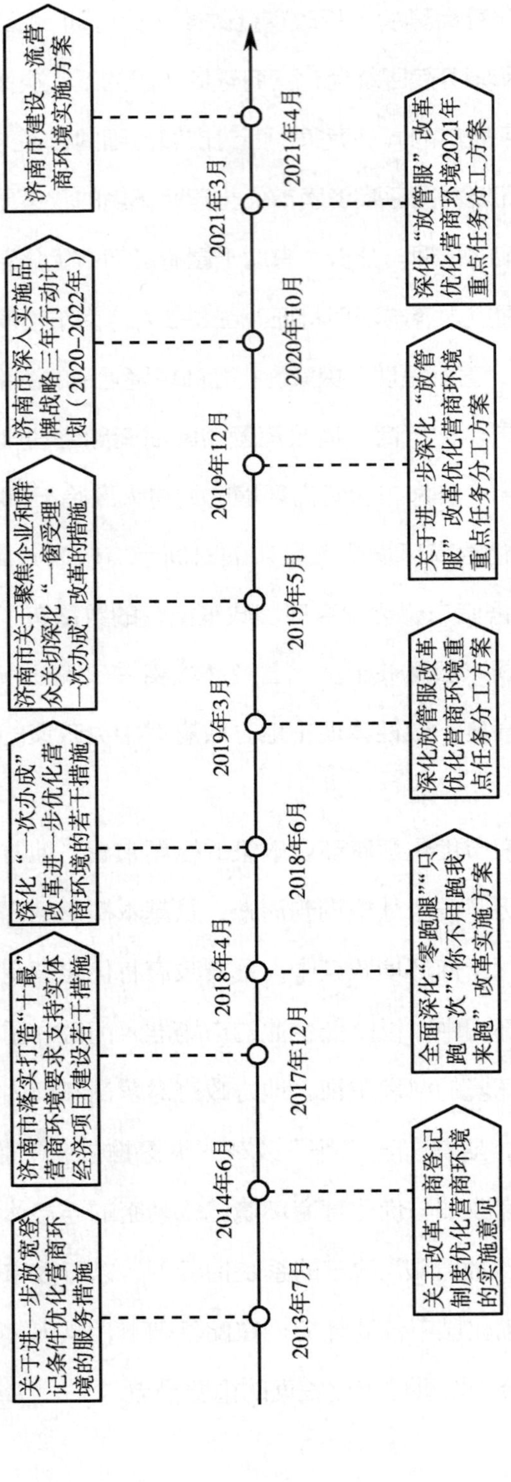

图 8-5 济南市营商环境优化政策（部分）

资料来源：相关政策来源于济南市人民政府官方网站

其三，从济南市优化营商环境政策的主要内容来看，大致可将其细化为两个阶段：第一阶段是2017年之前，济南市政府对优化营商环境相关事项仍然停留在理念探索阶段。在这一阶段，地方政府基本将优化营商环境界定为"放宽市场准入，促进市场公平竞争，扩大招商引资"等，较为简单地将优化营商环境等同于发展环境、投资环境；第二阶段是2017年之后，国家层面频繁出台的相关政策文件为济南市充分解读中央政策内涵与方向提供了基础，济南市对于优化营商环境有了更为明确的认识，地方层面"高招频出"的优化营商环境实践创新和百舸争流的竞争态势则成为济南市推出一系列"升级版"政策措施的压力与动力，与之同时，济南市营商环境优化的重心也发生了较大幅度的转变（见图8-5）。

二、"在泉城全办成"改革中的营商环境优化

近年来，整体经济发展下行和城市间竞争多元化的压力，制约着市域范围内经济社会的高质量发展，迫切需要以深化政府自身改革为切口，再造体制机制创新优势，激发市场与社会活力。2020年10月，国家发展改革委员会正式发布《中国营商环境报告2020》，2020年国家营商环境评价各指标领域标杆城市名单也随之出炉。其中，济南市在政府采购、登记财产、获得电力、招标投标、知识产权创造保护和运用、办理建筑许可、劳动力市场监管、获得信贷、获得用水用气、保护中小投资者、办理破产、跨境贸易、市场监管、包容普惠创新等14个指标领域成为全国标杆，而政府采购、登记财产、知识产权创造保护和运用、获得电力、包容普惠创新、招标投标6个指标进入

全国前10名。可见，济南市在优化营商环境方面取得优异成绩，成绩的背后是近年来济南市在优化营商环境诸多领域付出的持续努力。

2018年6月，济南市人民政府发布了《深化“一次办成”改革进一步优化营商环境的若干措施》，针对济南市营商环境存在的突出问题，对标先进城市，加大改革力度，提出了35条改革措施，其中，推进商事制度便利化、构建高效政务管理体系、提高建设项目审批效率被视为优化营商环境的着重发力点。行政审批改革是优化营商环境的重要抓手，济南市立足于“在泉城全办成”政务服务品牌打造，将优化营商环境作为城市发展的重心，以审批流程再造为基石，以“一次办好”改革为牵引，聚焦深化企业投资审批制度改革，降低企业制度交易性成本，通过创新政府服务方式优化城市营商环境，通过更恰当地发挥政府作用以激发市场活力，为打造手续最简、环节最少、成本最低、效率最高的营商环境提供强大支撑。

（一）推动监管考评和服务效能优化

“在泉城全办成”品牌打造过程中聚焦审批流程简化与再造的一系列具体举措，极大便利了企业开办的前置环节，也为面向企业运营过程的后置监管环节提供了最基本的保障与示范效应，推动了“强化时时监督、弱化直接干预”后置监管方式的形成，更为实现“强”服务目标，持续提升服务效能奠定基础。

面向规范后置监管，“在泉城全办成”实现了在监管执法、产权维权和资源交易方面的重点突破。第一，打造监管执法新模式。首先，在全国首推行政处罚“四张清单”制度，27个市级执法部门编制不予处罚、减轻处罚、从轻处罚、从重处罚“四张清单”，其中涉及793项处罚事项，推进包容审慎精准监管。其次，建成全国首个衔接审批制度改革的信用监管系统，涵盖事前信用承诺、事中分级分类监管、公共信用综合评价、监管数据共享、事后联合惩戒、信用修复等方面，形成贯穿市场主体全生命周期的信用监管闭环。最后，推出济南市个人诚信分"泉诚分"，并以"泉诚分"为依托，以激励市民诚信为导向，以拓展应用场景为载体，在全国范围内首次提出个人诚信分体系概念，累计归集214类4亿条个人信息。

第二，建立知识产权维权保护机制。推行"类案"速裁快审机制，着力破解知识产权案件审理"周期长"问题；全力推进"司法确认与诉前调解""小额诉讼程序与简易程序适用""独任制适用""电子诉讼"等改革措施，提高知识产权司法审判案的收结效率；构建知识产权纠纷多元化解的衔接机制，完善诉讼与调解对接、仲裁与调解对接及公证与调解对接，济南市拥有知识产权仲裁、调解、快速维权等知识产权非诉纠纷解决机构达到43家。

第三，创新公共资源交易"四位一体"监管模式。济南市探索建立了以协同监管为依托，以信用监管为基础，以电子信息化为纽带的在线监管，以事中事后监管为手段的公共资源交易"四位一体"监管新模式，保障交易的顺利实施。公共资源交易领域实现了全领域、全流程的电子化交易、服务及在线监管，做到了开标不见面，评标可远程，专家云签章，提升了交易主体的满意度。

营商环境优化的重要目标之一在于为市场主体提供更加优质的服务，在吸引企业进入的基础上，更为优质的服务与更为透明的交易环境是保证企业留下来的基础和根本。面向提升服务效能，"在泉城全办成"兼顾重点和全局，为企业运行提供重点突出、内容广泛、细节覆盖的全方位、高品质服务。

一是深化“政银合作”，与27家银行合作设立155处登记代办点；拓宽无人工干预审批渠道，在自助端7类市场主体登记“秒批秒办”基础上，国内首创PAD端无人工干预审批，为6000余家市场主体办理登记手续。二是推进“异地通办”。省内率先实现“全城通办”；创新省会经济圈“全域通办”，实现企业开办“跨市通办”；牵头西安、太原等黄河流域6省会城市组建黄河流域生态保护与高质量发展审批服务联盟，发出首张黄河流域“跨省通办”营业执照。三是推广便利办税集成服务，积极探索办税服务厅改革新路径，“前台精简快办、中台统筹集成、后台质检分析”的三台联动纳税服务模式，实现“远程帮办、问办结合”。四是全面提升融资支持力度，运用数字金融一贷通金融综合服务平台，上架17家金融机构、33款金融产品，为中小微企业及个人提供无抵押、纯信用、在线办理、快速审批的一站式融资服务，可实现1分钟申请、全过程0人工干预、1分钟放款、全程线上运行的“101模式”。此外，针对企业改水热气电通信等报装审批服务需求，建立登记、税务、交易、公证、水、电、气、热等多部门业务联办机制，实现“全链条一网通办”，于细节处为企业运行提供全方位服务。这些涉及诸多领域、不同层面，特别是兼顾重点需求和细致需求的服务供给，提升了审批速度和服务温度，擦亮了“在泉城全办成”服务品牌。

（二）带动行政审批中介服务市场化改革

围绕企业开展的投资审批制度改革和审批流程简化，大大压缩了企业开办的时间成本，但普遍存在的中介市场操作不规范、收费较高，服务水平不一等情况，同样制约着整体的审批效率。基于此，济南市大力推行行政审批中介服务市场化改革，重点开展了中介服务事项清理，网上中介超市构建，中介监管措施构建等改革工作，进一步服务于企业发展。

一方面，积极兴建中介超市，培育引进中介机构，强化中介诚信监管。2019年9月，济南市行政审批服务局发布了《济南市网上中介超市管理暂行办法》（济行审发〔2019〕36号）明确提出"形成统一开放、竞争有序、便捷高效的中介服务市场"。"在泉城全办成"改革启动后，济南市大力引进和培育行政审批中介服务机构，依托济南市政务服务网，建立网上中介超市。截至2021年，济南市网上中介超市已增至2342家，涉及中介服务资质34类，基本满足城市发展需求。当前，济南市中介超市按照"一个平台、市级共用，一地入驻、市级通行，一处失信、市级受限"的原则，进行运营、服务和监管。另一方面，清理规范行政审批中介服务事项。2020年，济南市先后颁布了《济南市行政审批服务局涉及中介服务事项清单》《进厅部门中进驻事项涉及中介服务事项清单》，对行政审批中介服务事项的名称、设置依据、收费标准、办理时限等内容进行了清理审核，共确定进厅部门中进驻的中介服务事项33项、济南市行政审批服务局自设置中介服务事项46项。通过逐项对照法律法规，核对事项信息，促进行政审批中介服务事项规范化。

（三）激活市场资源要素配置改革

除了通过企业投资审批制度改革和中介服务机构市场化改革等降低市场制度性交易成本之外，"在泉城全办成"改革还减少了政府对市场资源的直接配置，通过实施资源要素配置改革加速生产要素自由流动，降低企业运行成本。济南市虽然是省会城市，但无论是在省外还是在省内均面临较大的竞争压力，迫切需要寻求突破资源要素瓶颈的有效路径。“在泉城全办成”改革突破了发展瓶颈，深化了“亩产效益”评价改革，推进了“标准地”供给，通过企业“亩产效益”综合评价和资源要素的合理化与差别化配置，推动资源要素流向更加优质高效的产业领域。

党的十九大提出，必须坚持质量第一、效益优先，以供给侧结构性改革为主线，推动经济发展质量变革、效率变革、动力变革，提高全要素生产率，着力加快建设实体经济、科技创新、现代金融、人力资源协同发展的产业体系，着力构建市场机制有效、微观主体有活力、宏观调控有度的经济体制。在长期的工业化推进过程中，山东省的工业粗放型发展模式尚未根本转变，用地、用能、排放等资源要素错配、低配问题突出，发展的质量和效益不高。面对日益趋紧的资源环境制约，要实现更大规模、更高质量的经济增长，就必须要以最少的资源环境消耗支撑经济社会持续健康发展。开展“亩产效益”资源市场化配置改革，建立健全企业分类综合评价机制，配套实行资源要素差别化配置政策，可以将政府“有形之手”和市场“无形之手”结合起来，形成更加有序的市场竞争机制，让各类资源要素得到更加合理的配置，促进全省工业加快提质增效升级、实现新旧动能转换。2019年12月，《山东省人民政府关于开展“亩产效益”评价改革工作的指导意见》（鲁政字〔2019〕235号），旨在实现“建立以质量和效益为导向的工业企业分类综合评价机制，深入推进资源要素市场化配置，实施资源要素差别化配置政策，不断提高全要素生产率，促进新旧动能转换和高质量发展"。

以"标准地"改革为载体，推动城市土地资源要素的市场化配置，正是"亩产效益"评价改革的重要实践方式。所谓的"标准地"，是指对拟出让的工业项目国有建设用地，在完成相关区域评估的基础上，明确固定资产投资强度、建筑容积率、单位能耗标准、单位排放标准、亩均税收等控制性指标，实行"标准地"出让，做到拿地即开工。2020年以来，济南市共出让工业仓储用地174宗、面积776.36公顷，其中工业标准厂房25宗、面积170.7公顷，新型产业用地11宗、面积51.29公顷，"标准地"63宗、面积329.31公顷。

一直以来，工业企业投资项目用地行政审批各个环节耗时费力，为项目投资方所诟病。实行"标准地"改革的好处之一是提高用地审批效率。过去，企业拍下一块建设用地后，要办十几种证照，因为流程太难走，一些业主甚至被"拖得"失去耐心。"标准地"的做法将所有办证环节前置，实现土地"即拍即用"，对办证慢的问题有釜底抽薪之效。拍下"标准地"，意味着所有需要企业去办的审批事项，政府部门人员都一揽子"打包"办理了。政府为企业"一企一策"量身定制办理流程图、事项指导单，项目代办员全程跟踪，提供包括"标准地"项目开工全生命周期的无偿服务。"标准地"改革倒逼资源要素配置市场化，推动产业转型升级、经济高质量发展。企业拿地谨慎了，土地利用率自然得到提升。这项改革深化了"亩均论英雄"的导向，是推进以高质量为导向的要素配置市场化改革的重要抓手，有利于厘清政府和市场的关系，推动土地节约集约利用、培育壮大产业集群，最终撬动了政府行政效率和区域高质量发展“双提速”。除了提高土地节约集约利用，颠覆供地模式、服务模式外，“标准地”改革还颠覆了传统的招商模式，倒逼转型升级。

三、“有为政府”与“有效市场”：“在泉城全办成”助力经济高质量发展

2022年4月10日，中共中央国务院印发《关于加快建设全国统一大市场的意见》，其中主要目标之一就是“加快营造稳定公平透明可预期的营商环境。以市场主体需求为导向，力行简政之道，坚持依法行政，公平公正监管，持续优化服务，加快打造市场化法治化国际化营商环境。充分发挥各地区比较优势，因地制宜为各类市场主体投资兴业营造良好生态。”[①]党的十九届五中全会通过的《中共中央关于制定国民经济和社会发展第十四个五年规划和二〇三五年远景目标的建议》强调了“充分发挥市场在资源配置中的决定性作用，更好发挥政府作用，推动有效市场和有为政府更好结合”[②]，营商环境的公共属性隐喻着在优化营商环境中政府干预的必然性，如何界定政府在其中的角色定位以及如何处理政府与市场的关系成为优化营商环境难以绕开的关键所在。进一步而言，对这一问题的回答关乎重塑政府与市场、政府与企业的关系，具体在于政府对市场主体过多的干预行为，行政权力对市场资源配置机制过多的介入

① 中共中央国务院关于加快建设全国统一大市场的意见［N］.新华每日电讯,2022-0411(001).

② 中共中央关于制定国民经济和社会发展第十四个五年规划和二〇三五年远景目标的建议［N］.人民日报,2020-11-04(001).

现象，以及由此带来的市场准入门槛高、企业制度性交易成本负担重和有失公平的无序竞争。上述这些则是未来持续优化营商环境需要解决的实质问题。

（一）济南市优化营商环境的方向定位

总体而言，济南市"十四五"规划新时期进一步优化营商环境的发展方向应该以系统集成、协同高效为理念，以数字化转型和政府改革为抓手，以市场准入、投资建设、内外贸易、市场监管、法治保障为重点内容，开展全方位创新行动，统筹兼顾、多措并举，加快打造与高质量发展相适应的一流营商环境，为实现现代化强省会建设提供坚实保障。

1.强化营商环境顶层设计

精准识别现阶段制约营商环境持续优化的关键问题，将其优先列入"十四五"新时期发展改革计划重点加以解决，实现优化营商环境与全面深化改革深度对接。

第一，建立健全统筹推进、督促落实优化营商环境工作的相关机制，在具体工作方式方法上持续创新，破解宣传贯彻不到位、压力传导不足、执行力差等难题，增强营商环境谋划、部署、落实工作的针对性、精准性和可操作性。

第二，围绕优化营商环境进行整体性改革，加强政策制定与实施阶段的整体谋划和统筹推进，充分发挥各领域涉企政策的协同效应。在政府门户建立政策库，把各领域最新政策分门别类进行整合收录并加以相应解读，对失效的政策及时进行动态清理，加快全市营商环境政策法规"立改废释"工作进度。

第三，加大营商环境优化工作的市级统筹。在招商引资领域，结合各区县（功能区）的比较优势，如历下区的优质公共服务、章丘区的土地资源，组队友、结对子，通过税收共享机制，减少同质竞争，促进协同发展。在行政审批改革、义务教育等公共服务便利化改革方面，压实职能部门业务指导责任，加快形成全市标准统一、流程统一、界面统一的便利化服务体系。

2.强化数据共享应用

以数字化改革推进流程再造、业务协同、效能提升，重塑政务服务体系的管理架构、服务模式，形成线上线下融合的智慧政务新模式。

第一，建立以场景应用为基础的数据共享机制，加强数据信息归集和跨部门、跨层级共享应用。从市级层面统筹协调跨部门数据共享形式与机制，基于不同层级地方政府的发展需要，加快探索纵向系统中自下而上申请数据、使用数据的长效机制。以建立数据生态系统为目标，加快政府主体、市场主体、社会（组织、群众）主体等各类数据库的建设完善与互通，形成公共数据归集、共享、安全、开放与应用良性循环的标准化运行模式。

第二，逐步清理、整合部门App、网站功能分散、模块杂乱的问题，构建市级层面统一惠企政策平台窗口，加快数据挖掘、分析与应用，全面实现惠企政策与市场主体智能匹配和信息精准投送，逐步扩大"免审即享"惠企政策清单，最大限度降低企业政策知晓、申请成本，适应全市营商环境快速发展需求。

第三，加快全市服务整体升级步伐，以标准化建设推动五级服务体系线上线下同步完善，探索以第三方合作形式，逐步扩大代办帮办范围，规范创新移动审批和个性化、定制化服务新形式。通过数据集成、政策集成和服务集成实现济南市营商环境跨越式发展和弯道超车。

3.优化多层次营商环境

营商环境在实践中表现为多层次且具有丰富含义的各种与企业运行和社会发展相关的环境，包括市场准入环境、企业发展环境、投资建设环境、法治化环境、外资外贸环境以及普惠民生环境。不断优化上述各类环境，促进不同层次发展环境之间的效能组合，释放"1+1>2"的能量，通过提供更为齐全优质的公共服务，帮助政府既能引得进企业，又能留得住企业。

第一，优化市场准入环境。按照"非禁即入"的基本原则持续放宽准入限制，优化新业态、新模式市场准入环境，优化企业开办注销整体服务水平，推广电子营业执照、电子印章多方复用，深入推进公共资源交易数字化、智慧化改革，强化规范中介服务，充分激发市场活力。

第二，优化企业发展环境。持续优化再造企业"全生命周期"各领域、各环节服务流程，提高地区间、层级间、部门间业务协调办理水平，创新行政管理和服务方式，实现线上线下深度融合，强化政务公开，让企业群众评判政务服务绩效，以公开促落实、以公开促规范、以公开促服务。

第三，优化投资建设环境。聚焦优化办理流程环节，减少办理时间，降低费用成本，提升建筑质量管理水平和全流程服务水平，全面推进市政公用服务便利化改革，打造市政公用"一站式"服务，推行不动产登记"分钟制"改革，降低不动产登记成本，推进跨部门业务协同办理，提升不动产“云登记”济南品牌影响力。

第四，优化法治化环境。依法平等保护各类市场主体合法权益，在立法中综合纳入取得显著成效的政策举措，及时修改或废止不再适用现实发展的现行法律法规。加强知识产权保护，营造尊重知识价值的营商环境。健全执法制度、规范执法程序、创新执法方式，推进透明规范行政执法。深化诉讼制度改革，推进科技创新成果与司法工作深度融合。

第五，优化外资外贸环境。促进要素自由流动、提升资源配置效率，支持双向投资行为，持续推进投资贸易便利化。创新进出口通关举措，推行“无感通关”，优化口岸收费降低贸易成本，创新推行“链上自贸”保税展示交易模式。提升企业双向投资兴业便利度，提升外资外贸服务水平，主动回应企业关切。优化涉外业务办理，加快打造“类海外”环境。

第六，优化普惠民生环境。推进研发平台载体建设，健全成果转化“全链条”服务体系，提升创新创业活跃度，优化高层次人才服务，推进就业服务标准化建设，强化人才服务保障措施，加强教育、医疗、养老、文旅等保障能力，深入实施生态空间提质增效行动，打造综合立体交通网。

（二）“有为政府”与“有效市场”的良性互动

“政府应该做什么”，这一直是政治哲学中反复争论的最古老的话题之一。从20世纪80年代开始，西方政府对市场的干预总是像钟摆一样在极小与极大之间反复摇摆，“大政府、小市场”与“小政府、大市场”之间的交替似乎成为西方国家近几十年来应对政府与市场关系的二值抉择。"大政府、小市场"主张的是政府对市场的全面干预，二战以后欧洲福利国家的产生是其典型代表。与之相对的是亚当·斯密在《国富论》中设想的"小政府"，一个扮演更小角色的政府、远离经济生活的政府能产生更好的整体效果。在20世纪70年代中期，新古典主义经济学同样认为政府对市场机制的干预会破坏市场的自我调节能力，导致经济活动的低效率，倡导市场力量的最大化和政府角色的最小化。

有鉴于西方国家中政府角色的时盛时衰，我国始终坚定政府在经济发展中的宏观调控作用，但随着市场经济体系的进一步发展，政府也同样开始重视在政府适当介入下的市场活力激发。最大限度地激发市场活力，就需要政府向市场放权，营造良好的营商环境，更好地发挥政府的服务型功能，为企业与市场服务。[①]营商环境的建构主体是政府和市场，"有效市场"与"有为政府"的有机融合能更好地塑造营商环境。经济体制改革的核心问题仍是处理好政府与市场的关系。构建"有效市场"和"有为政府"，既要发挥市场在资源配置中的决定性作用，也要发挥社会主义市场经济兼顾效率和公平的优势。这就要求政府清晰认知自身定位，适度参与资源配置的过程，着力于弥补市场失灵、减少经济波动。当前，部分地区的制度性环境仍存在缺陷，企业交易成本居高不下，需要基于底线思维、系统思维、辩证思维、精准思维，建设"有效市场"和"有为政府"的平衡作用机制，塑造良好的营商环境。

① 倪外.有为政府、有效市场与营商环境优化研究——以上海为例［J］.上海经济研究,2019(10):61-68.

1.遵循市场规律，建设“有效市场”

市场作为一种组织形式之所以始终存在于人类发展的历史长河中，原因之一在于市场可以最大化提高资源配置效率，实现经济活动的长期发展。世界各国政府均在为如何更好发挥市场作用而不懈努力，改革开放以来，我国政府围绕营商环境实施的诸多政策举措和实践做法，其目的就在于实现市场主体的自由、公平竞争，建设一个“有效市场”。

所谓“有效”是指能实现预期的效率、效益和效果，有效的市场就是能够最大限度保持私有经济运行效率的市场，就是各类市场主体公平竞争的市场，就是不同企业自由交易的市场，就是能够稳定经济发展水平的市场。

在市场有效的前提下，遵循市场自身的运行规律，足以支撑经济活动的基本秩序，政府应该减少行政干预行为，明确自身权力边界，将资源配置交给各类市场主体。有效市场的建设离不开完整、系统、健全的市场规则，包括高效的进入与退出规则、公平的主体竞争规则、规范的自由交易规则、科学的知识创新与保护规则和便捷的纠纷化解和仲裁规则等，基于法治化、市场化的原则转变政府职能，变审批型政府为监管、服务型政府，真正建设一个促进经济高质量发展的有效市场。①

2.强化服务理念，打造“有为政府”

市场机制可以通过自发的价格调整实现需求和供给关系的均衡，信息不对称、不确定性、要素失效、环境波动等潜在风险的存

① 宋林霖，陈志超．中国语境下的营商环境优化：核心议题与治理路径［J］．中国行政管理，2021(01):147-149.

在，意味着“市场失灵”始终无法避免，完全由市场驱动的营商环境自然面临着难以持续的问题，需要政府提供基本的制度保障，需要“有为政府”的适时介入和适度介入。

所谓“有为”是指积极的作为、合理的作为和规范的作为，为推动经济发展水平的整体提升，政府需要在秩序维护、资源供给、交易监管等方面采取积极、合理、规范的行动。有为的政府就是塑造良好法治环境的政府，就是提供优质政务服务的政府，就是为经济活动保驾护航的政府。

具体而言，政府要通过构建完善的制度体系，加强对市场活动的法治保障，以制度的规范性和法律的约束力守住国家经济安全与稳定的底线；围绕职能配置、体制优化和机制创新持续改革，避免因政府自身的缺陷与不足影响市场配置效率；通过合理放宽束缚企业经营发展的制度性限制，降低企业经营的制度性交易成本和要素成本、税费负担；转变以政府为中心的观念，主动了解市场主体的具体需求和发展障碍，主动为企业提供前置精准服务，实现途径多元、便企利民、流程最优、态度规范、人员专业的政务服务。[①]

3.建构良性政府—市场关系：实现合理定位与互融共生

从客观上看，政府和市场两种不同的组织形式对于营商环境存在着天然的对立性，市场主体基于自身利益最大化的考量，希望能够在零政府干预的环境中开展经济活动，但完全放松管制的市场行

---

① 谭智仁，王中平，罗连发.有为政府是建设国际一流营商环境的关键——基于深圳市龙岗区优化营商环境改革的经验研究［J］.中国市场监管研究，2021(02):48-50.

为必然会造成对公共利益的损害，且不符合经济社会发展的客观规律；政府组织本着对公共利益的维护，希望能够更多地介入市场活动之中，及时把握和控制经济发展的方向和走势，这样又会遏制市场本身所具有的巨大活力。面对平衡政府与市场关系的治理难题，需要综合发挥政府和市场各自的优势，实现二者的互融共生，建构良性的政市关系。

在市场活动中，政府并不仅仅是公共物品和服务的供给者，为市场主体提供部分非经营性资源，以维护市场秩序、保障市场有效运行，还通过设立政府性基金、与社会资本合作、建设国有企业等方式主动参与到市场竞争之中，以提高政府服务效率，或者通过政府购买服务等市场化手段，弥补政府职能缺失，以增强自身的治理有效性。实现政府与市场的优势互补和相互促进，需要在遵循市场规律的基础上，通过制度化和法治化建设建立恰当的市场运行规则；需要在坚持“以人民为中心”的理念下，通过深入自身职能转变和体制机制创新，为市场主体开展经济活动提供便捷、优质的营商环境。

从政策行动上看，政府应该聚焦土地、劳动力、知识、人才、技术等关键要素，持续深入推进要素市场化改革，聚焦企业的经营成本和制度性交易成本，最大程度推进减税降费和审批改革，切实帮助企业解决实际困难。①面对某些领域的行政性垄断和不同所有制在市场准入、资源获取等方面的显著差异，减少行政权力的过度介入，提高市场竞争的公平性和自由化。从政市互动上看，应该建立

① 黄新华，曾昭腾.建构政府与市场关系良性互动的营商环境［J］.中国高校社会科学，2020(04):80-89.

政府与企业之间的常态化沟通协商机制，整合政府与各类所有制企业的建议和利益诉求，通过合理定位自身的职能和作用边界，明晰政府与市场运行的主要发力点，相互弥补各自的运行不足，实现有为政府与有效市场的衔接与融合。

四、本章小结

统一大市场是助力中国经济高质量发展的重要一步，其目的在于打破地方保护和市场分割，约束政府对市场的不当干预。建设全国统一大市场，核心就是要充分发挥有效市场和有为政府的作用，坚持市场化、法治化原则，充分发挥市场在资源配置中的决定性作用，更好发挥政府作用，强化竞争政策基础地位，加快转变政府职能。聚焦行政审批服务的"在泉城全办成"改革，围绕企业关切的重点领域和关键问题，在企业开办的前置环节，通过持续不断地减少审批事项、优化审批流程、压缩审批时限，实现对政府行政许可权的规制，减少政府对于市场的过度管制，从而为激发经济发展活力，推动有效市场建设提供有力保障；在企业运营的后置监管环节，坚持"强化时时监督、弱化直接干预"的原则，通过坚定不移地优化行政处罚清单、构建信用监管系统、规范自身监管行为，增加政府对市场主体的正向助力，从而为做好市场主体的坚实后盾，推动有为政府构建提供重要支撑。

面向市场领域，"在泉城全办成"品牌塑造在多维互动中撬动了政府执法监管、市场资源要素交易、审批中介服务市场化等诸多方面的改革突破，通过优化营商环境创新政府服务方式，在推动营商环境向更优质、更规范迈进发挥了重要作用，也体现出在建设有效市场和打造有为政府，构建良性、和谐的政府与市场关系方面强大的溢出效用，更为打造市场化法治化国际化的营商环境和促进市场经济的高质量发展贡献了济南力量。未来，面对打造全国统一大市场，实现经济高质量发展，建设中国特色社会主义市场经济的伟大目标，需要持续推进行政审批服务改革，简政放权、放管结合、优化服务，打造更加优质、更加规范的营商环境，实现政府与市场的合理定位与互融共生。

第九章

构建整体性政府："在泉城全办成"的政府治理实效

党的十九届四中全会中提出"要完善国家行政体制，优化政府职责体系，优化政府组织结构，健全充分发挥中央和地方两个积极性体制机制"。行政审批制度改革表面是对行政许可权和行政审批项目的再界定，实质关涉政府机构设置和职能配置，触及深层次的行政体制内部部门间关系的调整，是一场深刻的观念和体制变革。通过这种刀刃向内的自我变革，不仅政府向市场权力介入限度得到进一步理清，政府系统内部上下层级政府之间的权责关系、横向部门之间的职能配置也会发生实质性的突破，特别是行政审批制度改革在摸索中针对组织部门重组、权责关系调整、业务流程再造、数据信息共享等问题作出的有益尝试为更广泛的政府职能和政府机构改革提供了宝贵经验。

本章重点回应了“在泉城全办成”改革过程是如何体现整体性政府的理念和要素，又如何反过来推动整体性政府的深远变革这两个问题展开的。首先，行政审批制度改革与整体性政府之间存在着相互依托的内在关联，行政审批制度改革既以整体性政府理论的核心内涵为指导，其改革过程又能推动政府行政体制向整体性政府方向迈进；其次，面对政府系统内部普遍存在的协调难题，“在泉城全办成”的诸多改革实践重构了适应整体性运作的职能机构，推动了政务服务横向部门协同改革和纵向层级运行机制的革新，助力整体性政府变革；最后，进一步推动和巩固了“在泉城全办成”品牌效益的延伸，深入推进整体性政府建设，有赖于整合与协同的双重发力。

一、过程与结果：行政审批改革与整体性政府的关联

回顾我国二十余年的行政审批制度改革历程，与党的十八大之前的改革重点相比，新时期的行政审批改革呈现出“把行政审批改革与制度创新和建设联系起来……把行政审批制度改革与加速市场成为资源配置主体联系起来……把行政审批制度改革与政府自身建设、提高治理能力联系起来”三个方面的崭新特征。[①]特别是由各类行政服务中心向行政审批局模式的改革转变以来，以业务事项办理为中心的多部门联办模式使审批业务流程不再固守部门分工下的固定线性流程，而是以事项办理效率为优先考虑将

① 竺乾威.行政审批制度改革：回顾与展望[J].理论探讨,2015(06):5-9.

涉及该业务的职能部门有机整合、打破沟通壁垒；同时，审批通过部门之间业务的虚拟整合，而不是成立新的"超级部门"方式实现了跨部门、跨领域的协调与合作。从这个角度而言，行政审批制度与整体性政府可谓辅车相依。行政审批局模式的产生与发展映现和遵循着以整体性政府为导向的行政审批制度改革逻辑，其改革结果表明通过整体性政府可以整合行政审批制度和资源的碎片化问题，也巩固了整体性政府理论对于行政审批制度改革纵深发展的指导地位；反之而言，行政审批制度改革过程中基于横向部门职能划分和纵向权力配置的种种举措，也推动着政府治理体制本身的整体性转型，赋予整体性政府理论的现实落地，这是理论与实践间的双向拟合。

（一）整体性的理念指引和路径指南

从基本概念上说，行政审批是指行政机关（包括有行政审批权的其他组织）根据自然人、法人或者其他组织依法提出的申请，经依法审查，准予其从事特定活动、认可其资格资质、确认特定民事关系或者特定民事权利、能力和行为能力的行为。[①]行政审批制度则是与这些行为有关的各项规章制度的总称，从行政管理的角度出发，行政审批及其制度是政府对社会公共事务规范、管理与服务的一种重要方式，是国家干预、调控和管理社会经济事务和维护社会安全的一种有效的权力手段，也体现出政府的一种权力配置。

① 国务院行政审批制度改革工作领导小组.关于贯彻行政审批制度改革的五项原则需要把握的几个问题［Z］.2001-12-11.

追本溯源，行政审批产生的制度性原因在于新中国成立初期我国实行的高度集中的计划经济体制，在当时特定的社会经济发展状况之下，将一切资源分配权力集中于政府之手，以便能够充分发挥集中力量办大事的制度优势。改革开放以来，我国逐渐实现了由计划经济体制向社会主义市场经济体制的转变，资源配置方式随之从计划配置向市场配置转化，这意味着政府直接支配社会资源的行政管理模式已经不再适应解放生产力和经济自由发展的时代需要，产生于计划经济时期的行政审批制度也失去了赖以生存的土壤，甚至成为制约市场经济发展的瓶颈，行政审批制度改革势在必行。

从2001年开始，中央政府持续强力推进行政审批制度改革，以列举权力清单的方式清理非行政许可审批事项，以自我革命的魄力下大力气取消和下放行政审批事项。这是一项自上而下推行的改革，改革缘起于中央政府降低制度性交易成本的服务理念，希望通过行政审批制度改革激发市场活力，促进经济社会发展。作为改革的实际执行者，地方政府的具体行为对于改革成效有着显著影响。在现行行政体制之下，下级政府趋向于寻求符合地方利益的政策解读，试图在改革中获得更多的益处，从而导致地方政策执行的偏差。可见，"在我国政府管理体制转型还没有取得重大进展的情况下，通过至上而下的行政手段清理行政审批事项这种方式，很可能只会产生短期效应，并可能在执行部门的有意曲解和肆意变通的情况下，使行政审批制度改革最终流于形式。"[①]

① 徐湘林.行政审批制度改革的体制制约与制度创新[J].国家行政学院学报,2002(06):20-25.

为此,“深层次的行政审批制度改革,其根本要义应该在于对行政审批流程进行创新性再造,对原有的权力与利益格局进行再调整,打破条块分割的局面,推进政府机构各个层面的改革以及整个行政体制的变革”①。整体性政府理论为行政审批制度改革的组织架构和机制创新提供了理论指向。整体性政府理论发端于英国,并迅速扩展至加拿大、澳大利亚等西方国家,以整合公共组织、加强部门合作为内涵,目标是解决“政府失灵”和“行政碎片化”等分部制结构所产生的问题,通过整合协调政府各部门之间的关系,加强部门间的协作程度来打破条块分割的局面。“整体性政府”展现的是一种通过横向和纵向协调的理念与行动以实现预期利益的政府治理模式,倡导以整合、协同和责任为架构的治理机制,以达到为公民提供无缝隙公共服务的治理目的。②在整体性政府的构想及运行中,信息与资源等各要素不再受传统官僚制政府中职能或层级的约束与限制,而是能够根据管理目标的需要,进行跨部门、跨层级的自由流通,在各主体、要素已得到充分整合的基础上提高资源配置与行政管理的效率,这就要求通过整合型的行政组织、运用信息技术形成线上治理模式以及重塑行政文化来建立一支主动型公务员队伍。③

① 唐亚林,朱春.2001年以来中央政府行政审批制度改革的基本经验与优化路径[J].理论探讨,2014(05):148-153.

② 张立荣,曾维和.当代西方“整体政府”公共服务模式及其借鉴[J].中国行政管理,2008(07):108-111.

③ 骆梅英.行政审批制度改革:从碎片政府到整体政府[J].中国行政管理,2013(05):21-25.

一直以来，分部制结构下的行政审批权存在明显的横向分割和碎片化问题，导致了多头领导和职能交叉、协作阻滞与管制矛盾、标准冲突与程序繁复，以及市场准入壁垒和制度成本较高等现实制约，并进一步造成了审批的高成本、低效率。[①]为了解决分部式审批体制所导致的行业准入过程的碎片化，整体性的行政审批组织架构建设迫在眉睫。

整体性理念反映在行政审批制度改革方面，主要是强调整体性政府理论对行政审批局模式建设的启迪，特别是在组织架构的再设计、业务流程的再梳理，以及对于横向和纵向权力和职能的再配置以及加强信息共享、优化服务平台等方面有所作为。[②]

具体而言，在制度设计层面，应当以服务行政审批相对人为导向，调整行政审批的组织形态、运作模式和行为方式，构建基于整体管理和一体化运作的行政审批服务机制。在行动策略层面，将职能相近、业务范围雷同的政府组织和功能进行整合，突破基于单个审批项目流程简化和提速的目标局限，试图超越条块分割的现有行政管理体制格局，将横向本级政府职能部门与垂直管理的职能机构一并纳入审批许可的业务整合范畴，构建立足于某一事项自然生命周期的办理流程。在技术应用层面，整体性政府将信息和网络技术的嵌入视为最重要的支撑手段，电子信息技术和互联网的迅速发展对于并联审批、数据共享以及业务协同提供稳健的技术支撑，因而在行政审批改革中技术层面“一站式”的智

① 顾平安.加快推进行政审批制度改革的二次设计[J].中国行政管理,2015(06):21-24.

② 包国宪,张蕊.基于整体政府的中国行政审批制度改革研究[J].中国行政管理,2018(05):28-32.

慧审批服务平台必不可少。

但在更深层次上，我们也应该意识到，单纯操作层面的技术应用并非制约信息共享壁垒的根本因素，部门之间的数据保护主义和数据权力主义才是制约技术有机融入政府治理改革的核心所在。行政审批中部门协同的实现从某种程度上讲就是部门间数据提供、信息共享和结果互认。基于此，对于信息共享部门的明确界定、对于信息共享内容清单的精细化梳理，对于信息共享机制的法治化建设就成为解决行政审批信息共享现实难题的主要发力点。

（二）行政审批服务平台的整体性效用

以2001年10月《国务院办公厅关于成立国务院行政审批制度改革工作领导小组的通知》（国办发〔2001〕71号）为标志，中国开启了长期的、复杂的、艰巨的行政审批制度改革系统工程。20余年连续且不断深化的渐进探索与锐意创新实践，形成了成效丰富、富有中国特色的行政审批制度改革方案与经验，为转变政府职能，全面深化改革注入新的活力，更推动着我国政府体制的深刻变革和政府治理效能的持续提升。20余年的改革历程体现出行政审批制度改革并非一次性的单一制度设计，而是在探索中予以反思，在试错中不断修正的多次实践过程，是根据环境变化不断调适政策目标和政策工具的渐进过程，其中体现出的良好改革绩效则是制度效应与政策效应有机结合与互动的结果。[①]在这一过程中，最值得关注的当属从诸如政务服务大厅、市民中心、便民服务中心等各类行政服务中

① 燕继荣.制度、政策与效能：国家治理探源——兼论中国制度优势及效能转化［J］.政治学研究,2020(02):2-13.

心到行政审批局模式的转变。

最初推行的政务服务中心是对政府审批职能在空间意义上的集成，是代表政府集中办理行政审批业务和部分公共服务事项[①]的物理载体，虽然在一定程度上简化了企业办事程序和提高了审批效率，但无法摆脱其作为审批业务“收发室和中转站”[②]的固有缺陷。事实上，行政服务中心仅仅停留在“前台”环节表面上避免了群众和企业办事“跑断腿”等现象，但政府内部的“后台”环节仍然分散，需要由行政服务中心将集中受理的审批业务根据事项属性转交至各职能部门分头审批，再一齐收回并经由行政服务中心的“一窗”向企业或群众统一答复，行政服务中心作为“代办员”[③]仍然面临着审批办理碎片化的现实困境。从本质上看，行政服务中心尚处于审批职能空间汇集的物理集中阶段，内隐在行政审批制度中对于权力关系、办事流程、职能配置的根本矛盾并未触及，行政审批的实际效果并未改善，社会对高效优质政务服务的需求也仍然没有得到满足。也正因如此，行政服务中心的2.0版本行政审批局模式在实践中“诞生”。

行政审批局模式最早的地方实践起源于成都市武侯区行政审批局的成立，2008年9月，成都市武侯区政府率先开启行政审批改革由“物理集中”向“化学融合”的转变，将21个区级职能

① 中国行政管理学会课题组，靳江好，文宏，等.政务服务中心建设与管理研究报告［J］.中国行政管理，2012(12):7-11.

② 贾义猛.优势与限度:“行政审批局”改革模式论析［J］.新视野，2015(05):20-25.

③ 袁涌波.制度变迁、交易成本与行政审批制度的渐进式演进——对杭州审批代办制的新制度经济学分析［J］.中共浙江省委党校学报，2009,29(06):95-100.

部门的76项行政审批职能全部划转至武侯区行政审批局。[①]富有成效的地方实践引起了中央的关注,2015年3月,《中央编办国务院法制办关于印发〈相对集中行政许可权试点工作方案〉的通知》(中央编办发〔2015〕16号)发布,将天津、河北、山西等8省(市)列入试点名单,鼓励“在各类开发区积极推广行政审批局等模式,实行‘一颗印章管审批’”。随后,全国范围内的各级地方政府纷纷响应中央政策要求,行政审批局如雨后春笋般拔地而起,整体数量呈现指数型迅速增长,到2017年11月,仅两年的时间,全国共有地市级和区县(含开发区、自贸区等)行政审批局180个。[②]

从影响行政审批制度改革的因素来看,决策者、执行者、特殊受规制者、普通受规制者以及消费者之间的利益冲突[③],加之决策者进行制度供给的能力和意愿[④]、新制度的潜在收益[⑤]等,是诱发行政审批制度改革的内部因素;政治法律、经济基础、社会文化以及信息技术等制度环境因素,会影响着地方政府与中央政府、社会团体、企业和社会公众等核心利益相关者彼此合作和冲突时的态度和行动策略,共同构成了影响行政审批改革制度变迁进程

① 成都市武侯区在全国率先成立“行政审批局”[J].红旗文稿,2009(09):42.
② 全国综合性实体政务大厅普查报告[J].中国行政管理,2017(12):6-10.
③ 潘秀珍,褚添有.利益冲突性制度变迁——转型期中国行政审批制度改革的理论模型[J].中国行政管理,2010(05):14-18.
④ 潘秀珍.转型期中国行政审批制度变迁中的制度供求分析[J].理论与改革,2009(06):79-82.
⑤ 刘恒,彭箫剑.相对集中行政许可权的制度变迁[J].理论与改革,2019(02):175-188.

的外部环境。[①]

具体到行政服务中心模式向行政审批局模式转变的行政审批制度改革阶段而言，催生这一转变的根本动力在于企业群众对于审批服务提质增效的预期与诉求，直接矛盾点则是行政服务中心审批职能改革浮于表面与社会市场对于优质审批服务要求间的割裂。相对于传统物理集中的服务中心模式，行政审批局模式有着一体化的组织基础和事项、权责集中的体制优势，通过机构划转组建、实现了"职能集中与到位"的整合，以企业生命全周期、居民生命全周期的服务需求为依据，紧密衔接关联事项，推进集成式流程再造，通过数据融合、业务协同，提升了改革的系统性、整体性和协同性。行政审批局模式是对审批制度改革过程中组织平台的整合、审批权限的整合、信息资源的整合等相结合的整体性政府的建设探索，符合整体性政府针对治理碎片化应加强政府权威与逆部门化相结合的思想，对于弥合职能碎片化并改善信息不对称等现状都有重要意义。

整体性治理思路体现出当下我国政府治理的转型方向和改革要求的内在一致性，这也意味着行政审批局模式不仅推动着政府治理机制的创新，影响了整体性政府的变革方向，更进一步地说，这一阶段的行政审批制度改革在权力和职能重构的基础上，通过流程再造和信息共享实现了整体性政府的体制重塑。

---

① 蔡小慎，牟春雪.基于利益相关者理论的地方政府行政审批制度改革路径分析［J］.经济体制改革，2015(04):5-12.

二、"在泉城全办成"撬动整体性政府建设

"在泉城全办成"改革首先是对行政许可权和行政审批项目的梳理、精简和再界定，是对行政权力介入市场运行的再规制，但其实质关涉政府机构和职能配置的重塑优化，触及更深层次的行政体制内部部门间关系的变革。为了达成优化营商环境，重塑新型政府与市场关系，促进经济高质量发展的整体目标，"在泉城全办成"改革在横向部门之间推进协同审批改革，在纵向层级部门之间构建更为完整的运行体系，撬动了政府治理运行机制的整体变革。总体来看，"在泉城全办成"以行政审批局这一整体性服务平台的改革创新作为支点，不断探索碎片化行政体制下如何实现有效的纵向畅通和横向协同问题，显现出向整体性政府变革的撬动效应。

（一）构建整体性服务平台

在组织结构上，整体性政府认为诸如"部际/内或局际合作机构、府际委员会等联合小组或是成立新的机构"等"整合"化的组织形式有助于实现对公共服务复杂性和内在关联性的回应。而成立新的机构这一形式是实现对极度分散化且又高度相似性的某一类职能与事项整合的有效方式，既希冀于通过统一的部门以集中的方式行使这类职能，提高整体的办事效率和效能，又赋予其协调其他有关联部门的职责使命。

面向统一集中行使某类职能的改革预期，"在泉城全办成"改

革将全市相关职能部门承担的行政许可职责及有关政务服务职责整合，组建济南市行政审批服务局。按照“便捷高效、应划尽划”的原则，将与企业群众生产生活密切相关、便于承接的事项，全部划转；审批程序复杂、专业要求较高、涉及公共利益、公共安全的事项，不贪多求全，按照“实事求是、循序渐进”的原则，成熟一项划转一项，对于保留行政许可事项的部门（单位）在政务服务大厅集中设立审批窗口。首批将市发展改革委、市财政局、市人力资源和社会保障局、市住房和城乡建设局、市市场监督管理局等22个部门（单位）实施的137项行政许可事项及相关联的50项政务服务事项予以集中划转。根据职责调整情况和实际工作需要，合理划转原行政主管部门承担行政审批职能的机构和人员编制。

面向协调其他关联部门的职责使命，济南市行政审批服务局这一整体性服务平台依托协调配合机制以及事中事后监管机制的共同支撑，形成了“在泉城全办成”品牌的良性运转。

第一，明确工作程序，完善协调配合机制，实现闭合运转。合理划分行业主管部门与审批、执法部门的职责权限，调整完善行业主管部门的权力清单和责任清单，制定明确审批、执法部门权力清单和责任清单，防止出现“重审批轻监管”和“以罚代管”现象。行政执法权划转到综合行政执法部门以后，行业主管部门除已经立案但未结案的以外，不得再行使已划转的行政执法权。建立健全联络会商机制，研究厘清行政审批局与监管部门之间的关系，协调解决涉及行政审批事项的办理、政策解决、信息联通等重点难点问题。及时出台审批与监管工作运行机制、规范行政许可现场勘验工作等文件，提供坚实组织保障和政策依据。进一步理顺职责分工，由编办负责组织各部门认领和完善权责清单，科学确定部门职责定位，明晰职责边界。行政审批局对职责范围内的行政许可及关联事项直接负责审批，并承担相应法律责任。主管部门将工作重心转移，更加侧重政策制定、监督检查、公共服务等方面，按照"谁主管、谁监管"的原则，承担监管主体责任。与行政许可事项相关的行政监督检查、行政处罚、行政强制等权力仍由相关行政主管部门或综合行政执法部门实施。明确责任追究情形，对贻误行政审批实施或影响监管的，将依法依规追究相关责任人的责任。

第二，落实部门责任，强化事中事后监管，防止监管空白。科学确定行政审批局与行业监管部门的职责定位，厘清权责关系，进一步建立相关工作机制，丰富监管手段，提高监管效能，真正实现审管无缝衔接。一是规范事前监督。建立健全审批公示制度，为防止暗箱操作，提高审批透明度，行政审批局在收到行政相对人的申请后，将审批事项的有关内容通过政务服务网站、服务大厅的显示大屏进行公示，接受社会的监督，确保提前发现问题，降低行政审批的风险。二是强化事中监管。行政审批涉及的行业类型广泛且专业性较强，将行业主管部门监管工作纳入行政审批过程之中。对需统筹谋划实施或涉及专业技术审查要求较高的审批事项，明确要求行业主管部门积极作为，提前介入，牵头开展相关调研工作或者参与现场勘验，为审批提供专业技术支撑，主动给予相关法律法规政策及业务方面的指导。三是严格事后监管。行政审批部门向监管部门反馈审批结果后，对涉及多个职能部门的监管事项，由各相关部门尽快明确各自职责和工作程序，避免出现监管漏洞。

（二）强化横向部门协同机制

具备审批权限的职能部门之间价值取向的差异和相互矛盾的利益诉求成为阻碍行政审批改革中实现部门协同的重要原因。在整体改革中，行政审批局的价值取向在于追求行政审批服务效率和效能的提升，其利益诉求在于增加自身在行政审批方面所拥有的“审批权力”以提升本部门的效率和地位。而对于住房和城乡建设局、公安局、市场监督管理局等其他与审批职能相关的部门而言，也将依法依规地履行监管和审批职能、维护市场秩序作为其价值取向，扩大本部门的管理权限成为天然的部门利益诉求。

在部分审批权限的让渡方面，权限的让渡必然意味着各职能部门需要以委托交办的方式将一部分权力转移到行政审批局；在业务流程再造方面，以业务事项为基础重新设计审批流程，则会面临职能部门不想改变原有审批习惯的消极作为，职能部门“以批代管”的思想也会让他们担心放弃某一审批内容后，可能会带来后续的监管风险；在数据信息共享互认方面，大数据时代各个职能部门长期以来积累的差异性数据资源构成了部门的隐性权力，一旦将拥有的数据资源予以共享，职能部门就有可能失去某些优势。此外，在行政审批服务供给过程中还存在着部门之间审批结果互认的客观需求，背后可能会带来的诸如安全生产或者环境污染等风险，也阻碍着横向职能部门的主动参与和配合。

“在泉城全办成”改革创新的重要目标之一是以行政审批局的改革创新推动政府横向部门之间的协同改革。通过行政审批权的相对集中，突破了长久以来行政审批权因为部门分工带来的分散化格局，同时由于审批与监管的分离促使各个职能部门不得不开展协同改革，以适应行政审批制度改革带来的政府部门权责的重新划分格局。由行政审批局改革创新带来的政府横向部门间协同改革表现如下。

其一，市政府建立行政审批服务改革联席会议制度。联席会议负责统筹谋划行政审批服务改革工作规划，协调市行政审批服务部门与其他审批部门、监管部门、执法机构间的关系，旨在解决涉及行政许可的事项办理、政策解读、信息联通共用等问题。从行政审批服务改革联席会议办公室成员来看，该组织涉及市政府各个职能部门，对于政府各个部门的协同改革具有重要价值。

其二，由行政审批制度改革推动各部门审批、监管业务的协同开展。业务协同是划转事项涉及的行政主管部门（相对集中行政许可权改革前行使行政审批职责、事项划转后行使事中事后监管职责的部门）与市行政审批局，为做好审批服务工作，对行政审批服务事项的协调配合行为。相关行政主管部门在划转审批业务之后，仍需要全力配合行政审批局的改革行动，在共性业务、现场勘验、专家评审论证、审管互动等问题上实现协同推进。

其三，在工程项目审批、企业开办、企业投资等重点领域实现横向部门之间协同。无论是工程项目还是企业开办与企业投资都涉及行政审批局、市场监管局、住房和城乡建设局、自然资源和规划局、发展改革委等诸多政府横向部门。以工程建设项目审批为例，济南市工程建设项目审批涉及多个部门，而"拿地即开工、建成即使用"模式同样需要各个横向部门之间相互配合、协同共进（见图9-1）。

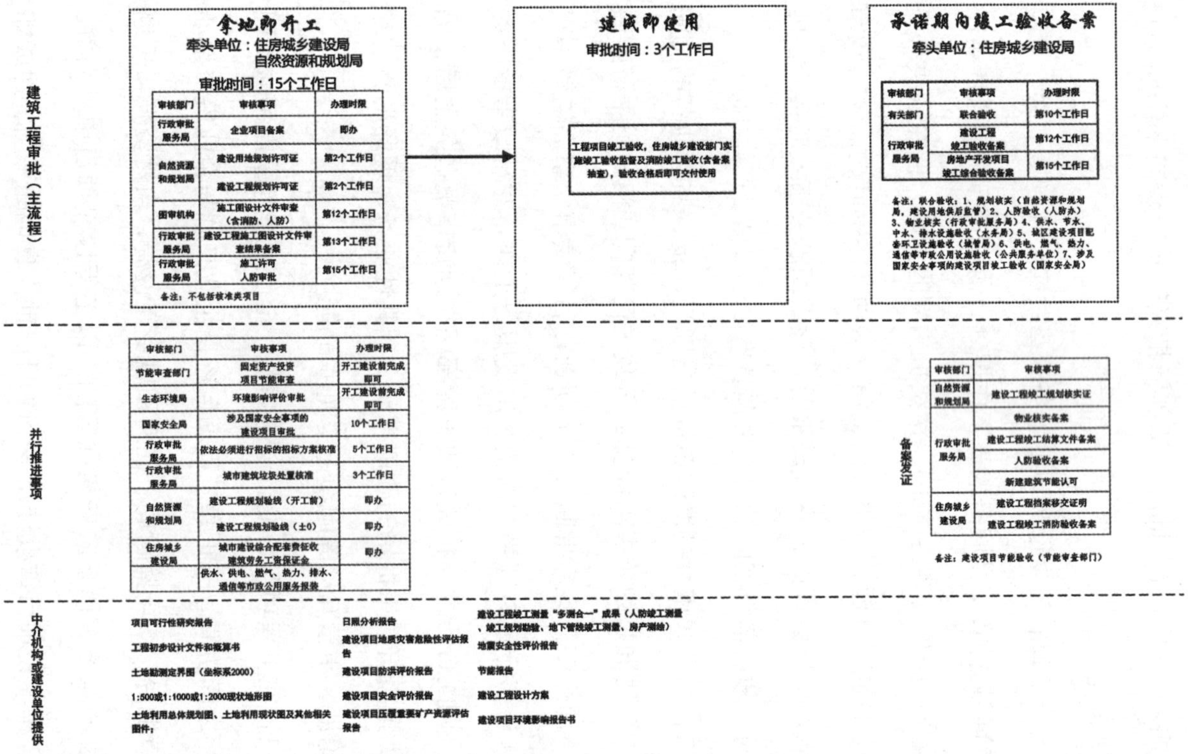

图9-1 济南市工程建设项目审批流程图——“拿地即开工、建成即使用”模式（主流程审批时间：18个工作日）

资料来源：《济南市人民政府关于印发济南市工程建设项目审批制度改革实施方案的通知》（济政发〔2019〕12号）

（三）理顺优化纵向层级关系

中国地方分权改革的基本特点是行政性分权，它是改革开放以来政府改革的核心取向之一，重点对政府层级间的有关权力和利益进行分割。我国纵向行政层级和结构的重要特点是行政组织的层级化，按等级的原则，对行政权限和职责进行垂直划分。我国政府职能的履行，是由从中央政府到乡镇政府的不同层级政府共同承担的，有效履职的基础是政府职能在不同层级政府之间的合理划分以及配套权力的下放到位。但就当前不同层级政府间的职能划分而言，各级政府在经济调控和社会管理方面的职能混淆模糊，责任划分还存在不同程度上的不清晰、不合理、不规范等问题，突出表现在“一些本应由中央直接负责的事务交给地方承担，一些宜由地方负责的事务，中央承担过多，地方没有担负起相应的支出责任；不少中央和地方提供基本公共服务的职责交叉重叠，共同承担的事项较多”[①]等方面。上级政府控制更多的行政资源和行政权力，导致下级政府难以应对纷杂的地方治理事务。

行政审批改革的重要内容之一是对政务服务纵向层级运行机制的调整与优化。以往行政审批改革中多强调横向部门之间关系的调整，对纵向上的改革则规划不够，力度也有限。对纵向权力、责任分配的协调亦是行政审批制度改革的重点任务之一，通过对纵向政府间权责关系的再分配，能够保持纵向政府间的紧密衔接以及制度

① 国务院.关于推进中央与地方财政事权和支出责任划分改革的指导意见［EB/OL］.（2016-08-24）［2022-07-07］. http://www.gov.cn/zhengce/content/2016-08/24/content_5101963.htm.

的稳定运转。

济南市行政审批改革在一定程度上重塑了政府部门纵向层级的运行机制，主要表现为以下两个方面：一是首创省市政务服务大厅一体化运行。山东省与济南市政府研究制定《山东省、济南市政务服务中心一体化运行实施方案》，将省级服务端口前移，交由济南市进行前台一窗受理。扎实做好整合资源、优化布局、人员培训、系统调试等工作，目前一体化运行已经进入实质运作。这种模式有效整合了省市两级资源，优化了服务功能，节省了行政成本和办事成本，在国内尚属首例。

二是积极构建基层政务服务体系。围绕"上下联动、机制完善、运行顺畅、就近办成"的目标，深入推进市、区县、乡镇（街道）、村（社区）四级政务服务体系建设，各级政务服务场所实现形象标识统一，同级政务服务机构实现基本事项、基本设施、网络平台、管理制度统一，基本实现了街镇便民服务中心、村级便民服务站全覆盖。推动政务服务向下延伸。定期召开区县座谈会，下放审批权限，前移服务端口，推进政务服务"进基层、进社区"。纵向层级运行渠道的贯通不仅使得相关政策的传递畅通无阻，也使得"在泉城全办成"改革的相关数据能够在横向部门与纵向层级之间实现充分共享，从而有效地推动政务服务在横向部门之间的协同以及在纵向层级之间的接续。

三、整合与协同：迈向整体性政府的行动方案

"在泉城全办成"政务品牌通过在推动单一流程优化向集成流程

再造转变、单个部门改革向多方协同治理转变、单项政策创新向政策集成创新转变、传统服务向智慧政务模式转变、注重服务效率向注重服务效能转变等诸多方面的不懈努力，实现了行政审批服务质的飞跃，也为市级层面政府机构改革和行政体制变革孕育了内生力量。推动"在泉城全办成"品牌效益从部门局部向整体性政府体制变革的延伸，有赖于整合与协同的有机衔接，这也是整体性政府理论所强调的核心内涵。

（一）"在泉城全办成"的品牌效益延伸

"在泉城全办成"政务品牌在打造过程中通过集成性、服务性、极简化和数字化四个方面的共同发力，逐渐实现了品牌效益从部门效能向整体性政府塑造的延伸。未来，"在泉城全办成"还将在更大范围和更深层次上纵深推进，补齐现有改革短板，巩固既有改革成果，逐步推动"在泉城全办成"品牌走向完善与成熟，将其品牌效益向重塑行政生态和革新行政体制进一步延伸，为在宏观层面打破现有体制"职责同构"和"条块分割"的碎片化困境贡献力量。

1.优化集成性的组织结构

依托纵向行政权威设立议事协调机制或是在原有组织基础上设立新的机构，这是政府系统内部为达成横向部门之间的有效协调经常采用的方式，也是整体性政府倡导的等级式模式的方案之一。通过组织再造，将分散在不同部门的交叉或相近职能重新整合到新的集成性部门之中，明确新部门的发展目标、角色定位和权责职能，在决策过程中设计信息、资源、人力和系统等要素的整体联动，有助于提升政府系统提供政务服务的整体效能。济南市行政审批服务局的成立作为“在泉城全办成”品牌打造的起点，遵循的便是这一思路。与以往的政务服务中心模式相比，行政审批局模式正是对审批改革过程中组织平台的整合、审批权限的整合、信息资源的整合等相结合的整体性政府探索，对于压缩审批行政成本、提质优化审批服务和效能、助推政府职能的有效转变等都有重要意义。

作为“在泉城全办成”品牌的核心组织载体，济南市行政审批服务局作为一个尚显年轻的新部门，如何真正实现行政许可权从“平台聚合”到“实体承办”、从“局部程序集中”到“全面权责集中”、从“增量调整”到“存量优化”的提升，[①]仍需继续努力。从组织内部调整的视角来看，其关键在于组织内部现有人员和权力资源的合理利用和精准对接，特别是重塑内部功能性的价值接纳，充分发挥组织内部各类资源的最大效能；从组织外部与环境互动的视角来看，公众、企业、社会组织均是行政审批服务的客体对象，尽量避免对某一客体的过于倾斜，通过面向三者的均衡发力，营造经济效益和社会效益并重的审批局面，追求提升全面的政务服务水平；从组织间关系的视角来看，面对与平行职能部门的横向协调以及与上下级审批局的纵向协调，可以通过地方层面的立法，对行政审批局自身的行政许可权范围、上下级业务部门的权力配置以及横向职能部门间关系等问题作出具体规定，进一步为巩固和发展“在泉城全办成”的品牌效益提供法治保障与根本支撑。

2.强化服务性的价值追求

整体性政府主张采用递进式的阶段性方式逐步达成服务性的价

① 贾义猛.优势与限度：“行政审批局”改革模式论析［J］.新视野,2015(05):20-25.

值追求。第一阶梯是面向具有相对一致性和共同性、紧急性和迫切性的核心公众需求，正如在济南市行政审批改革的初期，通过成立行政审批局，以内部功能的重组和业务流程的重塑，以及数字技术的嵌入和信息的共享等，完成了由原来的服务中心模式向服务局模式过渡，重点针对审批周期长、审批流程烦琐等问题，实现了审批环节“变多环节为一环节”，申报材料“变多表制为一表制”，审批时限“变串联审批为并联审批”的迁移，为企业群众提供高效的整合化服务。

第二阶梯是面向具有相对变化性和随机性、分散化和多样化的特定需求，“在泉城全办成”政务品牌的打造过程就体现了从第一阶梯向第二阶梯的转变，首问责任制和窗口无否决权、一次性告知制、服务承诺制、限时办结制等制度设计和“项目管家”“佳佳帮您办”等创新举措，无不彰显着“在泉城全办成”改革对于企业群众需求变化趋势的精准识别，以及前瞻性和针对性的差异化服务供给。

第三阶梯则是面向企业与群众参与的共治需求，企业群众既是“在泉城全办成”的服务客体，也是改革效果最具有说服力的评估者。在满足核心需求和特定需求的基础上，政府部门将注意力转移至公众对于政务服务供给的反馈与评价之上，通过吸纳社会团体、企业群众对于行政审批事务实际效果的反馈，及时发现问题并适时加以查漏补缺，即建立一种容纳服务主体和服务客体的利益协调和信息反馈机制，有效掌握行政审批服务过程中各利益相关群体对结果的态度和感知，及时发现改革过程中不断出现的新的利益诉求与冲突，进而形成合力、共同促进行政审批机构的良性运行，最终推动社会"共同善"的形成，共同打造一种归属于政府、社会、公众多方的品牌化服务。

— 专栏 —

首问责任制度和"窗口无否决权"机制

面对一线窗口工作人员简单直接地使用"不行""不知道""不清楚""不归我们管"等否定用语的服务异化现象，为进一步提升政务服务质量，增强群众获得感和企业感受度，济南市行政审批服务局2019年以来全面推行"首问负责制"和"窗口无否决权"机制，打造更加高效、便利的政务服务环境。

一、全面推行"首问责任制"。首问负责制是指服务相对人来电、来信或来人咨询、办理事务，由首问责任人（接待办事人的第一位工作人员）给予及时办理或解释、答复的制度。明确首问责任人的责任、服务态度、服务流程、违反首问负责制的行为及责任追究。首问责任人就是首位接待或受理审批事项的窗口一线工作人员。当企业群众询问有关问题时，首问责任人必须热情接待认真答复，属于本窗口工作范畴的，应当详细解答，并对解答结果负责。

第一，各服务窗口应将每项服务事项的依据、条件、时限、程序和所需提供的材料制作成办事指南，通过纸质或网上办事指南进行公示，方便企业和办事群众查询。窗口工作人员有责任对书面告知和公示告知的有关内容回答服务相对人的咨询，向其做好口头说明和解释。

第二，申请人申请办理的事项不属于本窗口受理范围或依法不需办理许可的，窗口工作人员作为"首问责任人"应予以说明解释，并按《首问负责制实施细则》有关要求,引导其到相关的部门办理。

第三,各窗口工作人员作为“首问责任人”应热情礼貌、积极主动,无论是否属于本部门和本人职责范围内的事,都不得拒绝搪塞、推诿扯皮;每位工作人员要熟悉本单位岗位职责和工作流程,牢固树立服务意识,切实为申请人着想,努力为申请人服务,充分体现良好素养。

二、落实“窗口无否决权”服务机制,改“不是我办”为“告知谁办”。对属于模糊地带、空白领域或法律规定不明确的情况,窗口工作人员不能未经请示就直接回绝,不能因为没有可以直接套用的标准条件就“一棍子打死”。而应依托快速便捷的“窗口否决”报批机制和沟通请示机制,由窗口负责人及时报本科室研究确定答复。各科室要形成贯穿窗口受理人员、后台审核人员、审批决定人员、行政审批服务局的全服务流程快速研判机制。一线受理出现无法当场答复的新情况、新问题后,必须马上逐级申报,科室内依职权快速审批、尽早答复,使办事人员在最短时间获得服务和支持。窗口服务人员具体操作步骤如下:

第一步,了解诉求。认真倾听,全面、充分了解申请人的申请内容,从源头避免窗口服务人员因未了解申请人诉求而产生错误判断,从而导致申请人的申请无法受理。

第二步,充分查询。在确保充分了解申请人的真实诉求后,窗口服务人员根据个人的业务知识判断该申请是否存在不确定性或争议性,不能轻率说“不行”或对申请人的提问轻易说“不知道”,而是要从办理部门、时间地点、联系方式、申请材料和办事流程等方面进行全方位查询,并详细告知申请人方便其办理;对于能够直接网上办理的申请事项，现场辅导操作方法，充分发挥网上办事大厅的综合查询作用。

第三步，即时汇报。窗口服务人员在经过网上办事大厅的充分查询之后，仍无法解决问题的，应即时汇报本窗口负责人，将所遇问题进行描述。窗口负责人如果不能即时解答的，则需立即向本科室报告寻求支持。

第四步，翔实登记。窗口人员在被窗口负责人告知暂时无法受理或答复的情况下，应耐心地向申请人说明情况，告知将立即报请本科室组织开展研究，并明确答复时间。同时，详细登记服务对象的姓名、单位、联系方式、咨询或申请事项的详细资料等内容，便于事后报批研究和答复。

第五步，快速报批。对于上述暂时无法答复的咨询或无法受理的特殊申请内容，在登记之后，应立即按照“窗口否决”报批报备程序完成相关内容的填报（包括申请或咨询内容、申请人姓名、单位和联系方式、暂时无法受理或答复的理由、是否经过咨询与求助、后续处理方式等）报窗口负责人审核。窗口负责人填写相关意见后报本单位领导。本单位领导应迅速组织本单位审批业务人员开展研究，必要时向上级业务主管部门反映情况和开展咨询，并将研究情况或咨询结果记载到“窗口否决”登记表中。整个报批时间一般不超过1个工作日，特殊事项不超过2个工作日。重大疑难事项需开展专业性研究的或专家论证的除外。

第六步，及时反馈。经本单位研究决定后，第一时间反馈申请人。如果属于可以受理或可以答复的，将相关情况答复申请人或告知其前来办理；如果属于确实无法受理的情况，向申请人说明本单位的研究结果，给出合法、合理、合情的解释，必要时，由科室负责人亲自出面作出答复和解释。

资料来源：济南市历下区人民政府.历下区行政审批服务局窗口无否决权服务机制.[EB/OL].(2019-11-07)[2022-07-07].http://www.lixia.gov.cn/art/2019/11/7/art_38425_3429185.html

---

3.畅通极简化的运行机制

行政审批服务运行机制的极简化建立在政府系统内部有效协同的前提之下，与大部门制有所不同，整体性政府倡导以边界的存在为基础和前提的组织结构变革，而非构建“大职能、大服务”的巨型部门。这里就涉及行政审批局对于审批事项集中化的限度问题，专业化分工和部门间合作普遍存在于科层制组织体系之中，不能因为分工带来的合作难题就放弃追求分工的效率优势。对于行政审批制度改革中权力的再配置问题，行政审批局是综合性部门，其对于专业知识的掌握程度限制了对某些专业性极强事项的审批能力，这时“专业审批”就必须予以保留。因此，“在泉城全办成”改革必须遵循“相对集中”的原则，将业务关联性较强、便于集中的事项集中起来，而专业性较强且法律有明确规定许可权行使主体的审批事项，仍由原部门进行审批，[①]由此，既可以实现对审批效率的追求，又能兼顾审批的服务效能。

相对集中的权限整合模式向行政审批局和各职能部门之间的

---

① 王敬波.相对集中行政许可权:行政权力横向配置的试验场[J].政法论坛,2013,31(01):170-176.

协同提出了更高要求，“在泉城全办成”改革依托市场准入、工程建设、城市管理、食药卫健、交通管理、社会事务等业务分类，通过采取规范审批事项处理流程、建立联系制度、强化责任监督机制的措施，构建了常态化的行政审批事项和跨部门的行政审批事项的协同机制，实现了各部门之间由“先出意见”再想方设法“统一意见”，向先“统一意见”到“各出意见”再到“统一意见”的模式转变。但部门利益的差异化和部门主义的存在始终会带来横向协同上的现实困难，因此不能奢求部门间价值诉求的完全一致，只能尽力寻求降低彼此间价值取向相互矛盾的程度。在立法层面，以地方立法的形式明确各部门之间的权责配置和法律责任；在制度层面，建立多边沟通机制与利益表达补偿机制，强化部门之间的相互认同；在操作层面，以数字化赋能审批流程和信息共享，以标准化推动部门间协同的规范性，克服政府管理上的“条块分割”和碎片化弊端，达成整体性政府所提倡的良序协同和极简状态。

4.内化共享性的数字技术嵌入

技术进步是推动政府治理转型创新的重要动力，交互的、协作的和一体化的数字信息技术融入是数字时代背景下政府改革的新指向，也是整体性政府高度倡导的运作方式。正如我国数字政府的建设历程经历了政府信息化筹备与普及、电子政务建设以及数字政府建设等不同阶段，信息技术在行政审批制度改革中也体现着不同的嵌入层次。首先是将分散于不同部门、不同业务系统的数据信息进行汇集和整合，确保与行政审批相关的信息能被集中获取和应用；其次是依托技术的业务流程再造和优化，让行政审批服务突破时间和空间的限制，充分发挥信息技术对于行政审批改革锦上添花的作用；再次是智慧化的虚拟服务，通过建立能够互相补充、紧密衔接和自动响应的虚拟自组织系统，支持无边界、全天候和无缝隙的服务。

“在泉城全办成”改革依托层层递进的技术嵌入，通过打造审批事项的全网通办，帮助企业群众足不出户把事办成；通过跨域通办，提高业务办理的便捷化水平；通过秒批秒办，不断刷新审批服务的济南速度；通过数据互通，将刀刃向内，实现政府内部的自我革命；通过智慧化“好差评”考评体系建设，倒逼政务服务效能不断再创新高，探索形成了行政审批服务的智慧审批模式。但行政审批服务改革对信息技术的应用很难直接从根本上解决机构协同与信息共享的传统治理难题，反而因数据资源流动性增强和部门职责边界的重塑催发了更加复杂的协同议题。[①]故而，信息技术不能仅仅停留在应用与结合层面，更要强调大数据和互联网信息技术对于行政审批实质过程的全面嵌入与真正赋能，辅之以能够推动部门协作互惠与数据共享的具体激励机制，从而实现从“协同数字化”到“数字化协同”的转变。[②]

（二）整体性导向下的整合与协同路径

行政审批服务改革在某种程度上可以视为对于专业行政和综合行政之间的平衡过程，“综合审批”彰显着整体性政府的整合倡议，“专业审批”则暗含着协同诉求，面对行政审批服务改革中对于权

① 邓理，王中原.嵌入式协同：“互联网+政务服务”改革中的跨部门协同及其困境［J］.公共管理学报，2020，17(04)：62–73.

② 黄璜，谢思娴，姚清晨，等.数字化赋能治理协同：数字政府建设的“下一步行动”［J］.电子政务，2022(04)：2–27.

力再配置限度的问题、对于业务流程再设计的问题、对于信息资源共享与互认的问题，背后均是整体性政府变革所要求的整合与协同有机衔接的问题。

1.职能和权力的整合：基于强关联职责权限的汇聚

面对关联性强、便于集中的审批事项，以整合的方式将这些强关联的职责权限汇聚到单一部门，有利于简化审批流程，提高行政审批效能。在传统的审批模式中，无论出于何种关联程度的各类审批职能和权力均分散在各职能部门，在"政府中心主义"理念下，企业群众在审批办理中"跑断腿"的现象时有发生。而将部分职能和权力整合后推行的综合审批和对业务流程的再造，极大改善了办事公众的审批体验。在整合的过程中，依靠的是行政权威的强力介入和快速推进。依托等级制而产生的行政权威在政府系统内部具有极强的效力，能够在短时间内快速实现某一组织目标，打破部门"等靠要"的传统思维，即使不愿将部分权力让渡，也不得不服从于上级领导的安排，使得职责权限迅速有效地集中到行政审批局。组织成立后部门地位与职责权限的稳固则有赖于组织自身的努力，行政审批局围绕组织内部人员使用、处室设置、业务优化等开展的一系列具体层面的探索以及容缺受理、告知承诺、独立审批师等运行机制的创新，则为巩固改革成果，强化组织地位提供了基本支撑。

2.业务和层级的协同：基于弱关联职责权限的配合

面对专业性和特殊性强、难以集中的审批事项，协同是比整合更为贴切的一种方式选择，可以尽量避免因综合审批能力受限而带来的审批无效现象。正是由于审批事项和权责职能集中的有限性，横向部门之间的协同必然会贯穿改革的整个过程。在协同的过程中，地方党委和政府赋予行政审批局的考核权力发挥了关键作用。行政审批局考核权的使用以及由此带来的考核排名结果会直接影响某一部门年度绩效奖励的发放和部门领导的工作政绩。这样一来，各职能部门积极主动配合所带来的整体利益将会超过固守原有审批权力和部门数据信息所产生的部门利益，作为理性人的政府部门则会做出主动而非被动的行为选择。

正向的激励是部门行为选择的重要考量因素，但在强问责与追责的时代背景之下，规避和弱化自身可能面临的风险也会对部门行为产生巨大影响。行政审批局在风险分担方面推行的审管互动也推动了部门之间的配合与协同。在改革过程中，"在泉城全办成"改革通过联合发文、明晰权责、信息联动等制度化、技术性手段，依据"谁审批谁负责、谁主管谁监管"的基本原则，构建审审协同、审管协同的共同体，防范新体制产生新碎片化的风险，为相关部门敢于担责、勇于担责提供配套的制度化保障。

纵向层级部门之间关于集权与分权的限度问题也是行政审批制度改革难以跳过的协同难题。"在泉城全办成"的市县同权下相对统一事权划转的改革探索为化解这一难题给出了有益参考，通过自下而上区县申报的方式，基于不同性质的审批事项，运用直接下放、服务窗口前移和下放实质性审核权等不同的方式，既缓和了市级行政审批局的工作压力，将更多的行政精力投入监管等后端运行，也强化了区县级的行政审批局或服务中心的权力运转，更实现了公民自由选择更便捷站点进行一站式办理，相关企业的审批受理级别的降低也增强了企业活力和自发生长潜力。

3.实现整合与协同的双重推进

作为集中审批载体的行政审批局，如何能够实现对于强关联职责权限的集中，其内部又应该如何运转，这些问题既存在于行政审批制度改革之中，也是整体性政府体制变革亟须突破的难题。新设机构成立的前提条件、组织限度何在，新设机构的内部具体运转机制如何，又如何能够实现行政审批局这一中心机构与大数据局、各职能部门等核心机构以及编办等外围机构之间的有效协同？基于行政审批制度改革的"在泉城全办成"探索，为政府自身改革提供了有益参考。

首先，内生于科层制的行政权威强有力介入是实现组织整合的起点。科层制作为一种有着明确等级权威的组织结构，特定的等级隐含着特定的能够支配各主体行动逻辑的行政权威。在压力型体制下，上级领导的权威不断放大，他们能够依托行政权威将各项任务自上而下分解至各职能部门，以集权控制来推动某一制度设计走向底层实践。这也意味着一旦上级领导决定要推行某一项组织整合工作，就能够借行政权威调动和支配体制内资源展开强有力的介入，在极短的时间内快速成立一个整合型组织平台。

其次，整合型组织的自我奋斗是巩固整合成果的基础。领导的注意力资源是有限的，行政权威的强力介入只能在短期内发挥作用，并不能保证整合型组织长期的稳定运转。这就需要依靠组织自身为巩固部门地位，扩大部门利益开展积极行动，这些行动既要面向组织内部不同处室的整体运转，又要服务于组织间关系的协调以及组织与外部公众等社会力量的共同参与。在一轮又一轮的机构改革中，政府机构设置和职能配置逐渐趋于稳定，在这种情况下，新设部门往往被赋予实现某一重要领域创新发展的改革期待，更高的预期为整合型组织的日常运转带来更大的压力和动力，也推动着整合型组织不断地创新和自我革新以证明自身的价值。

再次，以整合型组织为中心的内外圈层部门之间的协同是永恒的议题。自从组织这一经济形式出现以来，如何在专业分工的基础上实现部门之间的有效协同，一直是公共管理学界重要的理论对话问题。目前被广为采用的纵向协调始终是一种治标不治本的方式，协同性强调的是部门之间需基于共识之上进行共同规则的制定，主体间合作的共同利益与共同目标的一致性，相互信任与承诺以及相互包容的达成需要长期的努力，其中制度化的正式推动和非制度化潜移默化的影响将共同作用于这一过程，这也是回应有效协同这一永恒议题的可能出路。

四、本章小结

刀刃向内的政府自身改革是政府治理和国家治理中永恒不变的重要议题，关乎政府运行的具体效率和国家治理的总体效能。围绕这一问题，改革开放以来，我国政府持续推动着政府机构改革和政府职能转变的进程，以适应不断变化的经济社会发展要求和人民日益增长的对美好生活的诉求。"在泉城全办成"改革通过调整组织架构、深化集成性的组织结构，再造业务流程、重新配置纵向层级和横向部门之间的权责关系，优化协同性的运行机制，以及加强信息共享、优化服务平台等共享性的数字技术嵌入，在创新体制机制、转变政府职能、再造管理流程和更新管理方式等方面实现了重要突破，重塑了政府内部治理结构，推动了政府内部的系统改革。

“在泉城全办成”改革的边际效用向外体现在对于政府与市场的关系和权责边界的进一步理顺，向内则在于以行政审批改革为核心的职能改革对于政府整体性变革的回应与推动。在政府部门改革领域，“在泉城全办成”改革重组了整体性、服务性和人民性理念的职能机构，在横向部门之间推进政府各部门的协同改革，在纵向层级部门之间构建更为完整的运行体系，更是撬动着政府运行的整体性变革。具体而言，“在泉城全办成”改革以集成性的组织平台为驱动，聚焦企业群众的基本服务需求、个性化的多元服务需求和治理需求三种不同层次的需求，强化服务性的价值追求，依托审批权限的划拨、业务流程的重塑和职责关系的再配置过程，并通过数字化、标准化的赋能，优化横向部门和纵向层级之间协同性和极简化的运行机制，重塑无缝隙的部门关系，加速了迈向整体性的政府改革进程，彰显着“在泉城全办成”品牌助力整体性政府变革的溢出效益。从更深层次上看，“在泉城全办成”的持续推进有赖于在区分不同关联强度职责权限的基础上，达成不同部门间强关联职责权限的集中和弱关联职责权限的相互配合，从而加快职能和权力的整合以及业务和层级的协同，实现了整合与协同的共同推进。

第四篇

迈向新时代的“在泉城全办成”

当前中国正经历着历史上最为广泛、最为深远、最为浩阔的社会变革，时代的恢宏进程和政府的使命担当推动着各地正在进行着独特的、开创性的实践创新。站在“百年未有之大变局”的重要历史节点上，如何看待全国精彩纷呈的改革创新，如何理解地方创新和中国方案的关系，如何在世界公共行政的理论发展中讲好中国故事，既是大国之担当，亦是时代之使命。

本篇作为全书结篇，是总结，也是展望。我们尝试在总结“在泉城全办成”品牌之所以成为持续高效、广受好评、影响深远的济南样本的基础上，进一步对其未来发展进行展望。恢宏壮阔的改革时代是理论产生、经典创新的最好时代，对“在泉城全办成”改革的研究，既是理解当前仍在持续进行着的改革进程的现实需求，同样也是构建中国特色、中国风格理论的内在要求。

第十章
从制度创新到品牌影响：时代进程中的济南样本

源生于行政审批改革、升级于“放管服”改革进程中的济南市行政审批服务局的“在泉城全办成”品牌何以成为持续高效、广受好评、影响深远的济南样本，将是本篇回应的主要问题。一方面，回顾时代发展趋势和市场需求变迁，以此提炼济南市行政审批服务局在济南样本中呈现的价值理念和创新方式；另一方面，借助信息技术和媒体传播优势，以此分析“在泉城全办成”得以成为中国方案典型范本之一的品牌内涵和时代价值。

一、制度创新：营商环境的优化研判和法治保障

政府开展行政活动的总目标是优先侧重于效率，还是公平？这既是传统公共行政理论面临的经典问题，同样也是现代公共行政活

动始终关注的时代新课题。一个世纪以来，全球各国政府通过历次政府改革在不断进行着探索，为世界公共行政理论共同体的发展呈现着各具特色的国家方案，其治理工具和政策手段也深深影响着我国政府改革的前期进程，本书在之前章节已经进行了充分论证。改革发展至今，我国各省（区、市）已经通过不断的探索创新，实践并提交了符合自身优势、行之有效的地方方案。而针对“在泉城全办成”改革方案而言，把握好经济发展的时代脉搏和营商环境评估体系的双重优势，是政府能够在改革中始终确定发展方向，并进行制度创新的重要原因和根本底气。

（一）“新常态”中的“高质量发展”：把握经济发展的时代脉搏

行政审批制度改革，缘起于政府对于自身职能优化的改革决心、深化于党和政府对于市场机制和政市关系的审慎判断。可以说，在改革的整个进程中，每一阶段的改革侧重和创新探索都反映出党和政府对于经济发展时代特征的把脉。从改革开放发展至今，40余年来国内以及全球经济形势经历了数次变迁浪潮，从放松计划管制到加入WTO世界贸易体系，从“新常态”兴起到经济的“高质量”发展，国家要想始终把握经济发展的时代脉搏，则必须根据经济发展趋势及时调整自身的营商环境适应性，同样，这也对政府职能的优化转型和应时细化提出了更高要求。如何在稳定有序的前提下，遵循市场运行规律，释放经济发展活力；有效监管市场活动，减少行政干预与权力寻租空间，向来都是行政审批制度改革的重要议题。

进入经济转型升级的新发展阶段之后，中央和国家对经济发展的时代脉络作出了最新研判。2014年5月，习近平总书记在河南考察时首次提出了“新常态”一词；7月29日，又在中南海召开的党外人士座谈会上再一次用“新常态”来概括经济形势；11月10日，在亚太经合组织（APEC）工商领导人峰会上，总书记以《谋求持久发展 共筑亚太梦想》的主旨演讲，系统阐述了中国经济的新常态问题，总结了经济发展新常态下速度变化、结构优化、动力转化的三大特点，并在国内外诸多重要会议上反复围绕“适应新常态”发表重要讲话，认为经济新常态是新时期我国社会经济发展新的阶段性特征。

所谓“新常态”，对应的是全球经济的“旧常态”，也即在2007年次贷危机爆发之前长达20余年的“大稳定（Great Moderatio）”（或译为“大缓和”）时期，这段时期被经济学家认定为“第三轮全球化的繁荣时期”，主要特点是：经济持续增长与低通胀、低失业率以及低波动同时并存[①]。在这段时期中，我国也通过坚定不移的改革开放和持续不断的政府改革，推动和激发了社会主义市场经济的发展活力，取得了“结构性加速”的中国式经济增长奇迹。进入“新常态”阶段后，中国面临着“结构性减速”的全新挑战，但这并不意味着经济的衰落，而是转变为增速由高速转向中高速之后，如何实现经济的总体质量和效益进阶升级，意味着经济发展需要朝向形态更高级、分工更细致、结构更合理的积极方向转变。

由此可见，前40年的“效率优先，兼顾公平”制度设计思路越来越不适合于新常态发展环境，因为这样的政策取向意味着默认可

① 李扬,张晓晶.“新常态”:经济发展的逻辑与前景［J］.经济研究,2015,50(05):4-19.

以以牺牲公平的方式来提高效率，这势必限制了市场的原生活力和公平的营商环境。在政府的行政审批职能履行中，则具体表现为将经济主体区分为“主导者”和“补充者”，从而分别化政策设计、区分化优惠待遇、差异化监管力度，长久之后必然会造成市场经济的失衡失序发展和企业创新的严重压抑，甚至可能转向企业以争取优惠待遇为目标展开活动从而导致的政府寻租局面。[①]长久缺乏公平必然丧失效率，而过分强调效率又会扭曲政府与市场之间的关系。行政审批制度改革在新常态背景下的时代目标必须同时兼顾效率和公平，在提高审批速度的同时，增强服务效能，这也是时代向行政审批制度改革提出的全新考题。

面对经济新常态的发展背景，习近平总书记在党的第十九次全国代表大会作了《决胜全面建成小康社会夺取新时代中国特色社会主义伟大胜利》的报告，指出：“我国经济已由高速增长阶段转向高质量发展阶段，正处在转变发展方式、优化经济结构、转换增长动力的攻关期，建设现代化经济体系是跨越关口的迫切要求和我国发展的战略目标”[②]，向经济发展提出了高水平循环、要素的高效配置、市场活力的充分释放和“以人民为中心”的发展等内在要求。[③]高质量发展要求政府在现阶段和未来的改革中必须配以相应的制度安排、政策集合和良性机制，如何从高速增长阶段追求“规模扩张”和“要素驱动”的发展模式转向高质量发展阶段的“高效”“公平”和“可持续”发展，将是今后一段时间内政府改革的重点目标。

---

① 金碚.中国经济发展新常态研究［J］.中国工业经济,2015(01):5-18.
② 金碚.关于“高质量发展”的经济学研究［J］.中国工业经济,2018(04):5-18.
③ 何立峰.大力推动高质量发展积极建设现代化经济体系［J］.宏观经济管理,2018(07):4-6.

因此，更好发挥政府作用，尤其是在行政审批职能的运行领域中，如何激发市场活力、深化要素改革、调适政府与市场间关系、强化有效监管将是重要的改革创新地带。

（二）是目标，也是保障：营商环境评估体系的优化指向

在经济新常态发展背景和经济高质量发展目标指引下，以习近平同志为核心的第五代领导集体就当前的经济形势和社会状况作出了精准研判，进一步确定了新时期政府改革方向和经济驱动要实现从招商引资到优化营商环境的转变。在2015年至2017年连续三年的“放管服”改革电视电话会议上，李克强总理均提到中国在世界银行营商环境报告中的排名变化，并以此来衡量国内“放管服”改革的进展，提出“营商环境就是生产力”[①]，随后更是注重营商环境的特色内化和重点优化，在每年的“放管服”改革电视电话会议上均给予高度重视，使营商环境优化成为各级政府高度关注和衡量改革成效的重要指标。在2020年的全国“放管服”改革优化营商环境电视电话会议上，更是作出了“进一步深化‘放管服’改革，加快打造市场化法治化国际化营商环境，不断激发市场主体活力和发展内生动力”的重要部署。优化营商环境目标的确立，不仅意味着“放管服”改革进入2.0时代，从审批事项“量”的减少、审批流程的简化，转变为重视企业经营活动软环境“质”的提升[②]；也意味着优化营商环境将成未来一段时期中国家全面深化改革的重要目标之一。

---

① 李克强.在全国深化“放管服”改革优化营商环境电视电话会议上的讲话［J］.中国行政管理,2019(07):6-10.

② 宋林霖,何成祥.优化营商环境视阈下放管服改革的逻辑与推进路径——基于世界银行营商环境指标体系的分析［J］.中国行政管理,2018(04):67-72.

"营商环境"从专业术语到改革目标已经广泛为公众熟知。事实上，关于营商环境的评估体系和指标设置由多家机构同时开展，例如，最早于1979年，由世界经济论坛通过每年发布的《全球竞争力报告》对全球经济进行的竞争力排名；由经济学人集团旗下的经济学人智库（The Economist Intelligence Unit，EIU）每五年发布一次的《营商环境排名》，对全球82个国家营商环境的质量、吸引度进行排名；但影响力最为深远的当属作为国际三大金融机构之一的世界银行每年发布的《营商环境报告》[①]。为衡量各国营商环境情况，世界银行自2003年起每年都会发布一份营商环境报告，通过对全球190个经济体的数据收集分析，以及多年来评估指标的调整优化，目前已经形成了包含10项一级指标（开办企业、办理施工许可证、获得电力、登记财产、获得信贷、保护少数投资者、纳税、跨境贸易、执行合同以及办理破产）、43项二级指标的营商环境评估体系，对各经济体的中小企业营商环境进行全面评估并排名。

营商环境评估体系不仅有助于量化企业在整个生命周期办事程序和各类活动的便利化和法治化保障程度，也切实反映了一国行政体制、政府职能、市场发展、社会民生等综合因素在内的综合实力。因此，一个国家或地区营商环境的综合分值，不仅是评价其核心竞争力和可持续发展能力的重要指标，更是深刻影响政府深化改革和市场活力释放的重要参照物。

根据国家统计局《2020年国民经济和社会发展统计公报》发布的数据，截至2020年底，我国实有市场主体总数达1.4亿户。规模

① 宋林霖，何成祥.优化营商环境视阈下放管服改革的逻辑与推进路径——基于世界银行营商环境指标体系的分析［J］.中国行政管理，2018(04):67-72.

巨大的市场主体是创造经济增长的微观力量，如何能够维持市场主体的基本数量、不断激发市场主体的经济活力成为实现经济高质量发展的关键所在。基于这一层面，营商环境评估体系不仅能够考核衡量一国或一个地区企业活动和市场活力的重要参照，同样也可以成为政府的重要治理工具，通过对标参照进一步建设优化营商环境，不仅有助于现代市场运行体系的完善，又能确定政府职能转变的优化方向，助推国家治理体系和治理能力的现代化转型，以及经济社会的高质量发展。[①]

在中国经济的奇迹增长过程中，政府的角色定位非常重要，它并非只是公共产品的提供者，同样也通过政策和制度设计影响着企业主体在市场中的活动成本，甚至还通过设立政府性基金、与社会资本合作等方式主动参与到市场竞争机制中来。在世界银行营商环境报告排名中，我国从2014年的96名逐步提升至2020年的31名，[②]从侧面反映出我国政府对营商环境建设优化的充分重视和持续发力，同时也对改革者和实践者们提出了进一步保障改革成绩和优化环境的需求。从这个层面而言，营商环境优化不仅作为改革目标能够有效推动我国经济的高质量发展，并提供了现实的治理工具和操作性强的实现路径；同样地，也能够通过制度化的规范进一步夯实改革成绩，为市场活力有序竞争保驾护航，即“法治是最好的营商环境”。为此，伴随着2019年我国优化营商环境的第一部综合性行

① 娄成武，张国勇.治理视阈下的营商环境：内在逻辑与构建思路［J］.辽宁大学学报（哲学社会科学版），2018，46（02）：59-65.

② World Bank Group. Doing Business 2020［EB/OL］.（2020-04-20）［2022-07-07］. https://openknowledge.worldbank.org/bitstream/handle/10986/32436/9781464814402.pdf.

政法规——《优化营商环境条例》（以下简称《条例》）的出台，我国陆续开始建立以《条例》为核心、以中央各类政策文件为补充、以地方优化营商环境立法为支干[①]的优化营商环境立法体系，切实保障改革成效。[②]为持续优化营商环境建设，《条例》中特别强调，要“以市场主体需求为导向，以深刻转变政府职能为核心，创新体制机制、强化协同联动、完善法治保障，为各类市场主体投资兴业营造稳定、公平、透明、可预期的良好环境”[③]。

二、制度建设：城市软实力提升的政府担当

2010年上海世博会的主题是“城市，让生活更美好”，寄托了人们对于城市的期待。这句话来自亚里士多德所说的“人们为了生活来到城市，为了生活得更好留在城市”。城市给人以期冀、给人希望，就是在于城市硬实力的支撑和软实力的滋养。

（一）城市的竞争力：硬实力与软实力的统一

自从20世纪90年代，约瑟夫·奈（Joseph Nye）开始用“软实力（Soft Power）”解释国家关系中存在的一种普遍力量以来，该

---

① 截至2020年，我国共有12个省市专门发布了优化营商环境的地方性法规，分别为辽宁省、河北省、辽阳市、陕西省、阜新市、黑龙江省、吉林省、广东省、天津市、山西省、北京市、上海市；共有3个省市发布了地方政府规章，分别为沈阳市、温州市、安徽省。济南市也于2021年12月20日通过了《济南市优化营商环境条例》，并于2022年3月1日开始正式生效。

② 成协中.优化营商环境的法治保障：现状、问题与展望［J］.经贸法律评论，2020(03):1-16.

③ 中国政府网.优化营商环境条例［EB/OL］.（2019-10-23）［2022-07-06］. http://www.gov.cn/zhengce/content/201910/23/content_5443963.htm.

概念已经得到广泛关注和持续讨论。国家关系中的软实力，指的是"通过吸引别人而不是强制他们来达到你想要达到目的的能力，其外延涵盖文化渊源、思想意识、价值观念、民族凝聚力等，包括政治制度的吸引力、价值观的感召力、文化的感染力、外交的说服力、国际信誉以及领导人与国民形象的魅力"①。随后，"软实力"的内涵解读和研究进一步拓展到区域关系、城市发展、企业组织等层面，"城市软实力"是在"国家软实力"概念的基础上进一步衍生的概念②。2004年9月16日，在"中国城市论坛北京峰会"上发布的《中国城市"十一五"核心问题研究报告》中指出"在'十一五'期间，我国城市竞争将进入以软实力为标志的新阶段"③，标志着城市软实力已经成为提升城市竞争力和特色发展的关键切入。

相较于易被量化的以经济指标为代表的"硬实力"，"软实力"更侧重描述在城市生存和长期发展中所逐渐积累沉淀的各种精神力量、文化力量和对外影响力，关注的是那些难以被明确量化，但却能够潜移默化且具备深远影响的内容，例如文化建设、制度设计、历史传承、科技创新和生态环境等。硬实力能够反映一个城市的富裕发达程度，而软实力则能够反映城市的品位质感和对外吸引力，因此硬实力和软实力是城市整体实力的综合组成部分，能够综合反映城市形象的优劣与城市竞争力的强弱。④

---

① 张志越，赖海榕，刘承礼.软实力的概念及其对我国的政策意涵［J］.经济社会体制比较，2006(03):132-137.

② 陶建杰.城市软实力评价指标体系的构建与运用——基于中国大陆50个城市的实证研究［J］.中州学刊，2010(03):112-116.

③ 谭志云.城市文化软实力的理论构架及其战略选择——以南京为例［J］.学海，2009(02):175-180.

④ 马志强.论软实力在城市发展中的地位和作用［J］.商业经济与管理，2001(04):28-31.

一个城市的美好和未来，必然是城市硬实力和软实力的综合体现。依据城市发展的基本规律，当经济发展到一定规模和程度时，即城市的硬实力发展到一定程度，那么在接下来的城市竞争中起决定性作用的就是以文化为核心的软实力。于济南市而言，当连续四年夺冠全国文明城市时，人们感叹这个城市厚重的实力；当被列为全国文明典范城市创建首批试点城市时，人们期待这个城市精神内涵的精彩绽放。济南市目前正处于新旧动能转换、高质量发展转型的关键时期，提出了强省会“两手都要硬”“软实力让城市伟大”的战略口号，便是强调了城市软实力与硬实力并举的治理重点与发展方向，推动城市在夯实硬实力基础上进一步向内涵式、高质量的软实力建设转向，如何识别软实力的作用和探寻软实力提升的路径，正是济南提升城市竞争力、凝聚力和吸引力的重要落脚点。

在城市发展和竞争中，城市软实力有三个表现维度：城市文化、公共服务和形象传播，其核心实质就是城市对内的凝聚力和对外的吸引力。

其一，城市文化是源生于城市历史进程中通过积淀所自发形成的内生之力，既包含了城市深厚的历史文化传统和独有的地域特色，也包含了城市的精神特质、创新能力、包容性、社会面貌等要素，塑造了城市居民的共同价值和文化认同，是城市文化影响力的来源。

其二，市民能否获得高水平的公共服务则直接反映了该地政府的执政能力和公共管理水平，政府作为城市的总设计师和具体执行者，其关注重点和管理水平直接决定了城市的基本定位、发展方向、实现路径。针对公共服务而言，需求问题反馈、公民参与力度和服务便利程度等的实现程度，不仅是居民实现“美好生活”的基本条件之一，也在侧面通过政府能力展现着城市竞争力和城市形象。

其三，形象传播则是将城市内涵进行高度概括和凝练并加以展示的过程，城市形象既包括城市景观、城市建筑等视觉形象，也包括城市口碑、城市管理水平、市民言行等非物质形象[①]。良好的城市形象和认可度高的城市品牌，要基于城市自身优秀的综合实力来打造，通过大众传媒和人际传播激发对外的吸引力和对内的认同感，并经过时间淬炼和实践检验进一步提升城市的知名度和美誉度。

（二）城市软实力提升的制度建设和政府担当

“软实力”的提出者约瑟夫·奈（Joseph Nye）曾指出，软实力的主要来源是文化、政治价值观和对外政策。上海社科院的胡建认为，软实力来自四个方面：物质资源、精神文化、制度文化和行为文化。在一般关于物质、文化和居民行为的认知之外，他们都强调了国家制度和政府行为对于软实力的创设作用。同时，在经过上一节对城市软实力三重表现维度的分析之后，我们不难发现，相较于历史积淀自发形成的“城市文化”，和依赖各种传播渠道的“形象传播”而言，城市的“公共服务”维度最能够直接反映该地政府的能动性、执政水平和责任担当。随着“公共服务”内容的丰富和质量的提升，不仅有助于满足社会大众日益增长的物质文化需求，也

---

① 陶建杰.城市软实力评价指标体系的构建与运用——基于中国大陆50个城市的实证研究［J］.中州学刊,2010(03):112-116.

同样能够吸引市场主体主动参与和贡献力量，若进一步聚焦政市关系和营商环境领域，该维度则具体表现为一个政府的政务服务水平，这就对政府在资源分配、执政方式和制度建设方面提出了更高要求。

对于城市发展来说，一方面，如果一个城市具有制度的创设和塑造能力，那么就在制度上获得了软实力；另一方面，制度完善、市场环境好、社会秩序好，就意味着城市获得了制度带来的软实力。从这个角度来看，加强制度建设、加强政务服务，就成为城市软实力提升的承载与路径，这也是政府在城市形象塑造和竞争力提升中的主要发力点。虽然政府对于历史积淀形成的城市内生文化的作用力有限，但却能够通过诸如产权保护、市场监管、税赋征收、基础设施提供、金融和劳动力市场运行等管理措施和政策指引进行制度建设，在塑造营商软环境方面发挥举足轻重的影响力。而在一个城市当中，良好的营商环境意味着政商关系清廉、政府服务效率高、市场运行良好、社会充满活力，这些都会进一步提升城市的美誉度、竞争力和影响力，有效地提升城市软实力。具体于济南而言，在优化营商环境的制度建设探索中，行政审批局的"在泉城全办成"发挥了重要的领头作用，从试点探索到政策配套、从品牌打造到制度建设完善，目前已经产生了显著的改革撬动和溢出效应，结合着当下济南市的发展阶段和需求，营商环境方面的软实力提升可进一步从两方面进行制度完善。

优化营商环境是经济服务便捷化的软实力。经济方面的物质基础与城市建设虽被纳入硬实力的参考标准，但以"放管服"、营商环境为发力点的营商环境打造，依旧是以政府为主体的治理行为。

济南市应以激发市场活力，增强服务效力，提升城市吸引力为主要目标，赋能市场主体自由竞争与发挥潜力，着力提升经济发展的城市软实力。优化营商环境不仅会开拓市场与政府的全生命周期互动，其在吸引外资、人才引进、创新创业等城市竞争维度也发挥着重要作用。优良的营商环境可以进一步增强城市经济服务的便捷化和吸引力、破除区域分割等不合理限制、营造良好的政商关系与公平开放的市场氛围，促进城市软实力对市场主体的吸纳与优化。

行政审批改革是政务服务高效化的软实力。行政审批改革是通过改善政务服务的方式打造服务型政府，并进一步以服务的高效化来实现城市软实力的提升。济南市通过持续深入的行政审批改革，彰显了政务服务便捷化高效化的城市效能，不断塑造和完善“在泉城全办成”的政务口号和城市品牌，其社会影响和创新扩散都在有序跟进，奠定了城市软实力提升的路径。以政务服务为重点的行政审批改革，通过精准化、标准化的服务下沉提高了公民的满意度与获得感，重塑了政府服务流程和整体形象，增强了城市的对外吸引力，并不断细化软实力可持续改进的空间，助力形成城市的品牌效应。

城市是制度文明发展最充分的地方，是物质、文化和制度的集中体现，也是国家发展现代化和人民生活现代化的重要标志。济南市作为城市的历史在4000年以上，是国家历史文化名城，有着得天独厚的文化资源优势，市民也拥有着“家家泉水，户户垂杨”的共同记忆和文化认同；作为经济大省的强省会，物质基础也有亮眼的数据，这都是济南市软实力自信的根源。如今，济南市更应通过在制度建设方面持续发力，通过制度创新和政务服务提升营商环境的竞争力和吸引力，以此为杠杆进一步撬动社会整体活力和参与意识，塑造城市的引领形象和能力，使城市获得强大的软实力和持续美好的发展动力。

三、政务品牌的影响扩散："在泉城全办成"的打造和传播

在新公共管理运动遍及全球之前，"品牌"是专属于企业的特有概念，随着政府改革运动在全球范围的推动，企业家政府、服务型政府理念逐渐深入人心，政府同样需要品牌来拉近与公众的距离、增强自身的公信力、凝聚力和影响力，通过品牌的打造和传播可以有效降低沟通成本，以推动政策的理解、认同和执行落地，政务品牌正是在这样的背景下出现的。政府作为重要的公共管理组织，不仅是城市的设计师、领航者和管理者，更是为市民提供优质公共服务及政务服务的供给方。如何让市民认识政府、理解政策、寻求帮助，不能仅仅依靠政府"默默地"去行动，更需要在品质服务的基础上进一步塑造和传播城市整体凝聚力，可以说，政府品牌正是一种通过外在标识集中反映政府理念和形象的重要载体。

政务服务品牌是政府品牌的典型代表之一，是为了满足行政相对人需求而形成的，始终以人民需求为核心、以提供个性化的服务为手段、以践行服务性理念为目标的品牌形式。目前，"在泉城全办成"已成为极具济南特色的政务服务品牌，它体现了行政审批局在深化"放管服"改革、优化营商环境等众多创新举措中所凝练的服务理念、价值导向和特色定位。

（一）视觉传播要素：契合公众偏好、打造泉城特色

实验心理学家特瑞赤拉（Treichler）在说明人类获取信息的感观途径和效果之间的关系时指出：人类获取的信息83%来自视觉，11%来自听觉[①]，仅此两种感官途径占总获取信息的比例就已高达94%，尤其是视觉，更成为人类获取信息的主要感官途径。相比于文字、声音、气味载体所传达的信息抽象程度而言，视觉传达中的图像有着天然的亲和力和吸引力，其内涵、要素和主旨较为直接浅显、且易于被不同文化教育水平的公众所接受，在某种程度上能够跨越知识鸿沟，打破不同阶层之间的文化隔阂，并受到更广泛公众的青睐[②]。政务品牌通过借助视觉传播要素和技术手段，一方面能够打破传统政务宣传的刻板模式，将政务信息通过可视化表达直接传递给行政相对人；另一方面，在视觉图像的选择和呈现上也能够唤起公众的集体记忆和城市归属感，进一步增强政务品牌传播过程中的情感传情能力。

济南市行政审批服务局将改革创新中的有效措施提炼打造成独具济南特色的政务服务和公共资源交易品牌——“在泉城全办成”，并在品牌塑造和传播中充分运用了有共识、有记忆和契合度的视觉传播要素。自2019年6月21日起，济南市行政审批服务局便开始了政务品牌打造之路，首先是需要形成一个具备辨识度、认知度的统一形象标识。为此，行政审批局开始向社会公开征集形象标识设计

---

① Treichler D G. Are You Missing the Boat in Training Aids［J］. Film and AV Communication, 1967(01): 14-16.

② 刘晶.视觉政务传播:特质、功效与优化［J］.南昌大学学报(人文社会科学版),2021,52(05):105-113.

方案，此次征集活动得到了社会各界和设计团队的广泛关注和积极参与，共收到作品166件，经过投票、专家论证以及综合各方意见之后，最终确定了统一形象标识（见图10-1），并随后应用到各级政务网站和政务服务大厅、各乡镇（街道）便民服务中心和村（社区）便民服务站等线上线下场景。

济南政务服务
JINAN GOVERNMENT SERVICES

图10-1　济南市政务服务品牌——"在泉城全办成"的统一形象标识

标识中的图案为泉水、荷花、爱心、OK手型等四种形象的抽象表达，整体设计简洁大气、色调清爽、内涵丰富，既突出了济南地域特色，又蕴含坚持"以人民为中心"的发展思想。整体视之，标识造型犹如正在喷涌而出的汩汩泉水，"泉"代表着泉城济南，谐音"全"，寓意全心全意为人民服务和"在泉城全办成"的服务理念；而喷泉的泉流细看又组成了一朵正在盛开的荷花，荷花是济南市花，又名莲花，"莲"谐音"廉"，寓意清正廉洁、规范高效的工作作风；左下角的爱心和OK手型，寓意对待企业群众需秉持文明热诚、关爱体贴的服务态度和只说"OK"不说"NO"的服务承诺；标识主体颜色为蓝色，局部渐变为暖黄色，既体现了政务服务的庄重规范、公正公开，又彰显了政务服务的济南速度和济南温度。

（二）“人民城市”：传播中的人民中心和对话导向

传统的政务服务和之前历次改革之所以屡次反复的原因是站在政府中心位提供服务和进行改革，难以站在公众立场提供整体性服务和无缝隙运行流程，这在第二章中已进行了充分论述，而内嵌于“放管服”改革脉络中的行政审批局模式依托整体性服务理念重塑了审批服务的运行机制和环节流程，真正实现了人民需求导向，充分反映了“人民城市”的内涵和价值。在政务品牌传播过程中，同样要遵循“人民中心”的服务理念，而新媒体平台和视觉传播技术通过对话导向的策略和沟通方式诠释了“人民中心”理念的具体落地方式。

对话理论之父布伯认为对话是“我一你”作为对话参与者，处于平等状态，在对话场域敞开心怀，自由互动[①]。这意味着要想改变传统说教式的政务信息宣传和政府中心站位的服务供给方式，通过平等状态下的“对话”形式可以有效识别公众的真实需求和诉求痛点，进而站在人民中心立场上转变服务供给方式，重塑让人民感到便捷、有效、亲切的服务流程。在新媒体时代，视觉技术的运用和用户立场的页面设计有助于政民互动对话平台的搭建，能够打破传统的单向宣教模式，拓宽对话场域和对话效果。例如，公众可以在济南市政府网站首页，通过点击“服务”标签，一键链接进入“济南政务服务一网通办”界面，该界面通过显眼的“在泉城全办成”字样，传达其是“在泉城全办成”政务品牌官方在线服务平台的信息（见图10-2）。

① 马丁·布伯.我与你［M］.陈维刚,译.北京:生活·读书·新知三联书店,2002:55.

图 10-2 “济南政务服务一网通办”在线平台界面

在具体的页面设计和视觉呈现上，摒弃了站在政府中心的职能部门罗列和业务介绍，将政务服务供给职能按照公众需求分为身份区分（个人或法人）、提供服务（事项清单、预约取号）、咨询（在线客服）、信息公开（阳光政务、进度查询）、反馈（好差评、效能监督）等不同的板块，更是通过“在线客服”“预约取号”“中介超市”标签的设置，让公众享受到如同在网上“购物”般的服务体验和便捷程度。虽然没有线下的人际交流，但在“一网通办”平台上可以生动模拟“我和你”的对话场景，以公众作为价值中心重塑服务流程，克服了原先线下流程层级多、人情重等弊端。

（三）用户细分：搭建视觉媒体矩阵、开拓服务新渠道

行政审批服务面对的行政相对人不仅有“企业”和“个人”的二分区分，如何识别多元主体类型，甚至能够主动关怀弱势群体更能反映出社会文明程度和政务服务品牌的人民主体定位。在新媒体平台投放信息和与公众互动时，可以根据不同平台用户的增长情况、阅读量、评论互动率、视频观看量等数据，进行分析研判、掌握用户类型和使用偏好，进而为不同领域、不同行业、不同年龄阶

段的差异化公众，精细匹配议题讯息、设置议程和策划互动，做到个性发布、内容分层和精准投送，满足多元主体的差异化需求。[①]并进一步通过各种媒体平台的视觉媒体矩阵搭建，充分发挥不同媒体平台和针对性技术优势，增强行政相对人对政务服务的满意度和认同度，从而塑造良好的政务品牌形象，持续提升政务品牌的核心竞争力。

视觉媒体矩阵的搭建和应用需要注意两点：其一，充分发挥多种媒体平台的优势，差异化分析用户类型和需求。2019年11月，济南官方政务服务App“泉城办”正式上线，全面引入了市级政务服务事项，强化“秒批秒办”“掌上办”“全链条办理”等实用功能，形成了集办事服务、便民查询、互动交流、生活缴费于一体的移动端政务服务总门户，并持续接入更多个人高频使用事项，例如公积金、出入境、社保、医保等，推动更多服务事项在移动端“秒批秒办”，实现对用户提供在线服务24小时“不打烊”。另外，除了官方统一App平台，“在泉城全办成”品牌在微博、微信小程序、微信公众号、抖音等媒体平台都有官方账号进行相关信息发布，并根据不同平台类型开展不同活动，例如，在抖音平台通过线上直播进行宣广答疑。其二，需要转变传播语态，培养适当“网感”。在互联网思维的影响下，需要克服传统政务宣传工作中的一些生硬语言和刻板形式，贴近公众生活，拉进与公众距离，让政务服务不再“死板”。例如，济南市行政审批服务局在抖音平台某期介绍企业“跨省通办”业务时，宣传短片中生活场景设置、演员们沉浸式表演，

① 刘晶.视觉政务传播:特质、功效与优化［J］.南昌大学学报(人文社会科学版),2021,52(05):105-113.

生动地展现了“跨省通办”的便捷程度以及具体操作步骤，通过将政务信息趣味性和生动性的巧妙处理，不仅强化了品牌的辨识度和知名度，也加深受众的认知和喜爱。

“在泉城全办成”政务品牌通过线上线下平台、整合传统媒体与新媒体多重优势，积极宣传推广改革实践、服务理念、业务流程、未来规划等，新华社、人民网、大众网在历次报道行政审批局优秀经验的时评新闻中反复突出“在泉城全办成”的品牌口碑，获得社会各界一致好评。可以说，“在泉城全办成”在品牌塑造传播过程中，正在不断打造着政府亲民且权威的综合形象，并通过拓宽公众参与政务活动新途径来进一步营造良性的政民沟通关系，凸显济南的城市定位，也在全国范围内进一步彰显济南市行政审批改革的成效和泉城特色。

统揽而言，济南市在行政审批改革中由行政审批局作为整体性服务平台，引领打造和全面推广的“在泉城全办成”政务品牌产生了越来越重要的影响力。其意义一方面体现在切实为办事公众提供了便捷有效的政务服务、切实为企业主体打造了公平活力的营商环境；另一方面站在城市发展的角度而言，更是通过制度创新、制度建设和品牌推广，传播了济南的城市特色和泉城温度，以小支点撬动了大影响。

“在泉城全办成”的品牌打造和传播过程中，如何在始终坚持人民中心定位的基础上，充分挖掘和体现济南市的软实力和硬担当，是济南市行政审批服务局及各级政府部门的改革初衷和不断探索。济南，坐落于济水之南，泰山之北，“四面荷花三面柳，一城山色半城湖”是这座城市最真实的写照。清清泉水从喧嚣的城市中心喷涌而出，浩浩荡荡、奔流不息，滋养着这座城市独特的韵味，也形成了济南智慧灵秀的城市品格。政府作为城市的设计师、领航者和管理者，一方面需要在改革中持续行动、勇于担当、大胆创新，另一方面也要在品质服务的基础上进一步传播塑造城市整体凝聚力。可以说，“在泉城全办成”品牌的打造推广之路正是走出了一条集中反映济南市政府理念、改革决心和城市形象的创新之路。

第十一章

从制度优势到治理效能：政府改革中的“济南故事”

自新中国成立和改革开放以来，我国在短短几十年间便实现了经济腾飞和社会稳定的跨越式发展，被誉为“中国奇迹”，在此过程中孕育出中国本土化的治理模式，既彰显了中国特色社会主义制度的优越性，又昭示出国家治理体系的效能和生命力。要想探究“中国奇迹”式的迅速腾飞和稳定崛起的原因，则必须理解从“制度优势”到“治理效能”转换过程中的助推机制。本章将通过对政府改革在转换过程中的重要能动作用分析，进入“在泉城全办成”的“济南故事”，进一步探析在从“制度优势”到“治理效能”转换的政府改革中，如何得以切实提升城市竞争力和治理实际效能。

一、从“中国之制”到“中国之治”：治理效能提升的关键转换

“中国之制”是理解改革成效和治理效能提升的核心密码。经过长期的实践探索与改革创新，我国已经建立和完善了社会主义制度，并形成与发展了党的领导和经济、政治、文化、社会、生态文明、军事、外事等各方面制度，体现出领导、民主、法治、力量、速度、目标等13个方面显著的制度优势。2019年10月，党的十九届四中全会通过了《中共中央关于坚持和完善中国特色社会主义制度 推进国家治理体系和治理能力现代化若干重大问题的决定》（以下简称《决定》）。《决定》指出：“我国国家治理一切工作和活动都依照中国特色社会主义制度展开，我国国家治理体系和治理能力是中国特色社会主义制度及其执行能力的集中体现”[①]，进一步指明了“中国之制”的显著优势和效能提升的前提。

“中国之治”则是国家制度在实践层面的具体应用，是国家制度及其执行能力的集中体现。制度的生命力在于执行，通过将制度优势向治理效能的转化，能够彰显出制度的根本优越性从而优化治理结构，能够提升制度执行能力从而优化治理功能，也能够促进制度和制度执行能力充分结合以及制度建设和治理实践有效互动，从而整体上推进国家治理现代化。[②]国家治理的一切活动都要围绕着相应

① 习近平.中共中央关于坚持和完善中国特色社会主义制度推进国家治理体系和治理能力现代化若干重大问题的决定［N］.人民日报,2019-11-06.

② 王佃利,洪扬.从制度优势到治理效能的实践逻辑——基于“放管服”改革的分析［J］.理论学刊,2020(02):34-42.

的制度展开，以在日益激烈的世界竞争环境中占据有利地位，也能在现代化建设中推进社会经济的高质量发展、满足人民对美好生活的向往和追求。

政府改革是实现从“中国之制”向“中国之治”转变的关键转换机制，也是国家治理现代化和治理效能持续提升的最重要载体。党的十九届四中全会的《决定》指出，“坚持和完善中国特色社会主义行政体制，构建职责明确、依法行政的政府治理体系”，这意味着政府治理体系和治理能力在国家治理体系改革和国家治理效能中占据基础地位，前者不仅是后者的重要组成部分，更是整个国家治理体系和治理能力发挥作用的有力保障。①而“放管服”改革作为政府行政体制改革以及政府机制创新的重要抓手，正是“制度优势”向“治理效能”转化的“催化酶”与“孵化器”，这也对承担着“放管服”改革先头兵作用的行政审批改革提出了更高的要求。内嵌在“放管服”改革体系中的行政审批改革旨在推动政府职能的优化转变、重塑政府与市场的关系、切实回应人民需求，从而更好地发挥政府治理作用。近些年来，改革已经在优化营商环境方面取得了切实成效，并取得了一系列重要理论成果、制度成果、实践成果。②在未来发展中，改革更要以优化营商环境作为持续发力点，着力打造市场化、法治化、国际化的营商环境，以营商环境的优化促进经济的高质量发展；并充分利用大数据技术与多种传播渠道，提升政府服务能力与品质，推动整体性、高效化、透明化的政府治理模式。

---

① 姜明安.完善国家行政体制提高政府治理能力［N］.人民日报,2020-02-04.

② 李军鹏.改革开放40年:我国放管服改革的进程、经验与趋势［J］.学习与实践,2018(02):29-36.

二、政府改革中治理效能提升的“济南故事”

在从“中国之制”向“中国之治”的行进过程中，在从制度优势向治理效能的转变过程中，政府改革始终是效能提升的关键转换机制。内嵌于“放管服”进程中的行政审批改革以“刀刃向内”的政府改革决心，以“削权、去利、割肉”的改革宗旨，不断推动政府系统内部的减权限权和职能转型，并不断释放着市场活力和社会创造力。目前，在全国上下轰轰烈烈的改革实践和治理效能提升的探索创新中，由济南市行政审批服务局带头创办、进而撬动城市治理效能提升的“在泉城全办成”政务服务品牌，正是对深化简政放权的“放管服”改革所展开的地方实践和创新探索，能够更为彻底和根本地激活治理效能，展示了一个有坚定决心的、充满活力的、保证公平的、有温度的“济南故事”。

改革的探索创新和政策的先行，为激发市场全面活力提供了方向指引。“在泉城全办成”品牌在改革初期，重点围绕“行使相对集中的行政审批权”“减材料、减环节、减时限”“一次办成”等事项开启了创新探索。从2018年6月的《中共济南市委济南市人民政府关于印发深化“一次办成”改革进一步优化营商环境的若干措施的通知》（济发〔2018〕23号）到2022年3月1日正式实施的《济南市优化营商环境条例》，政策的发展为实践创新提供了指引和鼓励，而制度的系统完善更是为改革成果提供了全面保障。通过诸多创新举措的落地、运行和保障，“在泉城全办成”改革为市场主体提供了大量便捷的审批服务，企业开办、行业准入、纳税社保等业务办理日益高效、规范，切实增强了企业群众的获得感和满意度。

制度的法治保障和监管的协同配合，进一步维护了公平有序竞争的市场环境。2019年10月，国务院发布的《营商环境优化条例》中明确提出：国家加快建立统一开放、竞争有序的现代市场体系，依法促进各类生产要素自由流动，保障各类市场主体公平参与市场竞争。因此，建立公平有序竞争的市场环境是优化营商环境的重要内容。2021年12月20日通过、并于2022年3月1日生效的《济南市优化营商环境条例》，更是从破除准入壁垒、推进公平竞争、规范中介服务等方面全面规定了营商环境优化的重要工作内容，为全面提升城市核心竞争力、营造公平有序竞争的市场环境、推动经济高质量发展提供法治保障；同时也对审批服务供给的监管层面作出了重要规定，明确要进一步通过人大监督、政府督查、政协监督、民主党派和人民团体监督、审计监督，以及新闻媒体和社会公众监督等多种形式，形成优化营商环境监督“组合拳”，明确相关法律责任，督促职能部门履行好主体责任，推动全市营商环境迈向更高水平。

品牌的传播推广和撬动作用助力于全面树立优良品质的服务口碑。“在泉城全办成”是济南市政府改革和政府形象的金字招牌，是拉进政民关系、提供便民服务、提升城市软实力的对外窗口和重要支点。2019年11月，济南官方政务服务App“泉城办”正式上线，全面引入市级政务服务事项，强化“秒批秒办”“掌上办”“全链条办理”等实用功能，形成了集办事服务、便民查询、互动交流、生活缴费于一体的移动端政务服务总门户，此后更是在契合公众诉求偏好、融合媒体平台矩阵的基础上不断拓宽政府服务的认知渠道，打造政府的亲切形象。随着对政府品牌的认可、接受、使用和反馈，改革成效借助传播扩散发挥了更深远的撬动作用，不仅切实改善了济南市的营商环境，更是整合多个关联部门联通了整个审批服务系统，为公众全面提供着无缝隙、整体性、品质优的政务服务。

综上所述，在从制度优势向治理效能转变的过程中，“刀刃向内”的政府改革是转变得以有效进行的最重要原因，而在城市治理场域和改革落地进程中的地方政府更是发挥着重要的动力作用。这就要求政府需要始终围绕“放管服”改革整体目标和“以人民为中心”的根本服务宗旨，持续推动机构改革和职能转变的探索创新，以适应不断变化的经济社会发展要求和人民日益增长的美好生活的诉求。

“在泉城全办成”改革通过集成性组织结构的重新整合，无缝隙业务流程的持续探索，纵横向权责关系的重新配置，极简化运行机制的协同推进，持续加强信息共享、数据流转、大数据分析等新技术的嵌入，不断推进以品质服务为基础的信任凝聚和传播创新，不仅在政府职能转变、再造管理流程和更新管理方式等方面实现了重要突破，更是以此为改革支点，撬动了审批服务系统未来的整体性发展，为城市治理效能的持续优化提供源源不断的动力。“在泉城全办成”改革，不仅是济南市在“放管服”改革考场上提交的一份亮眼的“济南答卷”，也是经济转型和时代发展进程中的一个典型的“济南样本”，更是通过企业群众切实的满意度提升、政府服务的持续优化等一系列真切成果向人们讲述了一个饱含政府改革决心、回应人民城市之需的“济南故事”。

参考文献

一、著作

[1]Dunleavy P, Margetts H, Tinkler J, et al. Digital Era Governance: IT Corporations, the State, and E-Government [M]. Oxford University Press,2006.

[2]King D C. Turf wars: How Congressional Committees Claim Jurisdiction [M]. University of Chicago Press, 1997.

[3]Perri 6. Holistic Government [M]. London: Demos,1997.

[4]Perri 6, Diana Leat, Kimberly Seltzer, et al. Towards Holistic Governance: The New Reform Agenda [M]. London: Palgrave Press,2002.

[5]B.盖伊・彼得斯.政府未来的治理模式 [M].吴爱明,夏宏图,译.北京:中国人民大学出版社,2014.

[6]丁煌.西方行政学说史 [M].武汉:武汉大学出版社,2004.

[7]李侃如.治理中国:从革命到改革 [M].胡国成,赵梅,译.北京:中国社会科学出版社,2010.

[8]马丁·布伯.我与你 [M].陈维刚,译.北京:生活·读书·新知三联书店,2002.

[9]詹姆斯·马奇,赫伯特·西蒙.组织 [M].绍冲,译.北京:机械工业出版社,2008.

[10]中共中央关于全面深化改革若干重大问题的决定 [M].北京:人民出版社,2013.

[11]中共中央文献研究室.习近平关于协调推进"四个全面"战略布局论述摘编 [M].北京:中央文献出版社,2015.

[12]中国共产党第十九次全国代表大会文件汇编 [M].北京:人民出版社,2017.

[13]周振超.当代中国政府"条块关系"研究 [M].天津:天津人民出版社,2009.

二、论文

[1]Laugharne P J. Towards Holistic Governance (Book Review) [J]. Democratization,2004(03).

[2]Morrison T, Lane M. What 'Whole-of-Government' Means for Environmental Policy and Management: An Analysis of the Connecting Government Initiative [J]. Australasian Journal of Environmental Management,2005,12(1).

[3] Pollitt C. Joined-up Government: a Survey [J]. Political Studies Review, 2003,1(1).

[4] Dunleavy P. New Public Management Is Dead-Long Live Digital-Era Governance [J]. Journal of Public Administration Research and Theory, 2006,16(3).

[5] Simmons A. Turf Wars at Work [J]. Strategic Finance,2002,84(2).

[6] Shergold P. Connecting Government: whole of Government responses to Australia’s priority challenges [J]. Canberra Bulletin of Public Administration, 2004 (112).

[7] Christensen Tom, Greid Per L.,张丽娜,等.后新公共管理改革——作为一种新趋势的整体政府 [J].中国行政管理,2006(09).

[8] 包国宪,张蕊.基于整体政府的中国行政审批制度改革研究 [J].中国行政管理,2018(05).

[9] 蔡小慎,牟春雪.基于利益相关者理论的地方政府行政审批制度改革路径分析 [J].经济体制改革,2015(04).

[10] 陈振明.中国政府改革与治理的目标指向和实践进展 [J].东南学术,2020(02).

[11] 成都市武侯区在全国率先成立“行政审批局”[J].红旗文稿,2009(09).

[12] 成协中.优化营商环境的法治保障:现状、问题与展望 [J].经贸法律评论,2020(03).

[13] 重庆文理学院预防腐败研究中心课题组.行政审批机制改革模式初探——以成都市武侯区设立行政审批局为例 [J].今

日中国论坛,2009(10).

[14]邓理,王中原.嵌入式协同:“互联网+政务服务”改革中的跨部门协同及其困境［J］.公共管理学报,2020(04).

[15]丁爱侠.城市软实力评价指标体系的构建［J］.学理论,2015(29).

[16]高建华.区域公共管理视域下的整体性治理:跨界治理的一个分析框架［J］.中国行政管理,2010(11).

[17]龚艺巍,谢诗文,施肖洁.云技术赋能的政府数字化转型阶段模型研究——基于浙江省政务改革的分析［J］.现代情报,2020(06).

[18]顾平安.加快推进行政审批制度改革的二次设计［J］.中国行政管理,2015(06).

[19]郭燕芬,柏维春.营商环境建设中的政府责任:历史逻辑、理论逻辑与实践逻辑［J］.重庆社会科学,2019(02).

[20]国务院办公厅关于聚焦企业关切进一步推动优化营商环境政策落实的通知［J］.中华人民共和国国务院公报,2018(33).

[21]国务院关于在线政务服务的若干规定［J］.中华人民共和国国务院公报,2019(13).

[22]何立峰.大力推动高质量发展积极建设现代化经济体系［J］.宏观经济管理,2018(07).

[23]何显明,张鸣.重塑政府改革的逻辑:以“最多跑一次”改革为中心的讨论［J］.治理研究,2018(01).

[24]胡佳.整体性治理:地方公共服务改革的新趋向［J］.国家

行政学院学报,2009(03).
[25]胡税根,吴逍弛,李超.我国优化营商环境政策研究[J].领导科学论坛,2020(23).
[26]胡象明,唐波勇.整体性治理:公共管理的新范式[J].华中师范大学学报(人文社会科学版),2010(01).
[27]黄璜,谢思娴,姚清晨,等.数字化赋能治理协同:数字政府建设的“下一步行动”[J].电子政务,2022(04).
[28]黄新华,曾昭腾.建构政府与市场关系良性互动的营商环境[J].中国高校社会科学,2020(04).
[29]贾义猛.优势与限度:“行政审批局”改革模式论析[J].新视野,2015(05).
[30]姜明安.法治政府建设的四个关键点[J].人民论坛,2018(13).
[31]金碚.中国经济发展新常态研究[J].中国工业经济,2015(01).
[32]李克强.在全国深化“放管服”改革优化营商环境电视电话会议上的讲话[J].中国行政管理,2019(07).
[33]李军鹏.改革开放40年:我国放管服改革的进程、经验与趋势[J].学习与实践,2018(02):29-36.
[34]李扬,张晓晶.“新常态”:经济发展的逻辑与前景[J].经济研究,2015(05).
[35]李元珍.对抗、协作与共谋:条块关系的复杂互动[J].广东社会科学,2015(06).
[36]梁平汉.推动形成营商环境持续改善的体系机制[J].国家

治理,2018(41).

[37]刘恒,彭箫剑.相对集中行政许可权的制度变迁[J].理论与改革,2019(02).

[38]刘建.标准化治理的理论范式与结构体系:一种国家治理的新视角[J].甘肃行政学院学报,2020(05).

[39]刘晶.视觉政务传播:特质、功效与优化[J].南昌大学学报(人文社会科学版),2021(05).

[40]刘开君.限权与赋能:现代科层制组织规范功能再审视——浙江绍兴信访矛盾化解标准化建设案例分析[J].浙江社会科学,2022(03).

[41]刘熙瑞,段龙飞.服务型政府:本质及其理论基础[J].国家行政学院学报,2004(05).

[42]娄成武,张国勇.治理视阈下的营商环境:内在逻辑与构建思路[J].辽宁大学学报(哲学社会科学版),2018(02).

[43]罗湖平,郑鹏.从分割到协同:领导小组重塑条块关系的实践机制[J].中国行政管理,2021(12).

[44]骆梅英.行政审批制度改革:从碎片政府到整体政府[J].中国行政管理,2013(05).

[45]马志强.论软实力在城市发展中的地位和作用[J].商业经济与管理,2001(04).

[46]毛峰.行政审批标准化管理模式研究[D].上海交通大学,2014.

[47]倪外.有为政府、有效市场与营商环境优化研究——以上海为例[J].上海经济研究,2019(10).

[48]潘秀珍,褚添有.利益冲突性制度变迁——转型期中国行政审批制度改革的理论模型[J].中国行政管理,2010(05).
[49]潘秀珍.转型期中国行政审批制度变迁中的制度供求分析[J].理论与改革,2009(06).
[50]秦浩.中国行政审批模式变革研究[D].吉林大学,2011.
[51]邱实.政府机构改革的职责逻辑[J].江海学刊,2020(01).
[52]全国综合性实体政务大厅普查报告[J].中国行政管理,2017(12).
[53]沈荣华,吕承文.从服务结构转身看体制改革逻辑——基于吴江行政服务局的考察[J].理论探讨,2012(03).
[54]沈荣华.推进"放管服"改革:内涵、作用和走向[J].中国行政管理,2019(07).
[55]施雪华."服务型政府"的基本涵义、理论基础和建构条件[J].社会科学,2010(02).
[56]宋林霖,陈志超.中国语境下的营商环境优化:核心议题与治理路径[J].中国行政管理,2021(01).
[57]宋林霖,何成祥.优化营商环境视阈下放管服改革的逻辑与推进路径——基于世界银行营商环境指标体系的分析[J].中国行政管理,2018(04).
[58]谭海波,蔡立辉.论"碎片化"政府管理模式及其改革路径——"整体型政府"的分析视角[J].社会科学,2010(08).
[59]谭志云.城市文化软实力的理论构架及其战略选择——以南京为例[J].学海,2009(02).
[60]谭智仁,王中平,罗连发.有为政府是建设国际一流营商环

境的关键——基于深圳市龙岗区优化营商环境改革的经验研究［J］.中国市场监管研究,2021(02).

［61］唐明良.标准化与行政审批制度改革:意义、问题与对策［J］.中国行政管理,2013(05).

［62］唐任伍,马宁,刘洋.中国政府机构改革:元问题、元动力与元治理［J］.中国行政管理,2018(11).

［63］唐亚林,朱春.2001年以来中央政府行政审批制度改革的基本经验与优化路径［J］.理论探讨,2014(05).

［64］陶建杰.城市软实力评价指标体系的构建与运用——基于中国大陆50个城市的实证研究［J］.中州学刊,2010(03).

［65］万玲.打造良好营商环境的关键节点:深化行政审批制度改革［J］.行政与法,2018(10).

［66］王佃利,吕俊平.整体性政府与大部门体制:行政改革的理念辨析［J］.中国行政管理,2010(01).

［67］王佃利,洪扬.从制度优势到治理效能的实践逻辑——基于"放管服"改革的分析［J］.理论学刊,2020(02).

［68］王敬波.相对集中行政许可权:行政权力横向配置的试验场［J］.政法论坛,2013(01).

［69］王浦劬.论转变政府职能的若干理论问题［J］.国家行政学院学报,2015(01).

［70］谢微.整体性治理的核心思想与应用机制研究［D］.吉林大学,2018.

［71］徐湘林.行政审批制度改革的体制制约与制度创新［J］.国家行政学院学报,2002(06).

[72] 燕继荣.制度、政策与效能：国家治理探源——兼论中国制度优势及效能转化 [J].政治学研究,2020(02).

[73] 杨发祥,严骏夫,孙志超.条块矛盾再生产：政府机构下沉改革的实践悖论——以上海市J区房办下沉为例 [J].甘肃行政学院学报,2019(06).

[74] 郁建兴,高翔.浙江省“最多跑一次”改革的基本经验与未来 [J].浙江社会科学,2018(04).

[75] 袁涌波.制度变迁、交易成本与行政审批制度的渐进式演进——对杭州审批代办制的新制度经济学分析 [J].中共浙江省委党校学报,2009(06).

[76] 曾凡军,韦彬.后公共治理理论：作为一种新趋向的整体性治理 [J].天津行政学院学报,2010(02).

[77] 曾凡军,韦彬.整体性治理：服务型政府的治理逻辑 [J].广东行政学院学报,2010(01).

[78] 曾凡军.从竞争治理迈向整体治理 [J].学术论坛,2009(09).

[79] 曾凡军.基于整体性治理的政府组织协调机制研究 [D].武汉大学,2010.

[80] 张康之.行政审批制度改革：政府从管制走向服务 [J].理论与改革,2003(06).

[81] 张立荣,曾维和.当代西方“整体政府”公共服务模式及其借鉴 [J].中国行政管理,2008(07).

[82] 张志越,赖海榕,刘承礼.软实力的概念及其对我国的政策意涵 [J].经济社会体制比较,2006(03).

[83] 赵娟,孟天广.数字政府的纵向治理逻辑：分层体系与协同

治理［J］.学海,2021(02).

［84］赵宇峰.政府改革与国家治理:周期性政府机构改革的中国逻辑——基于对八次国务院机构改革方案的考察分析［J］.复旦学报(社会科学版),2020(02).

［85］中国行政管理学会课题组,靳江好,文宏,等.政务服务中心建设与管理研究报告［J］.中国行政管理,2012(12).

［86］周志忍,蒋敏娟.中国政府跨部门协同机制探析——一个叙事与诊断框架［J］.公共行政评论,2013(01).

［87］周志忍.论行政改革动力机制的创新［J］.行政论坛,2010(02).

［88］朱光磊,张志红."职责同构"批判［J］.北京大学学报(哲学社会科学版),2005(01).

［89］竺乾威.从新公共管理到整体性治理［J］.中国行政管理,2008(10).

［90］竺乾威.行政审批制度改革:回顾与展望［J］.理论探讨,2015(06).

［91］竺乾威.政府职能三次转变的启示［J］.政策,2018(11).

后 记

济南是历史文化名城，也是齐鲁文化中心。钟灵毓秀，建城两千年来，名人贤士曾留下诸多灵秀潇洒之诗篇；风清气盛，自近代开埠以来，民族工商业迅猛发展，东西方文化融汇繁盛，引领一时风骚。

伴随着她作为历史名城发展的时代足迹，感受着她作为时代新城前行的蓬勃朝气，讲述济南的传统故事，也要讲述新时代济南的改革故事，这是我们这个团队始终关注济南的一点初心。

我们关注济南，是因为她是我们生活的城市，我们对她保有着朴素的热爱，作为一座普通的城市，她是新时代改革进程里中国城市的一个地方剪影；我们研究济南，是因为她在改革浪潮中从不乏饱满的热情和创新的魄力，作为一座不普通的城市，我们尝试挖掘治理实践背后的理论逻辑和实践内涵。

进入“放管服”改革的发展新时代，济南市在行政审批改革和政务服务优化方面作出了诸多全新的尝试，以行政审批局为整体性服务平台，在流程优化、效能提升、便民利民等方面作出了诸多创新尝试和显著成绩，打造了“在泉城全办成”政务服务品牌，形成了政民互动的良好关系。

作为济南改革发展变化的参与者、见证者，我们在思考：内嵌于“放管服”改革中的行政审批改革，其在城市中的改革轨迹、运行机理如何解读？如何理解行政审批局模式与政府改革总目标之间的内在关系，又如何在纷繁复杂的实践创新中提炼总结改革路径？更进一步，它是如何通过“在泉城全办成”推广撬动了济南市甚至区域整体的持续全面发展？

以此为契机，我们进行了广泛的学术资源整合，以奠定我们研究的基础。感谢中国行政管理学会各位领导和朋友对我们一贯的引领和支持，鲍静、高小平、张定安、沈荣华、曹胜、彭云等，都对我们的研究和选题进行过指导；感谢获批为山东省社科理论重点研究基地的山东大学社会治理研究基地团队成员的团结协作和相互激励；感谢山东大学政管学院“一流学科建设计划”资助，让我们的研究和学术积累有了依靠。

为了解“放管服”改革对济南市的影响促动和发展逻辑，我们进入行政审批局这一改革实践场，具体认识和思考理论关照之下的真实场景和治理行为。感谢济南市行政审批服务局的各位领导，与他们交流和访谈，能够感受到前瞻的理念、缜密的思维、工作的智慧。感谢行政审批局一线的工作人员，为我们提供丰富的材料、梳理纷繁的关系，他们勤奋专业且饱含热情；尤其要感谢刘文、胡敏敏、贺艳红、任振鸿等同志，为团队成员的调研、驻点实习、政策解读和材料收集工作提供了大量的帮助。此外还要感谢山东省发展研究中心的张舒平、天桥行政审批服务局的毕颖楠、山东师范大学的李齐、山东政法学院的苗红培、山东大学的李烁等，为我们拓展调研提供了诸多帮助。

本书是我们团队集体努力的结果。三年前我们就组织了团队参与申报国家社科重大课题《面向高质量发展的"放管服"改革与发展软环境研究》，对"放管服"改革研究进行了系统的论证；两年前为了研究"在泉城全办成"改革，我们组织了"泉城全成"创新工作坊进行了持续地跟踪，在前期各种调研的基础上，还派驻同学在行政审批局驻点实习。工作坊成员包括了洪扬、万筠、于棋、张熙炜、徐静冉、孙妍、王文婷等，他们的努力工作和实践调研也形成了我们对"在泉城全办成"改革的研究报告。

随着研究的深入，我们决定在研究报告的基础上进一步挖掘其学理内涵，充分解释行政审批局模式为何能够有效驱动政务服务创新，我们又该如何理解这样一个整体性服务平台的运行逻辑和内在机制。我们从去年又组成了"全办成先锋队"，包括万筠、孙妍和王文婷，负责对书稿内容进行完善，书稿的完成充分展现了他们的知识、热情和智慧。在校稿环节，万筠、孙妍、王文婷、王安琪、侯小凡、衣江雪、姜奇秀等，查漏补缺、做了大量工作。

感谢山东人民出版社的胡长青社长和曹玮娜主任，是他们专业的判断和认可鼓舞了我们，他们对学术的热情促成了本书的基本定位和价值关切。

在研究进程中，我们时刻能够感受到济南这座古老又现代的城市在改革前行中的熟悉与改变，也因此体悟到以济南为样本的中国

城市正在改革浪潮中发生着巨大改变。我们期待我们的研究努力能够更好地认识这个城市的发展脉搏，助力认知中国城市改革的整体进程和治理方向。

由于水平有效，我们的研究还有很多未尽之处，恳请专家和实践工作者批评指正，这也必将促进我们后期的继续研究拓展。

王佃利

2021 年 5 月